U0944459

新时代广东高校立德树人工作研究系列

编委会

★ 广东省教育科学规划课题（党的十九大精神研究专项）丛书之 ★
新时代广东高校立德树人工作研究系列

GUANGDONG GAOXIAO GUANLI YUREN GONGZUO YANJIU

广东高校管理育人工作研究

朱孔军◎编著

广东高等教育出版社
Guangdong Higher Education Press
·广州·

图书在版编目（CIP）数据

广东高校管理育人工作研究. 朱孔军编著. —广州：广东高等教育出版社，2020.3

［广东省教育科学规划课题（党的十九大精神研究专项）丛书之新时代广东高校立德树人工作研究系列］

ISBN 978-7-5361-6536-6

Ⅰ. ①广…　Ⅱ. ①朱…　Ⅲ. ①地方高校－德育工作－研究－广东　Ⅳ. ①G641

中国版本图书馆 CIP 数据核字（2019）第 169429 号

出版发行	广东高等教育出版社 地址：广州市天河区林和西横路 邮政编码：510500　电话：(020) 87554152　87551163 http://www.gdgjs.com.cn
印　　刷	广州市穗彩印务有限公司
开　　本	787 毫米×1 092 毫米　1/16
印　　张	16
字　　数	254 千
版　　次	2020 年 3 月第 1 版　2020 年 3 月第 1 次印刷
定　　价	56.00 元

总 序

培养什么人、怎样培养人、为谁培养人，这是教育的根本问题。2018 年 5 月 2 日，习近平总书记在北京大学考察时指出：“培养社会主义建设者和接班人，是我们党的教育方针，是我国各级各类学校的共同使命。大学对青年成长成才发挥着重要作用。高校只有抓住培养社会主义建设者和接班人这个根本才能办好，才能办出中国特色世界一流大学。”这一论断既明确了我国教育的根本任务和使命，又指明了中国特色社会主义大学的办学方向和方法。培养社会主义建设者和接班人，关系到“两个一百年”奋斗目标的实现，关系到中国特色社会主义事业的兴衰成败，关系到党的千秋伟业。只有将培养社会主义建设者和接班人置于这样的高度来认识，才能领悟高等教育担负的责任和使命。

国无德不兴，人无德不立。立德才能树人，要培养社会主义建设者和接班人，首先要培养其良好的道德品质和思想政治素养。2016 年 12 月，习近平总书记在全国高校思想政治工作会议上强调：“要坚持把立德树人作为中心环节，把思想政治工作贯穿教育教学全过程，实现全程育人、全方位育人。”这是高校思想政治工作的新理念、新思路、新机制。就学校而言，单靠思想政治理论课、学生工作部门，或单靠思想政治理论课教师、辅导员，难以完成立德树人的任务。完成立德树人的任务，需要专业课教师与思想政治教育工作者、其他管理部门与管理工作者协同配合、互联互通。事实上，学校的每一位教职工都担负着育人的职责，每一个部门都具有育人的功能。2017 年 12 月，中共教育部党组印发的《高校思想政治工作质量提升工程实施纲要》，对构建课程育人、科研育人、实践育人、文化育人、网络育人、心理育人、管理育人、服务育人、资助育人、组织育人的内容、载体、路径和方法进行了顶层设计，建构了新时代全程育人、全方位育人的新格局，拓宽了育人的空间和视野。

广东地处改革开放的前沿，也是意识形态斗争的前沿。一方面，改革开放和市场经济的发展，引发了高校学生思想观念、价值取向、生活方式的变化，全国高校思想政治工作遇到的一些新情况、新问题，广东高校往往首先遇到，如何引导学生，并解决这些问题，需要先行一步进行探索。另一方面，广东毗邻港澳，连通海外，西方社会思潮在中国传播，往往借助广东登陆，广东成为各种社会思潮的集散地、中转站，对高校学生的思想和行为造成较大冲击。如何避免受西方社会思潮的负面影响，抵御西方国家的意识形态渗透，成为广东高校思想政治工作的难点。

改革开放以来，广东高校围绕“立德树人”这篇大文章进行了积极探索，新理念频生，新方法频出，育人方式日益多样化、立体化，既有效化解了广东高校思想政治工作遇到的困难和问题，又为全国高校思想政治工作积累了一定经验。在中共广东省委教育工委、省教育厅的领导下，组织编写“广东省教育科学规划课程（党的十九大精神研究专项）丛书之新时代广东高校立德树人工作研究系列”，旨在立足中国特色社会主义新时代，系统总结广东高校十大育人体系建构的基本理论、具体实践、主要成效与基本经验，以进一步加强和改善新时代广东高校立德树人工作。由于各种育人方式有其特殊性，本系列研究的内容不尽相同，但大体保持了一致的问题域和体例。比如，对各种育人方式的理论基础、目标、内容、资源、方法、平台、机制、保障、评价、队伍建设等方面进行了系统阐释，呈现了广东高校十大育人体系建构的生动实践。

本系列编写过程中，力求实现理论与实践、历史与现实、一般与具体、全国与广东的有机结合，使本系列具有鲜明的特点。

其一，理论与实践相结合。各种育人方式有其独特功能，在社会主义建设者和接班人培养过程中处于不同地位、发挥不同作用，丛书从理论层面对各种育人方式的功能、目标、内容、资源进行了系统分析，诠释了各种育人方式的理论基础。同时，各种育人方式侧重实践操练，本系列对各种育人方式的方法、平台、机制、保障、评价等问题进行了深度阐释，有着十分清晰的实践指引和导向。

其二，历史与现实相结合。各种育人方式的建构经历了从局部试点到全面铺开的过程，是实践中不断探索、不断完善的结果，凝聚了广东高校实践探索的智慧，丛书力求呈现广东高校十大育人体系建构的历史。现实由历史发展而来，梳理历史的目的是为了诠释现实。本系列对广东高校立德树人的研究侧重于各种育人方式现实的把握，力求在摸清现状的基础上，针对各种育人方式存在的问题，提出进一步优化和改进育人方式的对策和举措，以提升新时代立德树人的实效性。

其三，一般与具体相结合。本系列对广东高校十大育人体系的研究，既有一般层面的分析，又有具体案例的呈现。各种育人方式有共性问题，也存在个性差异，不同层次、不同类型、不同地域的高校，其做法并不完全相同，由此使各种育人方式的实践呈现多样性，并形成了一些典型案例。如在《广东高校管理育人工作研究》一书中，作者选择了华南师范大学、汕头大学等高校管理育人的典型案例，既增强了本系列的可读性，又增强了本系列的说服力。

其四，全国与广东相结合。本系列主要聚焦广东高校十大育人体系的建构，具有明显的地域特征。但在诠释广东高校各种育人方式时，能置于全国的大背景下来分析，凸显了广东高校十大育人体系探索的宏观意义。

中国特色社会主义进入新时代，高校思想政治工作迎来了好时机，也对高校思想政治工作提出了新要求。新时代高校思想政治工作要取得实效，需要进一步完善十大育人体系，将十大育人体系有机融合起来，形成新时代立德树人的合力和“大思政”的格局。

2019年7月18日

前　言

《广东高校管理育人工作研究》作为“广东省教育科学规划课题（党的十九大精神研究专项）丛书之新时代广东高校立德树人工作研究系列”之一，顾名思义，主要探究高校立德树人工作中一个重要范畴：管理育人。

育人之本，在于立德铸魂。2016 年 12 月，习近平总书记在全国高校思想政治工作会议上发表重要讲话，深刻回答了高校培养什么样的人、如何培养人以及为谁培养人这个根本问题。这一“培养人”的科学命题具有丰富的内涵，是对新时代教育的战略地位、时代使命的新定位，是我们党对我国高等教育规律性认识的深化，是发展好新时代高校思想政治工作的重要理论武器，对于破解长期以来立德树人面临的实效性困境问题具有重要指导意义。

进入新时代以来，党和国家对办好新时代中国特色社会主义大学，培养担当民族复兴大任的时代新人提出了明确要求，要求高校坚持把立德树人贯穿教育教学全过程，融入学校办学各环节。2017 年，教育部在《高校思想政治工作质量提升工程实施纲要》

中详细规划了课程、科研、实践、文化、网络、心理、管理、服务、资助、组织等“十大育人”体系的内容、载体、路径和方法。各高校围绕“十大育人”工作任务，结合各自的实际，落小落细，统筹推进，不断提升工作的科学化水平。

随着高校综合改革的深化以及思想政治教育环境日益开放，高校主动适应变化了的形势，越来越注重加强思想政治教育制度化建设，制定与立德树人目标相配套的运行机制和各项制度，并在管理中注重以学生为本，切实增强管理育人意识，在管理过程中渗透育人理念，引导大学生成长成才。但是，当前高校在管理育人中仍然存在认识不到位、融入不到位、实效性不高的问题。在当今开放多元的社会环境中，在急剧转变的社会现实中，作为新生代的大学生思想困惑会更多，呈现现实诉求多样、心理矛盾突出、甄别能力有限等特点，这就需要高校不断增强管理育人水平。高校管理范畴涵盖学校办学各领域，包括学生管理、行政管理、教学管理、科研管理、人事管理、后勤管理等方面，大学生从跨入校门开始，一切活动都在学校管理管辖下。从来，高校管理与育人不是背道而驰的关系，而是相互依赖、相互制约的关系，没有科学的管理，高校育人工作难以深化、育人目标难以实现，高校管理的理念、原则和方法会影响学生的行为和态度，也会对学生的世界观、人生观、价值观的形成产生深刻的影响；因此，各高校要聚焦立德树人根本任务，自觉坚持管理育人，积极探索管理育人的方法和途径，从而实现管理与育人融合发展。同时，也要形成理论自觉，加强管理育人研究，积极回应和解决管理育人实践遇到的真问题。

“科学的、民主的、公平的、规范的管理，本身也是一种思想政治教育。”① 管理过程包含丰富的育人因素，值得全面深入研究。那么，思想观念和道德准则如何融入高校管理之中，渗透到师生的工作学习生活当中，以达到解决人的思想、立场和观点问题的目的？一般意义上的管理与学校具体育人工作关联性不大，但高校的管理工作却确实与思想政治教育工作密切相关，这是由高校管理育人的本质属性所决定的。高校管理活动以提高管理科学化水平为出发点，体现工具性价值，同时这些管理活动又以立德树人为价值追求，体现目的性价值。立德树人是高校管理活动的归属，对管理活动形成制约和支配，同时立德树人目标的实现又离不开管理过程的现实化操作，高校管理与思想政治教育具有内在统一性。作为研究对象，高校管理育人要以管理学、思想政治教育学、心理学等多学科视角切入，分析管理育人过程的内在结构和相关要素，同时也要关注管理育人活动的主体客体之间的相互作用，要始终围绕高校立德树人的目标和内容来展开。

本书以提高高校管理育人实效性为切入点，系统分析高校管

① 张耀灿，陈万柏. 思想政治教育学原理［M］. 北京：高等教育出版社，2001：200.

理育人的内在机理，力求把握高校寓育人于管理，育人渗透管理各个环节的运行规律。广东高校管理育人具有本土特殊性，尤其处于经济全球化、文化多元化和社会网络化的宏大背景下，广东所肩负着走在“四个走在全国前列”的历史使命，反映到思想政治教育领域，同样体现执着追求的精神，研究具有可行性和独特的样板意义。本书以广东多个高校管理育人的实践为例进行阐述。

有关高校“管理育人”研究主题，高等教育界的研究已逾30年，但从我们现有的资料来看，目前国内仍鲜见整体系统的研究成果。为方便读者审阅，特对本书逻辑理路作此简介。

2019年1月于华南师范大学

目　录

第一章　高校管理育人引论 / 1
第一节　高校管理育人的研究述评 / 1
第二节　高校管理育人的内涵 / 13

第二章　高校管理育人的历史与经验 / 26
第一节　高校管理育人的历史演进 / 26
第二节　改革开放以来高校管理育人的基本经验 / 38

第三章　高校管理育人的目标、理念与原则 / 49
第一节　高校管理育人的指导思想与目标定位 / 49
第二节　高校管理育人的理念内涵 / 58
第三节　高校管理育人的原则 / 64

第四章　高校管理育人的内容 / 71
第一节　高校管理育人内容的指向 / 71
第二节　新时代高校管理育人内容的构成 / 76
第三节　案例分析：华南师范大学的学生荣誉奖励项目品牌化 / 93

第五章　高校管理育人的途径 / 95
第一节　高校管理育人途径的内涵 / 95
第二节　高校管理育人途径的类型 / 98
第三节　案例分析：汕头大学管理育人途径的实践与探索 / 120

第六章　高校管理育人的载体 / 125
第一节　高校管理育人载体的内涵 / 125
第二节　高校管理育人载体的类型 / 132
第三节　案例分析：吉林大学珠海学院以新媒体为载体探索管理育人路径 / 155

第七章　广东高校管理育人的机制 / 156
第一节　高校管理育人机制的基本内涵 / 156
第二节　高校管理育人的作用机制 / 161
第三节　高校管理育人的评价机制 / 171
第四节　案例分析：书院制模式下的学生自我管理育人机制创新与探索 / 180

第八章　高校管理育人的队伍建设 / 184
第一节　高校管理育人队伍的组成 / 184
第二节　高校管理育人队伍的素质结构及培养 / 192
第三节　案例分析：华南师范大学的管理育人队伍校本培训路径 / 199

第九章　广东高校管理育人的特色经验与发展 / 203
第一节　广东高校管理育人的特色经验 / 203
第二节　广东高校立德树人与管理育人创新 / 218

参考文献 / 226
后记 / 238

第一章
高校管理育人引论

《中华人民共和国高等教育法》明确规定："高等教育必须贯彻国家的教育方针，为社会主义现代化建设服务、为人民服务，与生产劳动和社会实践相结合，使受教育者成为德、智、体、美等方面全面发展的社会主义建设者和接班人。"2018 年 9 月 10 日，习近平总书记在全国教育大会上强调，坚持中国特色社会主义教育发展道路，培养德智体美劳全面发展的社会主义建设者和接班人。由此，我们可以理解为：新时期社会主义高等教育的根本目的是培养德智体美劳全面发展的社会主义建设者和接班人。围绕这一根本目标，高等学校的党、政、教、研各个部门和每一位教职工，都应从立德树人的高度去做好自己的本职工作，实现全程育人、全方位育人。

第一节　高校管理育人的研究述评

管理育人是教育学的一条重要原理。德国教育家赫尔巴特在《普通教育学》中指出："如果不坚强而温和地抓住管理的缰绳，任何功课的教学都是不可能的。”在高校，管理育人是加强和改进大学生思想政治教育的重要途径，在人才培养过程中占有非常重要的地位。

一、管理育人研究缘起

管理育人的实践由来已久，而“管理育人”这一概念作为学术用语应当说是中国学者的首创。“管理育人”可以运用在企业、学校等各类社会组织中，但更多是作为高校思想政治教育理论的一个概念，是在中国共产党领导下的高等教育事业发展中逐渐明晰并明确提出的。因此，管理育人的研究是伴随着党和国家对于高校思想政治教育的重视和工作部署而兴起、发展的。

早在延安时期，中国共产党就提出，既要提高学生的科学文化知识水平，又要转变学生的思想。20 世纪 50 年代，高校在继承、发扬老解放区学校教育的传统和吸收、借鉴苏联教育经验的基础上，确立了新民主主义的教育方针和思想政治教育工作的目标、任务、内容，在党和政府的领导下进行了许多有益的探索，明确提出了“教书育人”的口号，致力于为国家培养德智体全面发展的社会主义建设人才。20 世纪 60、70 年代，这一原则在“文革”中遭到严重歪曲和破坏。自党的十一届三中全会后，党和国家又重新提出和恢复了“教书育人”的优良传统，思想政治教育的地位和作用得以确立和巩固。1984 年，上海交通大学工会根据学校开展的“教书育人”活动实践，率先提出了“管理育人”“服务育人”两个口号，与全国教育工会提出的“教书育人”口号相配套，形成了完整的“三育人”。[①] 20 世纪 80 年代中后期，高等教育界逐渐形成了“教书育人”“管理育人”“服务育人”即“三育人”的共识，开辟了“三育人”的实践探索。80 年代中后期至 90 年代末，高等教育界开展了“三育人”的功能价值、工作队伍建设

① 上海交通大学校志编纂委员会. 上海交通大学志（1896—1996）［M］. 上海：上海交通大学出版社，1996：773.

等方面研究，探讨管理与育人、管理育人与思想政治教育的辩证关系，为管理育人的理论研究奠定了基础。进入21世纪，随着党和国家对于高校思想政治工作、人才培养的日益重视和接连不断的工作部署，“管理育人”作为一个独立的研究主题逐渐受到更多关注，并经过若干年的沉淀和积累得以不断深化。

二、管理育人研究综述

20世纪80年代以来，学者们从不同角度对“管理育人”进行了深入研究，积累了一定成果，有力地推动了管理育人的科学发展。这里需要指出，由于“管理育人”的最早提出和现今使用，主要是作为中国共产党领导下的高校思想政治教育的一个概念，因此，本书“管理育人”的研究视域限于国内学术界。目前，以“管理育人”为题，在中国知网可检索到直接相关文献1 066篇，运用知网大数据对其进行分析表明，最早在1986年出现直接相关文献，并于90年代中后期、2006—2008年和2015—2017年分别出现三个研究高峰。这些研究分布在高等教育、职业教育、教育理论与教育管理、中等教育、思想政治教育等学科，其中86.1%为高等教育类文献。根据三个研究高峰，笔者将管理育人的研究过程大体划分为三个阶段。

（一）第一阶段（1986—1999年）：实践带动，立论起步

20世纪80年代初，高等学校开展了“教书育人”活动。80年代中期至90年代初，高等学校开展了以“教书育人、管理育人、服务育人”为内容的“三育人”活动。高等教育界对“三育人”问题的探讨日趋活跃。90年代末，“管理育人”的研究数量达到第一个高峰。

1986年，宋毅发表在《黄石教师进修学院学报》上的《浅议教书育人 管理育人 服务育人在培养合格师资中的作用》是最早记载对“管理育人”进行研究的文章。该文提出，“充分发挥教书育人、管理育人和服务育

人的作用是培养合格人才的关键”[1]。

这一时期对于高校管理育人的研究处于起步阶段，研究内容主要包括以下两个方面。

第一，以高校“三育人”为研究主题，明确“三育人”是大学生思想政治教育的重要途径。李锦坤等明确把“教书育人队伍、管理育人队伍、服务育人队伍”作为大学生思想政治工作队伍的重要部分。[2] 陈炳三指出，“必须从严治校，树立教书育人和管理育人的‘一体两翼’的思想，实行教育与管理相结合，是做好思想政治工作的正确途径”[3]。杭永铨指出，“高校开展‘教书育人’‘管理育人’‘服务育人’的工作，是加强思想政治工作，培养社会主义建设人才的要求”[4]。吴鸿章论及，在培养人才的过程中，高校思想政治教育逐步形成了“学校、社会和学生家庭三位一体，教书育人、服务育人和管理育人协调一致……比较完整的途径、方法体系”[5]。孙瑞卿指出，“高明的领导者，都努力避免‘孤军作战’”“积极培养和调动广大党员、干部、教师三支骨干队伍，注意发挥整体的作用，这是管理育人的重要方法”[6]。马家忠等的《高校学生工作辞典》（1992），仇春霖的《德育原理》（1993），陈仁善的《三育人工作概论》（1994），张兆华、杨萃吉的《教育的世纪跨越：高校教育思想理论界限问题研究》（1999），都提出要把“教书育人”“管理育人”“服务育人”作为思想政治教育的主要途

---

① 宋毅. 浅议教书育人管理育人服务育人在培养合格师资中的作用［J］. 黄石教师进修学院学报，1986（2）：87－88.

② 李锦坤，曹秀荣，高希庚. 大学生思想政治工作系统工程［M］. 天津：天津人民出版社，1988：171－174.

③ 陈炳三. 教书育人与管理育人是“一体两翼”［J］. 学位与研究生教育，1988（1）：8.

④ 杭永铨. 高校要强化“管理育人”的工作［J］. 江苏高教，1988（3）：50.

⑤ 吴鸿章. 高校思想政治教育新论［M］. 济南：山东教育出版社，1990：153.

⑥ 孙瑞卿. 关于管理育人的若干思考［G］//西北政法学院科研处，西北政法学报编辑部. 西北政法学院科研论文集，西安：陕西人民教育出版社，1992：449.

径，构建全员育人、全方位育人的德育格局。

第二，探讨管理与育人、管理育人与思想政治教育的辩证关系。邱伟光的《思想政治教育管理学》（1992）是笔者见到最早的把思想政治教育管理作为一门学科进行研究的论著。作为建立一门新学科的初步尝试，勾永才的《思想教育管理学》（1993 年）从管理学的角度，对涉及思想教育的各种要素进行了比较系统的理论探索和实践考察。戚志方提出要“借鉴管理科学理论体系的新发展，揭示科学管理在育人实践中的地位和作用”①。曲万良指出，“管理和育人两个概念相联结，不是目的和方法的简单相加，而是具备了新的含意，成为高校思想政治工作的一个科学概念”②。张晓春指出，“管理与思想政治教育之间的关系是对立统一的”，高校管理者要把两者结合起来，“既能从事行政管理工作，又能做好思想政治教育工作，真正实现管理育人”。③

这时期的研究成果主要从管理育人的意义、方法及其与思想政治教育的关系等方面进行了比较深入的研究，尽管对一些问题如管理育人的方法、途径等没有达成共识，但取得了一些理论成果，为管理育人理论的进一步发展奠定了基础。笔者梳理这一阶段研究成果可见，研究者们对管理育人的概念、内涵、特点、功能等都没有做严格的学术界定，研究的直接动因多是实际工作的需要和现实政策的落实，基本属于实践探讨的范畴。这时期也没有出现以“高校管理育人”为主题的研究论著。

（二）第二阶段（2000—2010 年）：明确主题，深化创新

2004 年，中共中央、国务院发出《关于进一步加强和改进大学生思想

---

① 戚志方. 浅议管理育人［J］. 现代教育科学，1990（1）：39.

② 曲万良. “管理育人”初探［J］. 新疆师范大学学报（哲学社会科学版），1990（4）：28.

③ 张晓春. 高校管理工作者“管理育人”基本任务简论［M］//袁国秋. 思考　实践　创新　面向 21 世纪，南京：东南大学出版社，1999：472.

政治教育的意见》（以下简称《意见》），明确提出了加强和改进大学生思想政治教育必须坚持教育与管理相结合的基本原则，对“管理育人”提出了更高的要求。管理作为育人的一种载体，在大学生思想政治教育过程中日益受到重视。2005 年 1 月，中共中央召开了全国加强和改进大学生思想政治教育工作会议，明确提出牢固树立“育人为本”“德育为先”[①] 的观念，真正把德育放在各项教育工作的首位。《意见》及大学生思想政治教育工作会议为高校管理育人工作提供了新的依据和遵循。高校管理育人研究在 2006—2008 年达到第二个高峰。

这一时期高校管理育人的研究，延续和深化了前人的研究视角，主要内容归纳为以下两个方面。

第一，进一步明确“三育人”为高校思想政治工作的主要途径。杨尚勤、鲁凤等明确教书育人、管理育人、服务育人为高校德育、思想政治工作的主要途径。[②③] 西北工业大学等高校先后制定了关于做好新形势下教书育人、管理育人、服务育人工作的意见，强调高等学校的根本任务是培养德智体美全面发展的社会主义建设者和接班人，学校教师、干部、职工都负有德育责任，教书育人、管理育人、服务育人是德育的主要途径之一。[④]

第二，研究触角全面深入到“管理育人”的概念、内涵、目标、特点、功能、内容和途径等基本理论。特别把管理育人从“三育人”中独立出来，开始对其进行概念、内涵的界定。潘先银指出，“管理育人是指管理人员通过管理过程，有目的、有计划地对学生进行正确引导，实施教育影响，以

---

① 全国加强和改进大学生思想政治教育工作会议召开［EB/OL］.（2005－01－19）［2018－12－10］. http://news. sina. com. cn/o/2005－01－19/03554875724s. shtml.

② 杨尚勤. 实施“阳光工程”探索德育新路［M］. 西安：西北工业大学出版社，2002：171.

③ 鲁凤. 高校“三育人”工作实践与探索［M］. 杭州：浙江大学出版社，2007.

④ 杨尚勤. 实施“阳光工程”探索德育新路［M］. 西安：西北工业大学出版社，2002：134－137.

培养学生良好的思想作风、工作作风、道德品质、行为修养、处事态度、为人风范的活动。”管理育人的基本途径是学籍管理、校园秩序、宿舍文明、奖罚制度，要实现规范化、科学化。[①] 吴云志等提出实现管理育人的根本途径：一是更新管理观念，二是提高管理者的职业道德素质，三是塑造管理者良好的形象，四是疏导是有效方法。[②] 于晓阳等指出，管理育人的主要方式是以管理制度、措施为载体，指导和约束学生的行为举止。“如果说教书育人重在熏陶、感染，那么管理育人则侧重于规范、约束。”[③]

这一时期的研究持续关注教育和管理在大学生思想政治教育中的辩证关系。周长春指出，“教育和管理犹如思想政治教育的两只手，缺一不可”，大学生思想政治教育不能只教育不管理，也不能只管理不教育，而是要“既重视思想教育，又重视行为管理”[④]。

此阶段研究文献的最大特色，是“管理育人”开始作为高校思想政治工作研究的一个主体，从“三育人”中独立出来进行研究。同时，网络时代与管理育人相结合所呈现的新内涵、新特点、新途径，推动了管理育人理论与实践的进一步发展。

（三）第三阶段（2011 年至今）：回归实践，科学发展

党的十八大以来，随着党和国家对于高校思想政治工作的日益重视，高等教育界对管理育人的研究大幅增加，以“管理育人”为题的研究文献数量逐年走高。2015—2017 年达到第三个高峰，其中，2017 年文献数量达

---

① 潘先银. 高校学生思想政治工作理论与实践［M］. 昆明：云南民族出版社，2006：203－207.

② 吴云志，张广鑫，丛茂国. 高等学校校园文化建设研究［M］. 长春：吉林大学出版社，2007：170.

③ 于晓阳，徐淑红，周芳. 校园文化建设新趋向［M］. 哈尔滨：东北林业大学出版社，2005：164.

④ 周长春. 新形势下大学生思想政治教育探索［M］. 北京：北京工业大学出版社，2005：54.

到历史最高值72篇。其主要特征有以下三个方面。

一是对管理育人概念和特征的研究更加深入，育人主体和客体的内涵定义更加多样。翟建设指出，高校管理育人通过行政、教学、科研等各项管理活动，利用教师、制度、环境等资源，对学生的政治素质和道德品质产生影响，从而实现学校德育目标。[①] 阮显政等指出，管理育人是指学校管理部门及其人员按照一定的社会要求，通过有计划、有组织的管理行为，对受教育者的思想道德、知识技能和行为习惯等施加影响，使之趋向于学校育人目标的过程。[②] 朱政认为，管理育人是指学校管理部门及其人员通过管理者的角色行为，从政治素质、思想观念和道德品质等方面对被管理者、管理者自身及其他人员施加影响，使之趋向于学校德育目标的过程。也就是说，管理育人是指学校的管理部门及其人员通过管理者的行为，对被管理者、管理者自身以及其他人员在政治素质、思想观念和道德品质等方面施加影响，使之趋向于学校德育目标的过程。[③] 由此可见，管理育人的主体是仅限于学校管理部门人员，还是涵盖教师在内的全体教职工，其客体是局限于学生，还是包括管理者自身在内的所有人，学者们仍有不同见解。

二是把各种学科、理论流派引入管理育人的理念和实践。韩刚把管理学引入思想政治教育，以管理学的地位、理论、方法和工具为研究视角，分析和解决新形势下高校思想政治教育的时效性问题。[④] 刘星指出，产生于20世纪中叶的人本主义教育观，强调“以学生为中心”和良好师生关系的培养，提倡非指导的教育原则和人性化的管理，为管理育人工作提供了很

---

① 翟建设. 新形势下推进高校管理育人工作的有效途径［J］. 中国教育学刊，2015（S1）：297－298.

② 阮显政，钟晓砺. 对高校管理育人工作的认识［J］. 重庆与世界：学术版，2012（6）：27－28.

③ 朱政. 高校管理育人的现状及路径探析［J］. 中国成人教育，2015（9）：26－29.

④ 韩刚. 管理学视野下的思想政治教育［M］. 西安：西北大学出版社，2012.

好的借鉴。① 周声宇提出，协同理论可以运用到高校管理育人工作中，指出协同育人的产生，不仅使教师得到了教学以外的支持，也使学生在课堂之外学到更多对将来的工作、生活有益的经验。"②

三是从理论建构再次转向实践层面，研究更加具体和贴近实际。这部分文献主要以载体和管理者为研究主题，其中以载体为主题的研究有宿舍管理育人③、日常生活管理育人④、实验室管理育人⑤、校报管理育人⑥、科技文化竞赛管理育人⑦等；以管理者为主题的研究有教师管理育人⑧、班主任管理育人⑨、辅导员管理育人⑩、教学秘书管理育人⑪等。此外，这一时期还出现较多关于管理育人长效机制和工作方式的研究，如刘洁的《高校管理育人的途径探析》（2012），刘春雨的《高校管理育人长效机制建设问

---

① 刘星．人本主义视域下高校管理育人实现路径研究［J］．北京教育（德育），2015（11）：35－37.

② 周声宇．高校行政从基层管理向协同育人创新机制转化的实践与探索［J］．产业与科技论坛，2017，16（7）：224－225.

③ 倪育才．高校学生宿舍管理育人的探索与实践［J］．四川教育学院学报，2011，27（6）：16－18.

④ 敬坤．走进象牙塔里的日常生活世界：大学生日常生活管理育人研究［M］．北京：清华大学出版社，2017.

⑤ 孟庆繁，林相友，孟威，权宇彤，闫国栋，滕利荣．实验室管理育人体系的构建［J］．中国大学教学，2011（8）：80－82.

⑥ 钟晖．发挥高校校报管理育人功能，培养学生记者科学发展的职业素质［J］．榆林学院学报，2015（4）：123－125.

⑦ 李洪亮，李永平，张秀玲．科技文化竞赛"六维"管理育人模式研究与实践［J］．教育观察（上半月），2015，4（11）：46－49.

⑧ 谢玉婧，张涛．关于高校教师参与管理育人工作的探讨［J］．教育教学论坛，2017（37）：21－22.

⑨ 刘劲松．高校班主任管理育人工作的挑战与探索［J］．湖北社会科学，2011（7）：175－177.

⑩ 尹琦琦．浅谈高校辅导员管理育人工作［J］．教育教学论坛，2011（9）：93－94.

⑪ 陈时高．高校二级学院教学秘书的管理育人工作［J］．中外企业家，2011（16）：184－185.

题的思考》(2013),翟建设的《新形势下推进高校管理育人工作的有效途径》(2015),许玉峰的《高校管理育人中语言艺术的独特作用》(2017)等。

近年来持续增多的研究文献表明高等教育界对管理育人的重新关注,研究者对管理育人的概念、内涵、载体、途径等基本问题的研究逐步深入,同时,理论研究再次回归实践层面,紧密结合高校育人工作实际,反映出指导实践的强烈意图。

三、管理育人研究总体评价

从管理育人被提出,并作为研究对象进入人们视野,至今已有30余年,研究者们的真知灼见,为丰富管理育人理论,指导管理育人实践,提供了强有力的智慧支持,也是我们今天能用来系统思考管理育人问题时不可多得的思想资源。但总体来看,存在以下四个方面的不足。

一是实践研究突出,理论建构不足。现有的研究中,学界对以往高校管理中的种种不足提出了许多新的思路,提出了这样那样的管理原则、方法、途径和规律,试图构建其理论框架和体系。但是,30多年的研究过程中,关于管理育人的专门性研究成果不多,而专门以高校管理育人为研究对象的论著更加鲜见,加上研究者们对管理育人的概念、内涵、主客体等问题上的明显分歧,管理育人实际上仍停留在模糊的概念和自发的意识,没有成为一个专门的研究领域,更不要说有一个比较成熟的体系了。在一些基本理论问题上,如高校管理育人的历史演进、模式类型等,现有的研究文献较少涉及,这反映出人们对"管理育人"这一领域总体来说重视不够。

二是研究的持续性不够,高质量研究成果偏少。在1986年首次研究至今的1 000余篇"管理育人"文献中,94.7%为期刊论文,高级别期刊较少;利用文献检索平台检索,以"管理育人"为题的论著有7部,其中以"高校管理育人"为研究对象的论著有2部,其余有关管理育人的研究多含于思想政治教育等主题研究论著的独立或非独立的章节，学界公认的、有分量的高质量研究成果比较缺乏。特别是2012年后，尽管学界对于“管理育人”的研究热度持续增加，但独立的专门论著只有1部，管理育人的深度研究十分紧缺。另外，从管理育人的研究者来看，一般都是从事高校行政管理工作的年轻管理者，此外是为数不多的研究思想政治教育的学者，他们从自身的工作和育人实际出发，对管理育人的概念、目标、存在问题和实施路径提出了颇具建设意义的意见，其中不乏非常有见地的观点。但总体来看，由于研究队伍人数不多，且高等教育界有声望、有地位的高水平学者较少，理论界对管理育人这一论域的关注度不高。

三是自发意识突出，实践应用不足。“管理育人”是兼具理论性和实践性的双重概念。管理育人的研究是为了更好地通过管理活动引导人的成长发展，其落脚点依然在于思想政治教育实践。一直以来，研究者们积极努力地探索出诸多可供借鉴的实践路径，有效提升了高校管理育人的效果和促进了思想政治教育的整体发展。但对于什么是管理育人、如何育人、采用哪些育人体制机制、如何保障管理育人、如何评估和衡量管理育人的效果等问题的认识还是比较模糊，没有形成一致意见。现有的相关研究显得比较空泛，一些研究“长效机制”的文章，并没有真正提出具有实用价值的举措，更没有应用到实践当中。因此，管理育人理论对于实践的推动作用没有充分发挥出来，其理论价值和实践价值亟待充实、提高，而不是停留在口号上。

四是研究内容重复，研究方法单一。虽然研究者对“管理育人”给予了一定关注，但现有文献的研究主题和研究内容同质化倾向严重，研究成果存在相当数量的重复论述。在研究方法上，早期的学者多采用思辨方法，致力于梳理思想政治教育相关文献，研究党和国家对高校思想政治工作的政策部署，在此基础上形成关于管理育人的定义、特征、原则等概念的认识。这种通过逻辑推理建构管理育人知识体系的研究方法，为研究积累了一定的成果。然而，进入21世纪以来，学界产生的研究成果依旧大量运用思辨研究方法，描述性的分析论证色彩较为浓厚，量化与个案研究较少，缺乏对管理育人现存问题、实施路径等问题的实证研究和数据论证，得出的结论比较空泛无力，研究深度和效度推进缓慢，这不能不说是一大遗憾。

四、拓展管理育人研究的几个思路

近年来，管理育人的重要作用和地位日益凸显。特别是我国大学要建设中国特色的现代大学制度，如何在现代大学治理框架下坚持社会主义的办学方向，培养好德智体美劳全面发展的社会主义建设者和接班人，管理育人在高校育人体系中显得愈加重要。因此，我们有必要根据新时代高校管理育人的需要和高校的现实情况，对管理育人进行更加具体、透彻的探讨，对各种相关要素进行剖析，提出因应之策，把此领域的研究进一步引向深入，以发挥管理在育人中的最大价值。

一是管理育人相关基本理论问题有待深入探究。虽然高校思想政治教育的发展、网络时代和大数据时代的到来为管理育人的理论与实践研究不断带来新的契机，但相对于“教书育人”，“管理育人”工作起步较晚，发展不平衡，没有得到很好的经验总结和理论探讨，管理育人的内涵、特征、功能、原则、基本要素等基本理论仍没有得到充分的重视和研究，有些问题的存在在一定程度上影响了管理育人功能和作用的发挥。比如，管理育人的主客体的构成，包括哪些人员、要素，一直以来都是学界争论的焦点。再如，对管理育人历史脉络和演变逻辑的整体把握，能够从其客观变化过程发现主题研究的本质和规律，有助于对管理育人的理解与阐释。迄今为止，管理育人的历史演进研究基本是空白。此外，管理育人的内容、机制、模式研究也亟须从深度和广度上进行拓展。

二是研究方法和研究视角更加侧重学科交融。针对以往研究方法和视角的单一，管理育人的研究将更加侧重学科交融。一方面采用交叉学科综合研究法，在以往研究的基础上，更侧重于对新形态管理育人机制的探讨，也将更加注重对管理学、教育学、心理学、社会学、环境学等多学科研究方法的借鉴与运用，体现交叉研究的特点。另一方面尽量多地采用实证研究方法。管理育人的发展变化源于党和国家关于高校思想政治工作的政策方针和工作部署是不争的事实，但若仅停留于此层面的分析，管理育人的研究就失去了其必要性，且很难指导实践。因此，管理育人的研究应借助各地高校主管部门和高校的资料数据，对管理育人在高校的实施情况和成效进行深入研究，如此，研究成果才具有实际应用价值。

三是研究更加贴近现实、指导实践。一直以来，很多高校都将管理育人作为思想政治工作的重要途径给予足够的重视，管理育人的作用在一定程度上得到了体现。但从目前高校的实际情况来看，管理育人的理念、认识、功能、价值仍然没有得到很好的体现，甚至连管理部门人员的育人意识都比较欠缺，对管理育人的内容、方法、途径、机制等基本知识掌握有限，管理育人能力不足。一些教师、行政管理人员、后勤职工对管理育人的理解相对狭隘，导致管理育人功能在高校的延展范围十分有限，管理育人的合力还没有形成。这些情况都亟须管理育人的研究更加贴近现实，提出真正管用的机制、方法，推动管理育人在高校发挥更大的作用。

第二节　高校管理育人的内涵

管理育人是对学校管理经验的总结，也是教育管理一个重要的科学命题。学习和研究管理育人，就要正确理解它的科学含义，掌握它的研究对象，明晰研究的重要意义。教育实践表明，只有对管理育人的内涵有更为深刻的认识，管理者及其管理活动才能更充分地发挥育人职能。

一、管理育人的含义

（一）何谓管理育人？

“管理育人”是一个复合概念，要正确理解它的含义，首先必须准确理解和把握“管理”和“育人”这两个独立概念。①

一般认为，管理是对组织资源进行有效整合以达成组织既定目标与责任的动态性责任活动。② 它具有三个要点：管理是有目标的，是为实现既定目标和责任而进行的活动；管理是有组织的、有责任的，而不是任意妄为的；管理是群体性活动，它使无数独立的个体秩序井然。育人，顾名思义是“培养人”。但培养什么样的人，却是办教育、办学校的根本性问题，关系到管理的社会属性问题。我们理解的“管理”，是教育者、管理者直接或间接培养人的活动，使受教育者成为具有社会属性完整的人。从字面来说，由“管理”“育人”两个话语组成，但并不是“管理”与“育人”的简单叠加。在一定意义上，管理育人中的“管理”与普通意义上的“管理”既有重合又有质的变化。

“管理”与“育人”相结合是一种整体思想政治教育观。育人，是通过施加说服、感化、劝导人等的教育手段，进而提高人的思想政治觉悟，实现教育目的的过程。但这种教育手段不是万能的，因为仅仅依靠说服教育难以保证达到育人的目标。管理，本质上是一种社会规范，依靠刚性的制度和组织纪律的规范、约束学生的行为，通过管理的手段，直接或间接地告诉人们，怎样做才符合社会规范，使之养成良好的品德和行为习惯。管理所蕴含的思想观念导向和价值倾向追求，能不断提升思想政治教育工作的制度性、有序性、组织化程度，管理的刚性规范与耐心的思想教育结合

① 曲万良．“管理育人”初探［J］．新疆师范大学学报（哲学社会科学版），1990（4）：28.

② 芮明杰．管理学：现代的观点［M］．2版．上海：上海人民出版社，2005：15.

起来，做到激励与约束相结合、“爱”与“严”相结合，把思想政治教育贯穿高校办学管理的全过程，以达到有效实施思想政治教育的目的。

（二）管理何以育人？

如前所述，广义上看，管理育人可以运用于企业、学校等各类社会组织中，而这里所探讨的“管理育人”，是指一般意义的管理育人，即学校管理育人。那么，管理为何蕴含育人的功能呢？

第一，学校管理的特殊性是育人。教育科学认为，任何教学活动都具有教育性。在学校，任何人、任何物、任何活动都会对学生产生影响，即产生教育性。管理活动作为学校的日常工作，也必然直接或间接地影响学生的身心、思想和道德品行。教育心理学家指出，受教育者在潜移默化中接受的教育往往比有意地灌输更加有效。因此，一旦管理和学校教育结合起来，就具有了普遍的社会性和教育性，就有了育人的特殊性。

第二，管理本身具有思想教育功能。管理可以引导人的思想朝着某种目标努力。管理的过程是思想作用的过程，管理者可以把育人目标转化为思想灌输给被管理者，引导被管理者理解这种思想，认同这种观念，并朝着这个方向努力。现代管理学大师彼德·德鲁克指出：“管理的实践是有结果的。这使得管理成为一种技术性工作。但是，管理也与人以及人的价值观、人的成长和发展有关。这又使得管理成为一种人性化的工作。”① 当管理开始影响人的价值观、启发人的思维，且这种客观结果改变了人的认知，从思想教育的角度来看，管理就具有了思想教育功能。古今中外，为了更好地实现育人目标，人们会从管理实践的选人、用人、育人等方面去提高管理者的素质和调动管理者的积极性。

第三，育人也需要管理。人们已经普遍认识到，思想政治教育活动也是管理活动，使用管理手段有利于促进思想政治教育工作的有效性，往往

---

①　德鲁克. 组织的管理［M］. 王伯言，沈国华，译. 2 版. 上海：上海财经大学出版社，2006：15.

能够最大限度地降低负面影响，提升正面效果。一方面，育人离不开管理，管理在客观上为育人创造了良好的环境，有利于人们形成良好的思想品德及行为习惯。另一方面，管理也离不开育人。加强思想政治教育，可以使人们对组织宗旨、规章制度、纪律规矩等管理手段产生认同感并自觉遵守，这有助于管理作用的实现。离开了管理手段及机制，育人工作就不可能处理好各种矛盾关系，也不可能帮助人们形成正确的思想和行为，从而达到改造人们世界观的目的。因此，有效的管理是育人得以顺利进行的重要基础。

（三）管理如何育人?

学校管理作为管理的特殊领域，必须紧紧围绕着育人目标和根本任务来进行。那么，管理如何实现育人呢?

首先，要充分发挥管理的整合作用。学校管理的整合作用是根据学校的培养目标、培养计划，将学校各系统、各要素有机地组织起来，发挥管理的整体效果，形成合力。整合不是各系统、各要素的简单组合，而是根据各系统、各要素在学校育人体系中的地位和作用，既充分发挥其特殊作用，又充分发挥其共同作用，取得整体大于各部分之和的功效。学校管理在育人过程中，主要发挥两方面的整合作用：一是对学校管理系统的整合。学校管理系统包括学校的党群系统、学生工作系统、教学系统、行政系统和安全后勤系统等，其主要职责是制定教学和管理文件，实施教学和思想教育计划，根据学校师资、设备、资源等情况，以育人工作为中心开展学校的各项工作。二是对德智体美劳各方面教育影响的整合。其中，德育处于首要、先导的地位。教学系统承担智育，通过各学科的教学活动提升学生认知能力，启发学生思维，培养学生的良好人格。离开德育的教学是不可想象的，而离开教学的德育也是不可想象的，它们既相互独立，又相互关联、相互促进。此外，体育、美育和劳动教育，与德育、智育之间也是互相渗透、互相影响，既有其特殊的目的，又有其共同育人的目的，相互间协同推进。学校管理通过整合学校各方资源，做好组织协调，形成育人的整体效能。

其次，要充分发挥管理的转化作用。管理育人的一般过程是：党和国家的教育方针—学校教育的总目标—教育工作的具体规划—管理者的教育行为—教育效应。管理转化为育人的过程是有步骤的，工作内容一步比一步具体、深入。同时，管理转化为育人的过程也是有顺序的，党和国家的教育方针是制定学校教育总目标的方向，学校的教育总目标是制定学校教育规划的指南，学校的教育规划是学校管理者教育行为的依据，教育行为是产生教育效应的条件，各个环节环环相扣，有序转化。

最后，还要充分发挥管理的过滤作用。学校外部因素诸如社会风气、社会经济动向、国内外思潮、社会信息的大量传递等各种因素都会影响学生的思想和成长。学校的管理者要准确把握校内外、国内外形势，特别要了解社会发展动态，及时对这些影响进行有目的、有计划的筛选和信息加工，有意识地扩展和宣扬正面影响，消除和化解负面影响，优化学生的成长环境，同时善于借助社会积极因素的作用，促进育人目标的达成。

管理的整合、转化、过滤作用的发挥是有条件的。其一，高素质的管理者。管理育人是通过管理者的管理实践活动来实施的。要实现育人目标，学校管理者要有正确的教育观、科学的教育方法、较高的教育理论水平和较强的教育管理能力。其二，强有力的管理组织系统。要建立一支热爱教育事业、拥有教育教学能力的教师队伍；要建立比较完善的思想政治教育部门、教学和行政管理部门，特别要建立完备的思想政治工作系统，充分发挥共青团、班主任、辅导员、学生组织等方面的教育力量。其三，良好的环境。良好的环境包括内部环境和外部环境。良好的内部环境指学校所有的教育工作者都要树立管理育人的意识，形成管理育人的校园风气；良好的外部环境主要指各级教育行政部门认识到育人的重要地位，不应以升学率或科研业绩作为评价学校的唯一标准。创造良好的学校育人环境需要全社会的共同努力。

二、高校管理育人的概念界定

（一）高校管理育人的概念

管理是高校生存与发展的永恒主题，涉及教学科研、人事组织、学生管理、财务资产、后勤保障、信息管理、图书资料等多个子系统。这些子系统共同承担学校管理工作的各项基本任务，为人才培养和科学研究创造条件。高校管理的根本宗旨在于通过高校的管理者，围绕人才培养的根本任务，充分发挥学校人财物诸因素的作用，同时利用校内外各种有利条件，有效地实现学校的培养目标。这个过程，就是高校管理育人的过程。由于“管理育人”一词最先是针对高校提出的，尽管中小学、企业等其他社会组织也会用到管理育人的提法，但通常我们所讲的“管理育人”，一般是指高校管理育人。

对高校管理育人普遍的一种理解是，管理育人就是高校管理者依据法律、规章、制度，在开展管理活动的过程中，对大学生进行思想政治教育，培养大学生良好的思想道德素质和行为的活动。① 这种观点有一定的合理性，但把管理对象仅限定为大学生，既缩小了管理育人的概念内涵，又限制了管理的育人功能的发挥。

那么，如何定义高校管理育人呢？我们认为，高校管理育人是高校通过管理部门和全体教职员工，围绕立德树人的根本任务，对管理者和管理对象所进行的有目的、有计划、有组织的管理活动，并通过这些活动提高管理者和管理对象的政治思想、道德品质、行为习惯、民主法治等素质，“使之趋向于学校德育目标的过程。这里强调管理育人的对象，不仅包括大学生，同时还涉及包括管理者在内的全校教职员工，从而形成一个具有广泛内容和空间范围的育人系统”②。这体现出管理育人的逻辑起点和终极目

①② 刘洁. 高校管理育人的途径探析［J］. 思想理论教育导刊，2012（8）：118－120.

标：人才培养。

在我国，大学的核心使命是以立德树人为核心，培养德智体美劳全面发展的社会主义建设者和接班人，即教学、科研等工作以及全体教职工必须围绕这个根本使命来进行。这是管理育人的逻辑出发点，也是落脚点。在立德树人、培养社会主义建设者和接班人这个高校的终极目标下，还需要确立学校的德育目标。管理育人是通过管理者的角色行为，对管理对象、管理者自身施以积极影响，使其政治思想、道德品质、行为习惯、民主法治等素质趋向于学校德育目标的过程。

（二）高校管理育人的主体与客体

高校管理育人的主体是全体教职工。从横向上看，管理育人的主体含全体管理服务人员和全体教学科研人员。教学科研人员是指从事教学和科研工作的教师，主要通过教学科研活动管理来培养和教育学生。管理服务人员分布于学校各项工作领域，层级复杂，主要含四类机构管理服务人员：一是党委部门，如党办、组织、宣传、统战、学生工作、教师工作等部门；二是行政服务部门，如校办、人事、教务、科研、学生、外事、财务、资产、后勤保卫等部门；三是教辅单位，如图书馆、档案馆、网络中心、教师发展中心、实验中心等教学辅助单位及附属医院等工作单位；四是学院（单位）管理人员，如党团组织成员、办公室人员，班主任、辅导员、教学科研辅助人员等管理人员，他们按照学校部署负责二级任务的分配、布置及实施，对大学生实行思想政治教育，在学习、思想、生活等各个方面对大学生进行指导。在管理育人的实际工作中，两个管理层次有不同的责任，但由于直接接触大学生较多，学院（单位）层面开展管理育人工作的压力最大、效果最明显。

在高校，这些管理者将学校的人、财、物、时间、信息等要素合理地组织起来，融入思想政治教育，以保证学校的正常运转和育人目标的实现。这是管理者的主体活动和发挥主观能动性的过程。因此，高校育人工作要求管理主体不断提高自身素质和管理水平，以促进育人目标的达成。一要强化管理主体的责任意识。教师和各级管理服务部门人员要具有育人意识，明确自身岗位的育人职责，在对学生进行管理服务时要充分发挥主观能动性，从自身工作特点出发，自觉发挥育人作用，真正担负起管理育人的责任。二要提高管理主体的个人素质。在高校育人工作中，管理者素质的高低直接影响育人职责的履行的好坏，关系到育人成效的大小。个人素质包含政治、思想、业务、文化、品格、心理等各方面，特别是政治信念、思想道德、行为习惯，对学生产生直接影响。无论是学校管理制度的制定和落实，还是学校育人氛围的营造、育人传统的养成，归根到底，都是靠高校管理者去实现的。因此，构建和完善高校管理育人机制及良好氛围，必须从提高管理主体的素质这个根本点入手。

管理育人的客体是全体师生。通过管理者的角色行为，提高学生的政治觉悟、思想认识、道德品质和纪律观念，使之趋向于学校德育目标的过程。人们通常认为，既然学校是以学生为教育对象的，学校的本质职能也是人才培养，管理育人的客体当然是学生。然而，这种认识缩小了管理育人的内涵范畴。在实际工作中，管理育人不仅通过规章制度规范师生行为，而且通过包括管理者在内的全体教职员工的言传身教影响和感染学生，使之树立符合社会要求的正确的政治观点、思想体系、道德规范和价值观念。包括管理者自身在内的全体教职员工都与学生一样，受到管理育人职能的作用影响，属于管理育人客体的范畴。

管理者既是管理主体又是管理客体。高校教师职业道德规范要求高校教师为人师表、敬业爱生；学生思想政治工作要求学生管理队伍，特别是班主任、辅导员政治信念坚定、道德品行高尚；学校管理工作要求为师生服务的图书、后勤、财务、资产等部门管理者遵守规章制度、热情服务师生。管理者在管理过程中获得的政治思想、道德品质、行为习惯、民主法治意识、创新意识等方面素质的提升，会带给学生积极影响，有利于学校德育目标的达成。管理育人主体、客体的广泛性和学生所受影响深远，是它与其他育人途径的差异所在。这就要求我们必须树立以人为本的观念，改变管理育人的传统认识，把管理育人的客体扩大到学生之外包括管理者自身在内的全体教职员工。立足时代要求，转换高校管理育人观念，有利于发掘管理育人更大的德育价值。

管理主体与管理客体之间相互依存、相互影响。管理育人的客体是管理育人活动的对象，在管理育人活动过程中，发挥着积极的、能动的反作用。离开管理对象的积极参与，管理就不可能产生良好的效果。尽管管理育人的目标、实施内容和方式是由管理主体确定的，反映的是管理主体及其所代表的社会和组织对管理客体的要求，体现的是管理主体的思想和工作方法。但这些都应符合管理客体的思想实际和接受能力。况且，管理对象会对教育者提出的要求做出自己的价值判断，对其产生的影响有选择地吸收，其思想行为的转变具有主体选择性和不确定性。因此，为使育人活动取得最佳效应，必须使育人的内容及方式契合管理客体实际情况，重视管理客体的主体能动作用。

（三）相关范畴的联系与区别

管理育人是一个复杂的系统，其问题范畴应是管理育人所研究的特殊领域各种现象之间最本质的特性和关系的范畴。要准确理解高校管理育人的深刻内涵，辨析和把握好以下三对关系。

1. 管理育人与思想政治教育

高校管理育人是思想政治教育发展的必然结果。管理育人并不是方法和目的的简单组合，而是具备了新的含义，这个新的含义，就是管理中蕴含的思想政治教育。“管理育人”最先是为了“转变学生的思想”而对高校提出的，之后伴随着高校思想政治教育得到国家重视与部署而发展，是党和国家思想政治工作在高校的直接反映。传统的高校育人模式与中小学类似，学生的科学文化知识由专业课教师负责传授，思想政治、道德品质则通过思想政治理论课，由班主任、辅导员和学校各级党团组织来开展。管理育人视野下的高校思想政治教育，要求学校所有工作都围绕学生进行，所有人员都围绕育人开展工作，学校思想政治教育要实现全员、全程、全方位育人。

高校管理与思想政治教育在育人目标上具有内在的统一性。管理与思想政治教育在促进人的发展、实现育人目标上是一致的。要实现这一育人目标，思想政治教育和管理就要相互依存，缺一不可。思想政治教育本身蕴含着管理的手段，管理过程也融合了思想政治教育的内容。思想政治教育离开管理手段会成为简单的说服、教育，缺乏足够的刚性约束；管理如果没有思想政治教育的配合，忽视以人为本的理念，就会成为冰冷的制度流程。两者在方法、性质等方面也有不同。从方法上看，管理主要是通过行政、制度约束的手段去强制规范人的行为，使个体服从于组织、社会的要求，而思想政治教育则主要是采取说服教育的方法启发人的觉悟，使个体自觉规范自己的行为以服从组织、社会的要求；从性质上看，管理属于行政组织的范畴，遍及各个领域，思想政治教育属于宣传教育的范畴，是我党的优良传统。

新形势下，在高校管理育人的视野中，管理活动的思想政治教育价值日益凸显，已经成为大学生日常思想政治教育的重要途径，同时，思想政治教育中的管理作用也得到进一步体现，成为思想政治工作的有效保障。因此，一方面，我们要善于利用管理与思想政治教育的内在统一性，把管理与思想政治教育有机结合起来，在行政管理工作中实现管理育人的目标；另一方面，我们又要注意到管理和思想政治教育的差异，根据不同情况把先进的管理方法与行之有效的思想政治教育方法结合起来，以取得更好的工作效果。

2. 管理育人与“三育人”“三全育人”

大学承担着人才培养、科学研究、社会服务、文化传承等多种使命，但归根结底要教书育人、管理育人、服务育人，把主要精力和资源配置集中到人才培养工作上来，落实全员育人、全程育人、全方位育人的“三全育人”。自20世纪80年代“三育人”提出以来，管理育人与全员育人、服务育人很多时候被当作同一概念使用。大致到2000年以后，“管理育人”才从“三育人”中真正单列出来，作为一个独立的主题出现在理论研究和工作实践当中。实际上，教书育人、管理育人、服务育人三者之间确实有差异，从科学研究和工作应用的角度，我们应当对它们进行辨析。

从育人主体来看，管理育人等同于全员育人。在高校思想政治教育工作中，全员育人包括教书育人、管理育人和服务育人，是高校思想政治教育工作的重要组成部分。全员育人，从广义上看，指社会、学校和家庭，他们都应当担负起学生思想政治教育的责任；从狭义上看，指学校的党政管理人员、教师科研人员、教辅后勤人员等全体教职员工都负有育人的责任和义务。管理育人也是指通过学校全体教职员工，对管理者和管理对象所进行的有目的、有计划、有组织的管理活动。因此，从育人主体上看，二者具有内在一致性。

从对象范围来看，管理育人涵盖教书育人、服务育人，其途径可以概括为“教学过程管理育人”“行政活动管理育人”“生活活动管理育人”等方面。教书育人是教师对学生教育引导，其育人作用和范围是有限的。而管理的对象不仅是全体学生，还包括管理人员自身、普通教师和其他职工。此外，管理制度不随管理者变化而变化，具有全局性和相对稳定性。同时，管理作为支撑学校运转的机制，引导和推动教书育人、管理育人、服务育人。

从育人路径来看，管理育人与其他育人方式又有很大不同。教书育人、服务育人是直接作用于育人对象即学生的，而管理育人则是通过学校管理人员和全体教职员工，对管理者（自身）、管理对象（全体师生）所进行的有目的、有计划、有组织的管理活动，并通过这些活动提高管理者和管理

对象的政治思想、道德品质、行为习惯、民主法治意识、创新意识等素质，使之趋向于学校德育目标的过程。由此可见，管理育人不仅直接面向学生、教育引导学生，而且通过科学有效的方式来管理全体教职员工（包括管理者自身），以形成育人合力，达成育人目标。这种实施路径是间接的、复杂的。

从功能作用来看，教书育人、管理育人、服务育人三者是交融在一起的。教师科研人员的育人过程贯穿着对学生的管理，而党政管理人员、教辅后勤人员在规范学生行为、服务学生的过程中也会对学生知识和技能的增长、思想道德的提升起到引导作用。此外，管理即服务。由于管理中包含服务，服务中包含管理，两者很难完全划分界限。可以说，教书育人、管理育人，是高校育人的两大基本抓手，但在工作实践中，明显存在着重教书育人、轻管理育人的状况。如果不能切实改变这种状况，把管理育人的理念和要求落到实处，高校的人才培养工作就不会取得良好的效果。

3. 管理育人与学生管理工作

从实施途径和目标功能上看，管理育人和学生管理工作都是通过管理实现立德树人的目标，两者有内在的一致性。但两者不能等同，管理育人是思想政治教育的一个概念，学生管理工作则与人事管理、教务管理、党务管理、科研管理、财务管理、图书管理等相对应，属于学校教育管理的一个概念范畴。两者在人员队伍、工作内容、工作方式等方面有明显区别。

从人员队伍来看，管理育人的队伍由全体教职工构成，学校所有教学科研单位、党委行政管理部门、后勤保障部门的全体人员都作为育人主体，肩负有育人的职责和使命。而学生管理工作队伍是指以辅导员、班主任为主体，由校、院两级分管学生工作的党委副书记，学生工作部门、团委等机构组织中的人员构成的专职大学生管理工作者队伍。

从工作内容、工作方式来看，两者也有所不同。学生工作部门、团委等部门组织及其人员处在学生管理工作的第一线，负责制定、执行各项学生管理制度，通过直接、日常的学籍管理、奖助贷、文体活动、心理健康、毕业就业等学生事务管理来帮助学生成长发展，实施思想政治教育，是学校管理育人系统中最关键、最核心的部分。而管理育人的内容方式要复杂得多，教师通过课堂、实验、实践等管理环节培养学生思想品德，引导学生成长，高校管理不仅通过制度规范、组织纪律的约束，而且在日常的事务管理过程中引导学生的思想和行为，使之形成良好的思想道德和行为习惯。

总的来说，管理育人涵盖学生管理工作，学生管理工作是管理育人的重要内容。在高校，各类管理人员各司其职，共同促进学生全面发展，实现人才培养目标。

第二章
高校管理育人的历史与经验

高校管理育人理念的确立与发展有一个历史的演进过程，它与党在高校的思想政治工作相伴而生，研究中华人民共和国成立以来各个时期高校管理育人的表现形式和变化因素，总结高校管理育人的基本思想、特点及历史经验，对于继承和发扬高校管理育人的优良传统、建设和形成具有中国特色的高校管理育人体系十分必要。

第一节　高校管理育人的历史演进

从提出至今，“管理育人”在高校的发展已有30多年。回顾管理育人的历史变迁过程，在管理育人实践中，管理者与被管理者之间的关系尤为重要。以管理育人的主客体关系为依据，可以将中华人民共和国成立之后管理育人的历史演进大致划分为以下四个阶段。

一、传统行政管理模式阶段（中华人民共和国成立至20世纪70年代末）

自中国近代第一所国立大学——京师大学堂创建以来，包括民国时期的各类高校在内，中国高校学生管理模式一直是典型的行政管理模式。中华人民共和国成立至改革开放前，中国大学领导体制虽历经数次变革，但其管理模式基本属于中央集权式的，这不仅体现在大学与政府的关系上，而且反映在大学内部管理体制和运行机制中。在这种管理模式下，高校与学生之间的关系定位为鲜明的权力关系，使学生成为师生关系中被动接受知识传授和管理的一方。

一方面，人才培养目标受政治因素影响较大，党在高校的思想政治工作体系开始建立。早在延安时期，中国共产党将培养学生“既成才又成人”作为各高等学校思想教育的目标，要求高校把育人工作渗透到各个教学环节中，实现教学目的，做到思想政治教育与教学及其他专业技术互相渗透、互相促进。时任自然科学学院院长徐特立指出：“教师不仅是传授知识，更重要的是教人，教育后一代成长为具有共产主义思想品质的人。”① 中华人民共和国成立后，为巩固新生政权和体现新的教育思想，中国共产党对原有的大学及其相关制度进行了改造，大学仿照苏联实行校长负责制，把“培养人才，从事科学研究，推广科学文化知识，直接为社会主义建设服务”作为大学组织目标。1956年，学校党组织的任务由对行政工作的保证、监督转为对学校工作的全面领导；同年，高等教育部颁布的《中华人民共和国高等学校章程草案》在强调培养人才的实际工作能力的同时，还强调人才的政治标准，即对党和社会主义事业的忠诚。② 1958年后，大学组织目

① 中央教育科学研究所. 徐特立教育文集［M］. 北京：人民教育出版社，1979：295.

② 中央教育科学研究所. 中华人民共和国教育大事记1949—1982［M］. 北京：教育科学出版社，1984：168.

标受到更多的政治影响。比如，1959 年，复旦大学修订教学计划时提出，“我校各专业的培养目标应该是：培养又红又专、体魄健全、全面发展的基础科学方面的科学研究人才和师资”，并具体表述了人才培养的政治思想规格：“系统地掌握马克思列宁主义基础理论，具有鲜明的工人阶级立场、共产主义思想和道德品质，树立工人阶级的阶级观点、群众观点和集体观点、劳动观点和辩证唯物主义观点，养成敢想敢说敢做的共产主义风格和实事求是的科学态度。”① 1961 年，《中华人民共和国教育部直属高等学校暂行工作条例（草案）》即“高教六十条”指出：“高等学校的党委会要做好思想政治工作和党的建设工作。”1965 年，各直属高等学校建立政治部，并大力充实思想政治工作干部队伍。之后，中国大学普遍建立起专门负责思想政治教育的政治部，形成了中国特色的大学党政两支管理队伍。

另一方面，高校学生呈现典型的组织人特性，在管理培养中处于从属地位。中华人民共和国成立后，为了在经济条件十分有限的条件下推动高等教育向大众化方向前进和确保大学的社会主义方向，国家对教育实行高度集中统一的计划管理，这种教育与国家建设高度一体化的教育体制将高等教育人才培养统一体现在计划经济体制中，学生学习的物质条件得到了国家无偿保障，毕业后工作由国家包分配。中华人民共和国成立后至 1988 年，学生读大学是免费的。但同时，学生失去了学习选择和自主就业的自由，呈现出典型的组织人特性。教师和学生之间是管理者与被管理者的关系，学生被要求无条件地接受学校的教育管理，处于被动、从属的地位。学校更多强调学生对党和社会主义事业的忠诚，重视学生的政治理论学习和政治活动的参与，而忽视对学生的学习、心理、就业等方面的必要引导，各项规章制度、计划和管理容易脱离学生实际。重共性轻个性，把全体学生当作一个整体，实行标准化统一管理，忽视学生的个体差异对教育效果

① 复旦大学校志编写组．复旦大学志：第 2 卷（1949—1988）［M］．上海：复旦大学出版社，1995：212．

的影响。重外因轻内因，对学生的日常事务管得过多、过死，以一种管束学生的强制性态度和检查、监督的方式对待学生。学生缺乏自我管理和自我约束的主动性，就很难将各种管理规范内化为自觉要求，管理的效率也就大打折扣了。

可以说，改革开放前的高校管理模式跟随着高等教育社会主义办学方向不断探索的道路前进，教育的上层建筑观一直影响着高校管理育人工作的开展。高校管理育人工作整体处于摸索实践的过程中，没有提出管理育人的理念和相关制度。

二、管理育人的确立与发展阶段（20 世纪 80 年代至 2002 年）

20 世纪 80 年代初，高等学校开展了教书育人活动。1985 年，《中共中央关于教育体制改革的决定》提出以体制改革和扩大高等学校办学自主权为核心的一系列政策，明确在管理层级上实行校、院、系三级管理和校、系两级管理并存，以校、系两级管理为主。中层职能部门和大学副校长人数不断增加，学校行政系统越来越健全，行政管理人员越来越多。1987 年 5 月，中共中央《关于改进和加强高等学校思想政治工作的决定》指出，“高等学校的职工对培养学生有着重要的作用”，要“加强教职工队伍的思想建设，大力提倡教书育人、服务育人”①。1988 年，国家教育委员会发出《关于高等学校逐步实行校长负责制的意见》，指出“高等学校必须按照党政分开的原则，逐步实行校长负责制”②，并规定高等学校校长的主要职责是：“……抓好学生的思想政治教育，推动教职工教书育人、服务育人，使学生在德育、智育、体育等方面都得到发展；加强教职工队伍的建设，不

① 中共中央文献研究室. 十二大以来重要文献选编：下［G］. 北京：人民出版社，2011：334 - 336.

② 国家教育委员会. 关于高等学校逐步实行校长负责制的意见［M］//刘英杰. 中国教育大事典（1949—1990）：下，杭州：浙江教育出版社，1993：1096.

断提高他们的政治、思想和业务素质；采取切实措施，逐步改善师生、员工的工作、学习和生活条件。”1994 年 7 月，《国务院〈关于教育改革和发展纲要〉的实施意见》明确指出：“要加强德育队伍建设，不断提高队伍素质，同时，要从政策和制度上保证‘教书育人、管理育人、服务育人’的落实。”① 同年 9 月，国家教育委员会发布的《中共中央关于进一步加强和改进学校德育工作的若干意见》提出，“进一步发挥全体教职工的育人作用”“学校各项管理工作、服务工作也要明确育人职责，管理育人，服务育人”②，成为当时学校德育工作的纲领和指南。1998 年出台的《中华人民共和国高等教育法》提出，“使受教育者成为德、智、体等方面全面发展的社会主义事业的建设者和接班人”③，这一表述也为“三育人”工作的开展提出了目标和要求。

为贯彻落实中央部署和国家系列政策文件精神，20 世纪 80 年代末 90 年代初，高等学校开展了以“教育育人、管理育人、服务育人”为重要内容的“三育人”活动。高等教育界对“三育人”问题的探讨和实践也日趋活跃。各高校结合自身实际开展了育人实践探索，一些高校出台了“三育人”工作条例或工作量化考评体系，通过定性和定量的方式推进“三育人”工作的科学化、规范化。从 20 世纪 90 年代开始，浙江大学等高校表彰“三育人”先进个人，云南省出台并实施了《云南省高等学校“教书育人、管理育人、服务育人”达标综合评估暂行方案》。

1999 年以来，我国进行了教育体制改革，出台了扩大高校招生规模、开放办学、放宽招生年龄等一系列政策措施，使高等教育得到飞速发展，

---

① 教育部法制办公室. 学前教育政策法规规章汇编［G］. 北京：首都师范大学出版社，2014：113.

② 教育部思想政治工作司. 加强和改进大学生思想政治教育重要文献选编：1978—2014［G］. 北京：知识产权出版社，2015：145 - 146.

③ 中华人民共和国高等教育法［M］. 北京：法律出版社，1998：1 - 20.

并于2002年提前8年实现了大众高等教育的目标。据统计，1999年我国高等教育毛入学率为10.5%，2000年为11.3%，2001年为13.2%，2002年为15.3%，2003年达到17%，2004年为19%，2005年为21%；1999年我国普通高校在校人数为413.42万，2002年为903.36万，到2006年已增至1 738.84万。[①] 学生上学缴费、自主择业，后勤社会化改革，民间资本开办大学，等等，标志着中国高等教育已经走向市场化、产业化，大学生从高等教育的无偿受益者转变为高等教育的消费者，学生与学校之间的社会关系发生了很大变化。学生的权益意识增强，师生矛盾、学生和学校的冲突越来越多，传统意义上的班级作为大学生管理单位的作用逐渐淡化，原来行之有效的德育办法的影响力越来越小，"学校部署、院系负责、班主任落实"的工作方式，"大一统"的思想政治教育模式已经严重不适应形势发展的要求，学校的管理与服务日趋政府化、行政化，这些必然导致高校管理模式、管理理念的革新。特别是进入21世纪以来，世界全球化趋势明显，国际形势复杂多变，由互联网迅猛发展带来的各种思想文化相互激荡，中国社会也处于发展的转型期，传统的高校思想政治教育模式单向性、封闭性的缺陷日益凸显。这些都为高校育人工作带来了新的问题和挑战。

这一时期，我国高等教育重视对管理育人的探索，以保障学生民主参与权利、提升学生综合素质为主要目标，国家和学校从制度、实施及保障层面探索有效做法，尊重学生主体性，真正将管理统一到"立德树人"上来。但由于我国高等教育的"管理育人"起步较晚、受传统文化习惯和以往计划经济体制下行政管理模式遗留影响较深，人们多将学生看作纯粹的管理的对象和客体，导致出现"管理"和"育人"脱节的现象。传统的权力型模式依然存在，管理者育人意识薄弱、管理制度不健全、学生被摒除在学校管理体系之外等现象依旧比较突出。

---

① 根据中华人民共和国教育部1998—2006年公布的《全国教育事业发展统计公报》整理。

三、依法治校与深入育人阶段（2002—2012年）

进入21世纪，党和国家立足"培养什么人，怎样培养人"这一根本问题，对新时期高校育人工作提出了更高的要求。管理作为一种有效载体，在大学生思想政治教育过程中越来越受到重视。2004年，中共中央、国务院颁发的《关于进一步加强和改进大学生思想政治教育的意见》作为加强和改进大学生思想政治教育的纲领性文件，明确提出了教育与管理相结合的基本原则，并对"管理育人"提出了更高的要求和更严格的规范。2005年，教育部修订并出台了《普通高等学校学生管理规定》，进一步倡导育人为本、德育为先的管理理念，对于创新学生教育管理方式方法提出了明确要求，为新时期管理育人理论研究和实践探索提供了重要的政策依据和方向指导。

与此同时，建立现代大学制度、依法治校给大学管理理念和管理方式带来重大变革。长期以来，许多大学的领导、管理者和教师已经习惯于用政策和道德来治理大学，还没有树立依照法制规则治理学校的观念。随着大学办学规模不断扩大，开放程度不断提高，管理重心逐步下移，大学要适应现代高等教育的发展要求，实行现代大学治理体制，积极推进依法治校，强化科学管理。2002年，党的十六大指出，依法治国是党领导人民治理国家的基本方略。2003年7月，教育部发布《关于加强依法治校工作的若干意见》。2012年11月发布《全面推进依法治校实施纲要》，对学校按照法治精神与原则，转变管理理念和手段、方式提出了系统要求，对师生在参与学校管理、行使监督权利、实现自我发展等方面的权益给予制度保障，要求做到管理不缺位、不越位，同时突出师生员工的主体地位，保障师生、员工的合法权益，共享学校改革发展成果。2010年7月，中共中央、国务院《国家中长期教育改革和发展规划纲要（2010—2020年）》明确提出要把"建设现代大学制度"作为教育体制改革的重要内容，标志着建设中国特色现代大学制度已从理论研究、实践探索阶段进入国家统一部署阶段。《国家中长期教育改革和发展规划纲要（2010—2020年）》对建立和完善中国特色现代大学制度进行了顶层设计，改革计划涉及6个省份和30多所中央部属高校，共51个试点项目，重点进行6个方面的体制机制探索，提出了明确的目标要求和任务设定。试点高校确立了“制度先行”的发展理念，在坚持和完善党委领导下的校长负责制下，制定完善学校章程，建立理事会，健全教授治学运行机制，完善民主管理机制，完善校院两级管理体制，推行人事制度改革等重点领域和关键环节进行了积极探索，逐步明晰中国特色现代大学制度的实现形式。

高校管理理念和内部治理方式的革新为高校管理育人的理念和实践带来了新的变化。

首先，管理育人走向依法育人。高校管理者逐步树立依法管理的观念，运用法治思维、法治方式开展管理工作。管理者在制定教育管理制度规范时，坚持于法有据的原则，保障师生的合法权益不受侵犯，尽可能满足师生正当、合理的诉求。管理过程中坚持依法用法，摒弃指令式、说教式的工作方式，不断创新师生乐于接受的工作方式，通过协商沟通增进了解，通过交流合作达成共赢。依法调动、发挥师生参与学校事务的积极性，始终把促进大学生成长成才作为管理工作的最终目标，帮助学生掌握知识和技能，引导他们成长发展。引导师生依法理性表达诉求，依法依规按程序维护权益，化解矛盾纠纷。高校共青团、学生会、学生社团强化自我约束和管理，学生的法治意识在自我管理服务中得到增强。

其次，平等的新型师生关系得以建构。传统的学生事务管理是一种行政型自上而下的管理，体现为一种“管”与“被管”的师生关系。在现代大学制度和依法治校理念下，高校与学生间的关系体现为平等的民事法律关系，师生关系也呈现出明显的法治特点，具体表现为师生法律地位的平等、权利义务的均衡和人格基础上的相互尊重，它使法的意志和法的精神贯穿于教育教学的全过程而成为师生行为价值判断的基本标准。教师、管理者与学生是平等的，他们不再以教育者、管理者自居，而是在教育管理活动中与学生一道，朝着管理育人的目标（学校德育目标）共同努力。

再次，管理育人模式在现代大学框架下不断创新。近年来，高校以建立现代大学制度为方向，不断从制度、实施和保障层面探索有效做法，将学生纳入学校治理主体，在课堂之外为学生搭建培养和锻炼平台。如完善学生代表大会制度，在学校、学院、班级、公寓不同层面建立学生自主管理制度，以勤工助学形式引导学生以助理身份参与学校管理服务等，既增进了学生对学校运行机制的了解，又培养了学生的管理能力和综合素质，从而达到育人的目的。这一时期，书院制作为承担学生思想教育、习惯养成、素质拓展、课外实践等方面任务的管理模式，成为我国内地高校学生管理模式的一种创新。中华人民共和国成立后最早实行书院制的是香港中文大学（1949），西安交通大学（2006）、复旦大学（2005）和华东师范大学（2007）是内地试行书院制的高校代表。

四、管理育人内涵拓展阶段（2012 年至今）

党的十八大以来，以习近平同志为核心的党中央将保障中国特色社会主义事业后继有人作为一项重大战略任务，围绕“培养什么人、怎样培养人、为谁培养人”这一根本问题，全面加强对教育工作的领导，坚持立德树人，对加强高校思想政治工作做出一系列重大部署。2016 年 12 月，习近平总书记在全国高校思想政治工作会议上强调，高校思想政治工作从根本上说是做人的工作，中心环节在于立德树人，核心在于提高人才培养能力，“把思想政治工作贯穿教育教学全过程，实现全程育人、全方位育人，努力开创我国高等教育事业发展新局面”①。2017 年 12 月，习近平总书记在党的

① 习近平在全国高校思想政治工作会议上强调：把思想政治工作贯穿教育教学全过程　开创我国高等教育事业发展新局面 [N]. 人民日报，2016 - 12 - 09 (1).

十九大报告中指出，“要全面贯彻党的教育方针，落实立德树人根本任务，发展素质教育，推进教育公平，培养德智体美全面发展的社会主义建设者和接班人”[①]。2018 年 9 月 10 日，习近平总书记在全国教育大会上强调，坚持中国特色社会主义教育发展道路，培养德智体美劳全面发展的社会主义建设者和接班人。[②]

各高校全面贯彻党的教育方针，紧紧围绕立德树人这一根本任务，强化思想引领，创新方式方法，不断推动高校思想政治工作创新发展，努力践行全程育人、全方位育人，管理育人取得了丰硕成果。

1. 高校党的建设不断加强

党的十八大以来，各高校认真落实高校党委思想政治工作主体责任，将思想政治工作纳入学校发展规划，积极推进思想政治工作。连续 25 年的大学生思想状况滚动调查显示，广大师生思想政治状况的主流保持积极健康向上。2018 年调查表明，高校师生衷心拥护以习近平同志为核心的党中央，高度认同党中央治国理政新理念、新思想、新战略，对我国的发展前景和实现中国梦充满信心。高校创新方式方法，激发党建活力，不断扩大高校基层党组织覆盖面，使学生党支部、研究生党支部、教师党支部的战斗堡垒作用不断增强。2017 年 8 月，教育部党组印发《关于加强新形势下高校教师党支部建设的意见》，将教师党支部明确定位为教育、管理、监督和服务教师党员的基本单位，把党的路线方针政策落实到高校基层的战斗堡垒，党团结和联系广大教师的桥梁纽带，以及办好中国特色社会主义大

---

① 习近平：决胜全面建成小康社会　夺取新时代中国特色社会主义伟大胜利——在中国共产党第十九次全国代表大会上的报告［N］. 人民日报，2017－10－28（1）.

② 习近平在全国教育大会上强调：坚持中国特色社会主义教育发展道路　培养德智体美劳全面发展的社会主义建设者和接班人［N］. 光明日报，2018－09－11（1）.

学的重要支撑。①

2．思想政治教育管理突出质量评价

党的十八大以来，人才培养质量越来越受重视。质量评价不仅是评价和推动高等教育发展的重要途径，还是反馈和改进高校思想政治教育的有效方法。2012 年，中共中央宣传部、教育部制订《全国大学生思想政治教育工作测评体系（试行）》，其中高校版包括了 6 个一级指标和 20 个二级指标，规定考评程序，并于 2013 年推进全国高校自测自评和教育部的抽查测评，推动高校思想政治教育质量评价进入新的发展阶段。2017 年 2 月，中共中央、国务院印发的《关于加强和改进新形势下高校思想政治工作的意见》提出，"研究制定内容全面、指标合理、方法科学的评价体系，推动高校思想政治工作制度化"②。实施高校思想政治工作质量评价，对思想政治教育质量和改革创新提出了更高要求，推动高校思想政治工作科学化水平的提升。

3．创新网络思想政治工作模式

2016 年 12 月，习近平总书记在全国高校思想政治工作会议上指出："要运用新媒体新技术使工作活起来，推动思想政治工作传统优势同信息技术高度融合，增强时代感和吸引力。"③ 一些高校主动回应"互联网 +"的新形势，推动思想政治工作传统优势与网络技术深度融合，在创新思想政治教育载体方面进行了积极探索与大胆创新，积极创建主题教育网站、辅

---

① 中华人民共和国教育部．中共中央　国务院关于全面深化新时代教师队伍建设改革的意见[EB/OL]．(2018 - 01 - 13)[2019 - 10 - 01]．http://www.moe.gov.cn/jyb_xwfb/moe_1946/fj_2018/201801/t20180131_326148.html.

② 中共中央　国务院印发《关于加强和改进新形势下高校思想政治工作的意见》[N/OL](2017 - 02 - 28)[2019 - 10 - 01]．http://news.gmw.cn/2017 - 02/28/content_23841933.htm.

③ 习近平在全国高校思想政治工作会议上强调：把思想政治工作贯穿教育教学全过程　开创我国高等教育事业发展新局面［N］．人民日报，2016 - 12 - 09（1）.

导员博客、思想政治理论课教师博客、校务微博、校园微信公众账号等网络新媒体平台，用大学生喜欢的表达沟通方式开展思想政治教育。2014 年 9 月，清华大学将 4 门本科思政课放到在线课程平台上，选课人数迅速接近 5 万人。

4. 不断加强高校教师队伍建设

近年来，党和国家高度重视高校教师思想政治工作和全面发展。2013 年，中共中央组织部、中共中央宣传部、中共教育部党组共同发出《关于加强和改进高校青年教师思想政治工作的若干意见》，对提高青年教师思想政治素质、促进青年教师全面发展提出了指导性意见。2014 年，教育部发出《关于建立健全高校师德建设长效机制的意见》，引导广大高校教师深入贯彻习近平总书记在北京师范大学师生代表座谈会上的重要讲话精神，做有理想信念、有道德情操、有扎实学识、有仁爱之心的"四有"好老师。2016 年，习近平总书记在全国高校思想政治工作会议上强调，"高校教师要坚持教育者先受教育，努力成为现今思想文化的传播者、党执政的坚定支持者，更好担起学生健康成长指导者和引路人的责任。"① 2018 年 1 月，中共中央、国务院颁布了《关于全面深化新时代教师队伍建设改革的意见》②，将教育和教师工作提升到了前所未有的政治高度，提出要培养造就党和人民满意的高素质专业化创新性教师队伍。全国涌现出罗国杰、侯伯宇、王强、金展鹏、李小文、李保国等一大批教书育人楷模。加强教师队伍建设、做好高校青年教师思想政治工作、建立健全高校师德建设长效机制等文件也先后出台，我国师德建设制度体系基本形成。

---

① 习近平在全国高校思想政治工作会议上强调：把思想政治工作贯穿教育教学全过程 开创我国高等教育事业发展新局面［N］. 人民日报，2016-12-09（1）.

② 中华人民共和国教育部. 中共中央 国务院关于全面深化新时代教师队伍建设改革的意见[EB/OL].（2018-01-31）. http://www.moe.gov.cn/jyb_xwfb/moe_1946/fj_2018/201801/t20180131_326148.html.

进入新时代，为认真学习贯彻党的十九大精神，进一步贯彻落实全国高校思想政治工作会议和把中共中央、国务院印发的《关于加强和改进新形势下高校思想政治工作的意见》的精神引向深入，大力提升高校思想政治工作质量，教育部发布《高校思想政治工作质量提升工程实施纲要》，列举了新时代高校思想政治工作改革创新的重要措施，提出构建“十大育人”体系，并分别提出了具体要求。其中，在管理育人方面有以下四项具体举措。一是健全依法治校、管理育人制度体系。完善教育法律法规体系，加快制（修）订教育规章，保障师生员工合法权益。结合大学章程、校规校纪、自律公约修订完善，研究梳理高校各管理岗位的育人元素，编制岗位说明书，明确管理育人的内容和路径，丰富完善不同岗位、不同群体公约体系，引导师生培育自觉、强化自律。二是加强干部队伍、教师队伍管理。加强干部队伍管理，按照社会主义政治家、教育家要求和好干部标准，选好配强各级领导干部和领导班子，制定管理干部培训五年规划，提高各类管理干部育人能力。加强教师队伍管理，严把教师聘用、人才引进政治考核关，依法依规加大对各类违反师德和学术不端行为查处力度，及时纠正不良倾向和问题。三是加强经费使用管理。科学编制经费预算，确保教育经费投入的育人导向。四是强化保障和评价体系建设。健全依法治校评价指标体系，深入开展依法治校创建活动。把育人功能发挥纳入管理岗位考核评价范围，作为评奖、评优条件。培育一批“管理育人示范岗”，引导管理干部用良好的管理模式和管理行为影响和培养学生。

第二节　改革开放以来高校管理育人的基本经验

高校管理育人起步于20世纪50年代。改革开放以来，作为高校思想政治教育工作的重要途径之一，高校管理育人经历了初步探索、创新发展、全面深化的演进过程，并在高校立德树人工作中显示越来越重要的地位。

高校管理育人在不断探索中走向科学化、规范化，它的理念、内涵、方法等方面发生了很大变化，而所遵循的基本规律、主要原则等方面则基本稳定。改革开放以来是我们党的思想政治教育工作破旧立新、持续探索的新时期，总结这个时期的高校管理育人的经验和规律，对更好地推动新时代高校管理育人工作，具有重要的启示意义。

一、坚持把正确的政治方向放在管理育人的首位

方向明确，思想统一、信念一致，是高校管理育人发挥作用的重要前提。发挥管理育人的作用，最根本的是要全面贯彻党的教育方针，解决好“培养人”这个根本问题。改革开放以来，管理育人在中国高校兴起的背后有着深层次的必然逻辑：一是高校思想政治教育自我发展和自我完善，必然要求育人融入管理，提升思想政治教育的科学性和有效性；二是高校思想政治教育工作更好地服从和服务于党和国家的中心工作、适应时代要求，客观要求高校在整个育人的全过程而充分发挥管理育人效能，不断完善全员育人、全程育人、全方位育人的思想政治教育工作格局。显然，坚持社会主义办学方向与高校管理育人工作有着内在的关联性。1978 年 4 月 22 日，在全国教育工作会议上，邓小平同志提出，“学校应该永远把坚定正确的政治方向放在第一位”“教育事业必须和国民经济发展的要求相适应”①。坚持社会主义办学方向，为社会主义社会培养合格建设者和接班人，这是高校管理育人的中心任务。

改革开放以来，我们党在各个时期根据形势发展要求，对“培养人”进行了顶层设计，对大学生的成长成才和思想政治素质予以高度重视。1985 年 3 月，邓小平同志提出培养社会主义现代化建设需要有理想、有道德、有

---

① 冯刚. 改革开放以来高校思想政治教育发展史［M］. 北京：人民出版社，2018：440.

文化、有纪律的“四有”人才。[①] 2001 年，江泽民同志强调“坚持教育为社会主义服务，坚持教育与社会实践相结合”[②] 的方针，他提出大学生要坚持“四个统一”：“坚持学习文化与加强思想修养的统一，坚持学习书本知识与投身社会实践的统一，坚持实现自身价值与服务祖国人民的统一，坚持树立远大理想与进行艰苦奋斗的统一。”[③] 2010 年，胡锦涛同志提出“培养和造就千千万万具有高尚思想品质和良好道德修养、掌握现代化建设所需要的丰富知识和扎实本领的优秀人才。”[④] 2018 年，习近平总书记在全国教育大会上指出，要“培养德智体美劳全面发展的社会主义建设者和接班人”[⑤]。党和国家在各个时期的工作侧重点不同，对大学生成才规格提出不同的要求，这都是根据党和国家工作中心和青年学生身心发展的实际状况提出来的。这些目标定位，对于每个时期高校的发展至关重要，是高校管理育人的基本遵循。实践证明，贯彻落实党和国家的教育方针政策，始终抓住培养社会主义合格建设者和接班人的根本任务，高校才能排除各种干扰，激发自身改革发展动力，指引着高校管理实践不断深入，让高校管理育人发挥应有作用。

2016 年 12 月，习近平总书记在全国高校思想政治教育工作会上强调，“高校思想政治工作关系高校培养什么样的人、如何培养人以及为谁培养人

---

① 中共中央文献研究室. 改革开放三十年重要文献选编：上 [G]. 北京：中央文献出版社，2008：381.

② 徐家林. 传承与创新 大学生思想政治教育研究 [M]. 北京：中央文献出版社，2007：359.

③ 潘鋐. 邓小平教育理论的形成及江泽民、胡锦涛对它的发展 [J]. 江苏教育学院学报（社会科学），2010 (7)：45 - 51.

④ 中共中央文献研究室. 十六大以来重要文献选编：中 [G]. 北京：中央文献出版社，2011，633.

⑤ 习近平在全国教育大会上强调：坚持中国特色社会主义教育发展道路 培养德智体美劳全面发展的社会主义建设者和接班人 [N]. 光明日报，2018 - 09 - 11 (1).

这个根本问题”①，必须放到更加突出的位置。高等学校办学的根本是坚持社会主义办学方向，培养中国特色社会主义事业的可靠接班人。高校要把“培养人”作为管理育人的出发点和归宿点，在高校管理过程中，紧紧抓住提高学生思想品德的核心点，按照认知、情感、信念和行为的教育规律，有目的，有计划地采取大学生喜闻乐见的管理方式，使管理育人工作做到入情入理、入脑入心。

二、加强高校管理育人，党的领导是关键

全面加强党对高校的领导，充分发挥党的领导核心作用，是办好中国特色社会主义高校的政治前提，也是发挥高校管理育人作用的组织保证。高校领导体制经历了中华人民共和国成立以来几次探索和选择，我们党不断总结正反经验加深认识，不断完善发展并于1990年以来，确立了高校实行党委领导下的校长负责制，这一体制是“党和国家把马克思主义党建理论与我国高等教育事业实际紧密结合的产物”②，是确保党和国家的教育方针落到实处的重要保证。在坚持党委领导下的校长负责制框架下，保证了高等教育事业健康发展，这是确保高校管理育人在立德树人全局中的功能得到有效发挥的前提条件。

“思想政治教育体制，是实施思想政治教育的机构配置、管理形式、管理制度的总和。有了好的体制，才可能实施强有力的组织领导，才会充分发挥各种机制的作用，也才会把教育内容和方法的改革落到实处”③。高校管理育人面临的首要问题，就是由谁领导，如何领导的问题。高校是一个

① 习近平. 习近平在全国高校思想政治工作会议上强调：坚持立德树人　实现全程育人［N］. 人民日报（海外版），2016-12-09（1）.

② 高文兵. 学习型党组织建设与高校软实力提升［M］. 长沙：中南大学出版社，2011：24.

③ 梁禹祥. 论思想政治教育体制改革［J］. 天津行政学院学报，1999（1）：35-41.

具有巨型而复杂结构的学术组织，由党政部门、教辅、后勤以及基层教学科研单位等各方面组成。高校管理育人是一项系统工程，要依靠各方面力量共同来完成，要充分调动全体教职员工的积极性和主动性，明确他们在管理育人中的地位和责任，使之相互配合，统筹推进。

改革开放后，高校领导体制的探索曾走过弯路，1985 年前后，受企业管理体制的影响，先后有 100 多所高校试行校长负责制，试图推进党政分开，在领导体制上强调校长负责制，“在试行校长负责制的过程中，党在高校的领导地位一度质疑和动摇，高校的思想政治教育受到了严重的削弱，出现了思想困惑、信心动摇、情绪消极、队伍不稳定、工作波动甚至出现重大挫折的局面”①。20 世纪 80 年代中后期，部分高校淡化党的领导，放松了思想政治教育，这个教训是深刻的。1990 年 7 月，中共中央颁布了《关于加强高等学校党的建设的通知》，明确要求“办好社会主义高等学校，关键是要有一个好的领导班子”。② 1998 年 8 月，第九届全国人大常委会第四次会议审议通过了《中华人民共和国高等教育法》，第一次以法律形式确立了高校的领导体制，明确高校实行党委领导下的校长负责制，党委的领导职责是：“执行中国共产党的路线、方针、政策，坚持社会主义办学方向，领导学校的思想政治工作和德育工作，讨论决定学校内部组织机构的设置和内部组织机构负责人的人选，讨论决定学校的改革、发展和基本管理制度等重大事项，保证以培养人才为中心的各项任务的完成”③。2014 年 12 月，习近平总书记在全国高等学校党的建设工作会议上强调，“加强党对高校的领导，加强和改进高校党的建设，是办好中国特色社会主义大学的根

① 骆郁廷．改革开放以来高校思想政治教育的基本经验［J］．思想理论教育导刊，2008（10）：24－27.

② 教育部思想政治工作司．加强和改进大学生思想政治教育重要文献选编：1978—2014［G］．北京：知识产权出版社，2015：100.

③ 教育部政策法规司，教育部高等教育司．中国特色现代大学制度文件辑要［M］．北京：教育科学出版社，2013：20.

本保证。”①

实践证明，高校管理育人工作抓得好不好，关键看领导体制是否健全，能否构建科学的领导与组织工作体系。实行党委领导下的校长负责制，高校党委处于高校的政治核心地位，对学校实行政治、思想、组织等方面的领导，对管理育人工作起到以下作用：贯彻执行党的方针政策，决定办学的方针和指导思想，保证正确的办学方向；全面领导思想政治工作，党委切实负起责任，确保学校工作围绕国家赋予的培养人才的任务；党委支持行政独立负责组织实施学校行政工作，党政同心协力，党委协调团群组织、行政组织和教职员工的行动，为高校管理育人工作实现步调一致、齐抓共管提供了组织支撑。

三、坚持教育与管理相结合的原则，建立高校管理育人长效机制

坚持教育与管理相结合，这是一条重要的思想政治教育的基本原理。“坚持教育与管理相结合，是立德树人的内在要求。立德树人要取得成效，不仅本身要加强力度、改进方法，还要充分发挥管理的作用，依照法律和规章制度加强和改进学校管理”②。从根本上说，高校管理育人是根据立德树人的要求，通过有目的、有计划、有组织的管理活动，将刚性约束的规范管理和细致深入的思想引导相结合，引导、规范学生的思想和行为，将一定的社会要求转化为学生内在自觉要求，以达思想政治教育目标的过程。从管理学的角度，高校思想政治教育工作也是管理的一种形式，是高校管理工作的一个重要组成部分。“构建教育与管理相统一的工作机制，对于加强和改进新形势下的高校思想政治工作，充分发挥其教育和管理的双重功

---

① 习近平：坚持立德树人思想引领　加强改进高校党建工作[EB/OL].(2014－12－29)[2019－10－01].http://politics.people.com.cn/n/2014/1229/c1024－26295979.html.

② 张剑．立德树人［M］．北京：教育科学出版社，2014：39.

能，具有全局性价值”①。

改革开放以来，适应社会主义现代化建设和高等教育改革发展要求，高校学生管理逐步恢复，并且走向规范和完善，国家颁布了《普通高等学校学生管理规定》（1990 年）、《高等学校学生行为准则（试行）》（1989 年）、《中共中央关于加强和改进思想政治工作的若干意见》（1999 年）和《关于进一步加强高等学校学生公寓管理的若干意见》（2002 年）等系列文件，分别对大学生的学籍管理、课外活动、公寓管理、校园秩序以及奖惩等各方面进行了规范，有力推动高校管理育人工作的探索。2004 年，中共中央、国务院发出《关于进一步加强和改进大学生思想政治教育的意见》，明确提出将“坚持教育与管理相结合。把思想政治教育融于学校管理之中，建立长效工作机制，使自律与他律、激励与约束有机地结合起来，有效地引导大学生思想和行为”②，为高校构建立德树人的长效机制提出了政策指引。改革开放以来，高校以立德树人为根本，坚持管理与教育相结合，经过不断的探索和实践，高校在完善和优化立德树人内化机制上实现了重大突破，管理育人在探索改进中进一步丰富了内涵。

在高校管理育人过程中，教育和管理具有内在统一性，两者相辅相成、有机统一的，思想政治教育渗透管理的方方面面，不断创新高校管理育人的实现路径。坚持教育与管理相结合，要将思想政治教育与制度规范结合，紧紧抓住具有全局性、根本性、稳定性的制度建设环节，更有成效地促进学生道德品德和行为习惯的养成缺乏制度约束和纪律监督，管理育人就形同放任自流。坚持教育与管理相结合，要将学生教育与日常行为管理监督、德育考评相结合，引导思想政治教育方向，通过纪律监督等硬性约束和科

① 靳诺，郑永廷，张澍军．新时期高校思想政治工作理论与实践［M］．北京：高等教育出版社，2003：188.

② 教育部思想政治工作司．加强和改进大学生思想政治教育重要文献选编：1978—2014［G］．北京：知识产权出版社，2015：266.

学的考评机制，推动高校管理育人的科学化发展。坚持教育与管理相结合，要构建党委统一领导、党政工团齐抓共管的工作机制，缺乏体制机制保障的思想政治教育难有成效的。2017 年，教育部落实全国高校思想政治工作会议精神，印发《高校思想政治工作质量提升工程实施纲要》，其中对高校提出了“十大育人”，构建“大思政”工作格局。落实构建“大思政”格局的要求，高校要充分挖掘和运用各方面教育要素，确保管理育人工作运行科学、保障有力，推动教学科研和育人工作有条不紊地进行。

实践证明，教育与管理相结合，是做好思想政治教育工作一条行之有效的基本原则。大学生的思想认识、行为品德的形成要靠深入细致的思想政治教育，也要靠严格的科学规范管理。高校管理育人的主要功能是通过规范管理，加以正确引导，把一定的社会要求转化为学生自我发展的内在动力，促进大学生的成长成才。大学生的思想还处于尚未成熟的青春期，只教不管或者单纯依靠行政管理，都不能达到预期的目的，只有在教育中结合管理，在管理中渗透教育，才能取得最佳的教育效果；只有把思想政治教育融于学校管理之中，坚持和不断完善高校管理育人的各项工作制度和工作机制，切实增强高校管理育人的针对性和有效性，才能办好中国特色社会主义大学。

四、坚持改革创新，不断增强高校管理育人的实效性和科学化

创新是第一动力。高校管理育人的创新始终是和高校改革发展相伴随行的，高等教育改革发展不仅为高校管理育人创新提供了基本理念和逻辑路径，而且是高校管理育人的直接推动力。在中国社会改革开放的历史条件下，随着社会主义市场经济体制的发展，高校管理育人工作取得长足进步，同时也面临着新情况、新问题、新挑战，必须深入推进新时期高校管理育人改革创新，从高校工作实际情况和师生的特点出发，积极寻求高校管理育人的有效策略，推动高校管理育人工作的科学化发展。

纵观高校管理育人演进的过程，改革创新始终是贯穿高校管理育人发展的主线和重要动力。改革开放以来，高等教育经历了拨乱反正、改革启动、深化发展、综合改革等四个阶段的发展，从传统的高校管理体制计划经济色彩浓厚，逐步发展成为依法治理的现代大学管理体制，高校管理历经了从原来政府大包大揽发展到高校办学自主权持续扩大，政府、大学、市场、社会等多方主体在高等教育治理中的地位逐步清晰，高校逐步构建自主发展、自我约束、面向社会依法自主办学的现代大学治理体制。这些管理体制改革与变局带来了高校管理思想观念的更新及管理模式的变革，这些更新和变革正是高校管理育人创新发展的重要动因之一。

适应高等教育改革发展的新实践以及不同时期师生思想活动规律，高校不断突破原有的不合时宜的管理育人思想观念、模式方式，推进管理育人的理念、体制、机制、内容及方法的创新，有力促进管理育人科学化水平，赋予了管理育人持续创新的活动。例如，2004 年，中共中央、国务院发出的《关于进一步加强和改进大学生思想政治教育的意见》提出“坚持以人为本”① 作为加强和改进大学生思想政治教育的指导思想，强调以学生全面发展为目标，关注学生成长成才，提出尊重学生、理解学生、关心学生、引导学生的理念，直接带动高校管理育人的理念和方式的更新。1999 年之后，适应高等教育扩招后的新形势，高校增设奖助贷管理、就业指导、心理预防与咨询、创新创业指导等学生管理与服务的职能或部门，将原有的管理学生转变为管理服务学生的理念，积极回应学生教育需求，帮助学生解决实际问题，维护学生的受教育权益，强化为学生的健康成才服务的意识和做法，有力推动新时期高校管理育人的系统探索。党的十八届三中全会以来，国家治理体系和治理能力现代化步伐加速，高校法治化进程不断深入，高校从行政经验型管理向依法治校的现代治理转变。2013 年 11

① 教育部思想政治工作司. 加强和改进大学生思想政治教育重要文献选编：1978—2014 [G]. 北京：知识产权出版社，2015：266.

月，以教育部正式核准中国人民大学等6所高校大学章程为标志，我国高校陆续确立了大学章程，完善了大学法人治理结构，明晰了学生权利义务以及参与民主管理和监督的基本形式，高校管理育人迈上了新的台阶。在1990年颁布了《普通高等学生管理规定》以来，国家两次修订普通高等学校学生管理规定，2005年修订的《普通高等学校学生管理规定》提出“育人为本，依法建章，规范管理，加强监督”① 作为指导思想，体现了科学化、法制化、人性化的特征，2016年新修订的《普通高等学校学生管理规定》突出立德树人根本要求，增加了学生创新创业、保护学生权益、促进学生自我管理等条款，体现了高校学生制度管理新发展，推动高校管理育人工作内涵的丰富深化。随着高校治理的深化，高校管理育人理念、内容、方式和评价也不断改进，管理育人工作体系不断完善并呈现新的面貌。此外，高校借助微信、QQ等新媒体手段，积极完善网络管理育人平台，实现网络时代高校管理育人的方式方法的创新。

2016年12月8日，习近平总书记在全国高校思想政治教育工作会议强调，“做好高校思想政治工作要因事而化、因时而进、因势而新”②，对做好高校思想政治工作提出了更高要求，成为新时代指导高校做好思想政治工作和管理育人工作的重要理念。实践证明，高校围绕落实立德树人根本要求，只有坚持改革创新的工作理念，结合各时期学生的思想状况和身心特点，积极把握高校管理育人新规律、新方法、新途径，实事求是、与时俱进地推进管理育人的理念、内容和方法创新，在实效性上下功夫，在科学化上下功夫，才能实现思想政治教育与管理的最佳结合，形成科学有效的长效机制。

---

① 教育部高校学生司. 中国高等教育学生管理规章大全：1950—2006年［M］. 北京：首都师范大出版社，2007：683.

② 习近平. 习近平在全国高校思想政治工作会议上强调：坚持立德树人　实现全程育人［N］. 人民日报（海外版），2016-12-09（1）.

改革开放以来，高校经历了深刻、多层次的改革，有自上而下的国家推动的治理方式转变，也有自下而上的高校管理实践的基层探索，这些全方位的改革不仅推动高校思想政治教育工作体制机制的改革，还深刻影响高校管理育人理念、内涵和方式的变革，在高等教育探索发展中，高校主动适应新形势新任务新要求，不断推进内部管理体制和育人机制改革，使得高校管理育人工作始终沿着科学化与规范化方向发展，高校管理育人工作创新水平不断提升。

第三章
高校管理育人的目标、理念与原则

目标、理念与原则是高校管理育人的重要因素，它们分别解决高校管理育人“方向”“价值”和“标准”的问题。高校管理是促进高校立德树人、提升高校育人水平的重要环节。对于高校管理工作者而言，聚焦立德树人根本任务，实现全员、全程、全方位育人，把握好高校管理育人的目标、理念与原则，这是做好高校管理育人工作的前提条件和基础。因此，从理论上明晰高校管理育人的目标、理念与原则，是决定其工作成功有效的头等大事。

第一节　高校管理育人的指导思想与目标定位

高校管理育人的指导思想和目标定位，是决定高校管理育人发展方向和价值取向的重要指南和标尺，对高校加强和改进管理育人工作具有重要的导向性意义。高校管理育人的目标定位，属于高校管理育人主体的主观范畴内容，或者一个高校办学的自主行为，但从深层次来看，正确的高校管理育人目标，必须建立在客观依据的标准上，总要反映国家和社会发展的要求，反映受教育者自身的发展需要。因此，制定高校管理育人的目标，要依据国家与社会发展需要和受教育者自身发展的需要来确定，体现一定社会的生产力、生产关系的要求，反映社会发展规律。毋庸置疑，不同的高校管理模式、办学需求以及大学生成长成才的实际需求都深刻影响着管理育人的具体目标和战略定位。从辩证唯物主义和历史唯物主义方法论看，适应社会发展需要和满足受教育者的需求是树立高校管理育人目标的客观依据和重要价值导向。

一、高校管理育人的指导思想

中国特色社会主义大学的办学方向和独特性质决定了高校管理育人必须坚持马克思主义、毛泽东思想和中国特色社会主义理论的指导思想，坚持马克思主义的立场、观点和方法，这也是我国社会主义大学管理育人和马克思主义理论精髓的内在一致性和统一性所要求和决定的。在中国特色社会主义进入新时代以后，我国高校管理育人的实际情况和理论发展发生了新的变化。新时代新形势下，党和国家对高校管理育人提出了新要求，高校管理育人的指导思想和主要原则也发生了明显的变化，特别是习近平新时代中国特色社会主义思想的提出，为高校管理育人提供了更为先进、更加切合时代要求的指导思想。因此，新时代高校管理育人不仅要坚持马克思主义、毛泽东思想和中国特色社会主义理论的指导，更要结合新时代、新形势对高校管理育人的新要求，坚持以习近平新时代中国特色社会主义思想为引领。在新的历史时期和发展阶段，高校要在习近平新时代中国特色社会主义思想的正确指导下，进一步准确定位和丰富完善高校管理育人的目标任务、理念内容和工作内容，为提高管理育人的科学性和有效性提供重要指引。

二、高校管理育人的目标定位

党的十九大报告指出，高校要坚持立德树人，提高人才培养质量。这个要求的提出为高校管理育人指明了新的方向，制定了新的目标，提出了新的任务。管理育人是高校有效开展立德树人工作的一条重要途径，通过各项规章制度的制订和执行来规范、引导、管理和约束学生以及管理者的行为举止和工作态度，从根本上促进良好的教风、学风和管理作风的形成，为教书育人、服务育人起到关键的支撑、促进和监督作用。结合我国社会主义建设的需要和新一代大学生成才的需求来看，新时代高校管理育人的总体定位和目标结构具有以下层次。

（一）总体目标：培养造就大批德才兼备、全面发展的高素质人才

2018 年，习近平总书记在全国教育大会上指出，培养什么人，是教育的首要问题。我们国家作为中国共产党领导的社会主义国家的根本性质，决定了中国特色社会主义大学的教育必须把培养社会主义建设者和接班人作为根本任务，培养一代又一代拥护中国共产党领导和中国特色社会主义制度、立志为中国特色社会主义奋斗终身的有用人才。这是高校扎根中国大地办好社会主义大学的根本任务，也是我国高等教育现代化的发展方向和目标。如何积极参与育人过程和发挥育人作用是当前高校管理的核心问题，只有回答好了这个问题才能推动高校管理工作更加符合育人的目标需求，在人才培养中切实发挥管理育人的功能，真正发挥高校管理全面提高人才培养质量的重要作用。

（二）具体目标：进一步提升高校管理育人的成效水平

高校管理育人的具体目标是通过完善高校管理育人的体制机制，创建良好的校风、教风、学风，以此推进学校教育改革发展和学生成长成才。学校优良校风的创建涉及诸多方面的内容，包括教风、班风、学风以及管理者作风等。一个学校的校风直接决定了这所学校的精神面貌和校园文化，

决定了这所学校育人环境，同时也在一定程度上反映了学校的育人模式和育人质量。只有不断优化高校内部治理体系、完善管理体制和运行机制、强化和坚持为师生服务、把师生摆在第一位的管理理念，才能营造良好的校风、教风和学风，才能更好地提高高校管理育人的引导力、凝聚力和约束力，从而为师生带来潜移默化的积极影响。因此，高校管理育人在具体实施过程中的阶段性目标就是通过优化管理职能，创造良好的校风、教风、学风，通过广泛发动和组织全校师生共同努力，形成全校共同遵守的行为准则，使每位教师都能严格要求自己，积极做好表率，做好本职工作，从而从根本上强化师生的整体素质，在形成良好校风的同时，促进高校管理育人各项目标的实现，不断提升管理育人的成效与水平。

（三）阶段目标：促进高校育人体制机制改革创新

现阶段，随着经济社会快速发展，社会主义市场经济体制改革不断深入，高等教育也受到深刻影响，进一步强调和逐渐引入人才市场机制和利益驱动机制，这在很大程度上改变了传统高等教育的人才培养观念，随着教育教学体系和分配就业制度的变革，在更深层意义上促进了高等教育的改革创新。结合我国几十年来高等教育发展经验以及国际教育的根本趋势来看，要想切实提升高校育人质量，加快社会经济发展的速度，进一步满足经济社会发展的迫切需求，高校必须深化管理领域改革创新，不断强化和全面提高管理育人意识，构建有利于人才培养质量提升的新型高等教育体制机制。从我国当前基本国情来看，高校管理育人的总体目标是为全面建成小康社会和建设社会主义现代化强国培养更多全面发展的高素质人才。对此，高等教育改革必须充分认识到发挥管理育人功能的重要性，坚决摒弃传统教育理念中单一依靠课堂教学育人、忽视管理育人功能的做法，积极树立全员育人、全程育人、全方位育人的教育观念，进一步完善管理育人的体制机制，强化管理育人的功能使命，发挥管理育人的独特作用，结合实际需要全力打造具有中国特色的高校管理育人体系。只有这样，才能更好地满足经济发展和社会进步的根本需求。

三、高校管理育人目标的主要依据

（一）依据新时代党和国家教育方针政策

习近平总书记在全国教育大会上强调，要深刻理解和把握坚持社会主义办学方向的政治原则，更好地为人民服务、为中国共产党治国理政服务、为巩固和发展中国特色社会主义制度服务、为改革开放和社会主义现代化建设服务。[①] 这是新时代党和国家对高等教育的总要求和总方针，只有深刻理解和把握坚持扎根中国大地办大学的内在本质及要求，才能真正做到扎根中国、融通中外、立足时代、面向未来，发展具有中国特色、世界水平的现代高等教育，才能真正肩负起新时代高等教育的历史使命和核心任务。党的十九大提出"要全面贯彻党的教育方针，坚持立德树人"，为我国高等教育事业建设以及高校发展目标提出了新的任务，从本质上来说，立德树人、教书育人是高校服务社会最根本的方式和途径，是高校实现"四个服务"的基础。2016 年 12 月 16 日，教育部颁布了新修订的《普通高等学校学生管理规定》，其中要求以立德树人为根本，以管理育人为原则，用新理念对学生进行管理，深化教育教学改革，依法依规科学管理，更好促进学生成长。党和国家的宏观政策要求高校深化管理领域制度改革创新，提高管理育人质量水平，为培养社会主义建设者和接班人提供坚强保障。如何培养有理想、有道德、有文化、有纪律的社会主义合格建设者和可靠接班人，是我国高校育人的核心主题和中心工作，这也是国家教育部门衡量人才培养效率质量的标准。立德树人不仅是对教育工作者的要求，也是受教育者的内在需求。而要实现这一目标，仅靠课堂教学和专业教育是完全不够的，需要高校整合各方面力量，在实际工作中聚焦培养更多高素质人才这个核心目标，强化管理育人作用，建立起全方位、立体式的管理育人模

---

① 中共教育部党组. 坚定不移走中国特色社会主义教育发展道路［N］. 人民日报，2018－09－18（9）.

式，做到学校管理目标与教育目标的一体化，形成最大的合力。

（二）适应经济社会发展的需求

高校管理育人目标的设定必须结合经济社会发展对人才需求的变化来考虑。当前国内外经济社会正处于大发展、大变革、大调整的时期，要根据不同发展阶段对人才需求的现实，及时调整高校管理育人的目标。当前我国高等教育发展最显著的一个特征是正处于在大众化阶段，并向普及化阶段迈进的过程中。相对于精英化阶段来说，大众化阶段的高校毕业生的就业优势已经远不如从前，“高等教育由精英教育过渡到大众教育以后，质量标准统一性的内涵发生了变化。精英教育阶段的基本学术标准不能继续作为大众化时期的学生标准。随着高等教育规模的扩大、入学对象的增多，培养目标的变化和高等教育需求的多元化，高等教育的学术门槛必然有所降低，基本学术标准必然有所调整”① 客观上，在遵循人才培养质量标准的统一性的前提下，不同类型、不同层次的高校在人才培养的要求和规格上应具有多样性的要求。当前党和国家乃至全社会都十分关注高等教育人才培养质量问题。在当前高等教育新形势下，如何把握高等教育大众化阶段对于人才质量多样化的需求特征，继续保持精英教育时代的人才培养质量标准，以满足和适应经济社会发展需要，这是新时代高校需要面对和解决的一大重要难题。在这样的社会现实背景下，如何调动和整合高校内各方面管理资源参与育人工作，不断提高人才培养质量，培养大批符合社会主义市场经济发展需要的高素质人才，满足社会发展对大学生全面成才的要求，这是新时代经济社会发展赋予高校的重要命题。进入大众化阶段，高校管理育人的目标也要随之发生变化，要注重学生发展的差异化和多元化，尊重学生的个性化特征和选择性差异，充分发挥受教育者的主体意识，培养更多符合社会实际所需的高素质人才。显然，高校管理育人目标的设定

① 杨颉，陈学飞．研究生教育质量：内涵与探索［M］．上海：上海交通大学出版社，2007：456－457．

需要建立在时代和社会对于人才需求的基础之上，多样化的人才质量标准必带来新时代高等教育质量观念变化和人才培养目标的多样性。

（三）实现人的全面发展的内在要求

长期以来，马克思关于人的全面发展学说是我国教育目的的最重要的理论基础。马克思和恩格斯在《德意志意识形态》中提出人的自由而全面的发展，确立了“人的全面发展”的概念。教育理论层面的“人的全面发展”是指人的综合素质不断提高。“所谓人的综合素质，包括思想道德素质、科学文化素质、心理身体素质和审美素质等几方面”①。马克思主义教育观和人才观，为我国高校思想政治教育目标提供了科学的理论依据。

高校在确定管理育人目标的过程中应将学生的全面发展作为根本出发点，多方面深入分析和把握影响学生发展的不同因素。对于学生而言，身心是一个整体，不可分离，他们的智力、体质、道德、审美等方面相互渗透、互相影响，才能实现和谐发展。这里所提到的发展可以从心理学、社会学以及哲学等方面进行分析，心理学集中在意志品格和认知能力；社会学表现在对于社会的贡献；哲学则表现在敢于否定自己、正视自己，并不断提高自己。为实现学生真正意义上的全面发展，必须实现以上三个方面的有效结合，帮助学生在不断提高自身素质，从多方面培养学生的自主学习能力、与他人的合作能力、随机应变能力、自我激励能力以及积极实践能力。众所周知，高校管理育人的目的是促进学生健康成长成才，要想实现这一点，学校必须要将管理育人目标建立在“培养全面发展人才”的基础上。

四、高校管理育人的目标管理

从新时代对人才培养的新要求和当前高校实际情况来看，高校要更好

① 张慧欣，杜晶波．思想政治教育学原理新编［M］．沈阳：东北大学出版社，2016：24.

地推进管理育人工作和实现育人目标，管理者必须增强管理育人意识，完善管理育人机制和做好管理育人的各项工作。实现高校管理育人的目标必须强化目标管理，有针对性、有重点地推进实施。所谓目标管理，指的是将目标和任务具体分工，应用到大学生的日常学习和生活中去。实施目标管理首先要解决的是在管理过程中存在的问题，需要采取有效的管理措施和手段，促进管理育人目标的实现。这样不仅可以为学生创造更好的受教育环境，还能够从根本上提高学生的学习能力和综合素质，为学生的成长和将来的发展奠定基础。由此可见，高校管理育人实施目标管理有着重要的现实意义。

（一）高校管理育人目标分类分解

高校管理育人目标可以作总体目标和具体目标，长期目标、中期目标和短期目标，社会目标、群体目标和个体目标等分类，这些目标相互联系，构成一个整体的目标体系。科学设定各类目标，分清目标的层次性和重要性，分轻重缓急地推进实施，是实现各类目标必须解决的前提性问题。其次，要细化分解管理育人目标，可以从多个维度进行细分，如学校将总体目标自上而下分解为多个职能部门目标，职能部门目标又分解为每项工作的目标，从而构成一种链式目标体系；将目标责任落实到位，又可以自下而上进行目标整合，以保证高校管理育人总体目标的实现。

（二）优化目标管理方式

目标管理是有意识地瞄准目标，将管理活动结合起来，高效率地实现目标的过程。要重视高校管理育人目标管理，有意识地将日常管理融入育人环节，强调师生的参与和自我管控，挖掘管理育人工作的潜在活力，有目的、有组织地推动师生的协调行动，形成一种自觉朝着目标前进的趋势，强调目标控制的有效性。目标管理方式是一种控制方式，即通过监督检查和业绩考评，引导教职工改进管理育人工作模式，激发他们向更大、更困难的目标挑战的精神，为实现目标而努力。

（三）引导学生自我管理

高校管理育人是一项高度复杂的工作，对管理者的专业素质提出了很高的要求，需要融合管理学、心理学、教育学等不同学科专业，管理者对此必须要有统一的认识，要充分意识到管理育人的重要性，积极引导学生进行自我管理。学生的自我管理是一种参与式、民主式、自我控制式的管理制度。在实施高校管理育人目标的过程中，鼓励学生进行自我管理，引导学生参与管理育人目标的制定，深入认识管理育人的价值理念，考虑和制定有效目标，在分期实现目标的同时将责任目标全面落实到位，遇到学生难以解决的问题要及时引导和处理，不断提高学生的自我管理水平。

（四）深入开展网络化管理

信息化技术时代已然到来，网络技术的广泛应用和网络环境中的高速传播的信息，不仅深刻改变了传统高等教育的育人观念，也改变了大学生传统的学习方式、生活方式，作为网络社会的第一代“原住民”，当代大学生与高校管理者表现出来巨大的代际差异性。高校管理者对此应有充分而清醒的认识，并在推进管理育人工作的过程中，善于利用学生喜爱的网络载体，大力实施“互联网+”管理育人模式，增强在网络信息技术环境下开展管理育人的工作能力，灵活运行网络信息技术开展育人活动。例如，建立校内网站、组织师生线上交流会、通过移动终端和即时通信技术平台开展育人工作等，鼓励管理人员和教师通过基于网络信息技术的全新方式与学生互联互动、深入交流，不断拓展运用网络管理育人的渠道和空间，促进管理育人目标的达成。

新时代，我国对现阶段教育的根本任务进行了全面规划和部署，对高校思想政治教育的目标提出了新的要求。高校要科学设计管理育人目标，把握管理育人目标的衡量依据，构建科学合理的管理育人目标体系，激励和调动广大师生参与目标管理的积极性、主动性、创造性，努力推动高校管理育人目标的实现。

第二节　高校管理育人的理念内涵

管理育人是高校为达成一定的育人目标，在管理过程中实施特殊的引导和教育活动，管理育人有其特定的理念内涵，并随着社会、经济、文化以及高等教育的日益发展而不断发生变化。明确管理育人理念变化，同时能够及时创新和调整，对于新时代高校发挥管理育人功能和作用具有积极意义。

一、高校管理育人理念的理论依据

（一）马克思主义关于人的全面发展理论

马克思主义是关于自然、社会和人类思维发展的普遍规律的科学。人的全面发展理论是马克思主义教育思想的精髓，也是高校管理育人理念的主要理论依据。马克思、恩格斯从唯物史观的基本原理出发，考察人的发展同社会生产力发展的内在联系，将人的全面发展与社会历史发展的必然进程联系起来，认为人的全面发展是基于人的需要不断满足和不断发展的，作为社会主体的人从片面发展向全面发展是生产发展的普遍规律。马克思主义关于人的全面发展理论揭示了人的发展方向，确立了科学的人的发展观。马克思主义关于人的全面发展最根本的表现是人的个性自由发展，人的个性的充分发展是人的全面发展的综合表现和最高水平。当前，培养德智体美劳全面发展的社会主义建设者和接班人，就是现阶段我国社会实现全面发展的培养目标。培养全面发展的人的基本途径是教育和生产劳动相结合，高校管理育人是教育范畴一个与实践紧密关联的重要课题，随着时代条件和社会阶段的情况变化，管理育人理念内涵也在不断地发展和丰富。马克思主义关于人的全面发展的理论为思想政治教育提供了科学的理论依据，也为我们研究高校管理育人理念内涵提供了主要理论依据。

（二）现代管理理论

现代管理理论是20世纪初随着工业革命兴起的一种管理思想。自1911年佛雷德里克·泰勒提出科学管理理论以后，管理理论得到迅猛的发展，成为与经济社会发展联系最为密切的强势学科之一，对社会实践领域产生了广泛影响。西方经济学经历了古典管理、行为科学理论、现代管理论及其以后的几个阶段，产生了众多理论学派。古典管理理论把组织整个管理系统作为研究对象，可以称为宏观组织理论；个人行为科学理论关注组织个人动机等因素，可以称为微观组织理论。巴纳德等管理学家在综合两者的基础上，创立了现代管理理论。现代管理理论把组织中人的行为、组织决策作为主要认识对象，向科学组织的研究迈进，开创了个体行为科学理论、团体行为理论、组织行为理论和管理伦理理论等。随着科学技术发展和全球化的加速，现代管理理论还出现了运筹学、系统论、信息论、控制论、决策论等管理理论观点。进入21世纪以来，西方管理理论开始呈现整合的态势，出现了一些新的理论观点，例如，目标管理、全面质量管理、学习型组织等理论，这些理论精髓对高校管理产生了深刻影响。高校管理育人形成和发展只有30多年，人们对于高校管理育人认识还不够深入。运用现代管理理论透视高校管理育人这种现实的、复杂的、受多种因素制约的研究对象，有利于增强高校管理育人的规范性和科学性，深入把握其性质、内容和基本规律。

二、高校管理育人的理念

（一）全面育人的理念

人的全面发展是教育的根本目的和价值取向。2018年9月，习近平总书记在全国教育大会上指出："要努力构建德智体美劳全面培养的教育体系，形成更高水平的人才培养体系。要把立德树人融入思想道德教育、文化知识教育、社会实践教育各环节，贯穿基础教育、职业教育、高等教育各领域，学科体系、教学体系、教材体系、管理体系要围绕这个目标来设计，教师要围绕这个目标来教，学生要围绕这个目标来学。”[①] 我国高校承担着“培养德智体美劳全面发展的社会主义建设者和接班人”的使命，努力构建德智体美劳全面培养的管理体系是高校管理育人的应有之义。将全面发展的理念贯穿高校管理全过程，具体包括以下内涵。其一，以促进学生的全面发展为目的，全面提升学生综合素质。要充分利用好一切管理因素，通过合理的规章制度和有效的运行机制，将教育、管理、服务融为一体，促进管理育人各环节工作相互协调，形成和谐统一、全面育人的管理系统。其二，管理育人工作面向全体学生。这是对过去高校育人过于强调社会化发展目标而忽视个性化发展目标的反思。坚持全面育人理念，倡导高校在管理过程中尊重和关注学生的个性化、多元化发展，为每一个学生提供最合适的教育和引导。

（二）以人为本的理念

“以人为本”是一种鲜明的教育价值取向，也是管理育人中的重要理念之一。坚持以人为本理念，其核心内容是实行以人为中心的人本管理，充分尊重人的本性、根据人的身心特点、为了人的发展。在高校传统管理育人工作中，人才培养主要目的是为了满足国家的发展需求，强调学生个人适应社会、集体的发展需求，管理依靠行政手段，强调物本主义的刚性管理，具有强制性、简单化的倾向，忽视了学生的个人正当权益以及个性发展，往往造成管理育人“失效”。随着现代社会和市场经济的发展，人在社会历史中的主体地位和作用日益增强，学生的个性发展日益得到理解和尊重。进入新时代以来，党和国家把立德树人提到前所未有的重视程度，高校管理育人也进入了全面梳理和创新提升的新阶段。在高校管理育人的实践中，要充分发挥以人为本的指导性，重视各项管理工作中人的因素，促

---

① 习近平在全国教育大会上强调：坚持中国特色社会主义教育发展道路　培养德智体美劳全面发展的社会主义建设者和接班人［N］. 光明日报，2018－09－11（1）.

进师生的和谐、共融和发展。一切管理工作要围绕学生的实际情况开展，尊重学生的主体地位，处处为学生着想，使学校管理目标、管理制度、管理模式都要符合学生特点和育人规律，将思想政治教育有机融合在各种管理之中；注重培养管理者素养，改进管理手段和管理方法，让管理者放下高高在上的姿态以融入学生当中，注重关心人、尊重人、激励人和发展人。

（三）服务育人的理念

管理也是服务，管理和服务在本质上是统一的。坚持服务育人理念，是指在管理工作的各个环节，充分体现服务发展、服务师生的理念。高校管理不同于一般社会组织的管理，不能为了管理而管理。归根结底是为大学生全面发展和健康成才服务。因此，高校管理者应该强化服务育人意识，为学生提供优质服务，创造良好的学习生活环境，将育人寓于管理与服务之中。从上个世纪末，我国高等教育进入大众化以来，高校学生从数量、规模、层次等方面都发生了深刻的变化，这对人才培养质量提出了更高的要求，“学生管理的理念发生了重要变化，学生工作部门的行政指令逐步减弱、服务功能逐渐凸显”①，高校管理内容不仅包括制度建设、规范管理，还包括要为学生学习、生活、就业、心理咨询等提供各种服务保障。高校管理越来越重视服务学生职能的发挥，高校要转变管理观念，深刻理解“服务”内涵，树立以学生为本的理念，不仅要充分发挥管理岗位自身的岗位职责和功能作用，还要将服务意识渗透到学生平时的生活和学习中，改进工作态度和方法，以自身的言行教育学生，使其在与高校管理服务过程中得到教育，树立正确的世界观、人生观和价值观。

（四）科学育人的理念

科学管理是指采取科学方法，按照科学理论指导，符合科学规律和科学原则的管理模式。高校管理育人与教师传授知识有明显不同，体现在具

---

① 冯刚. 改革开放以来高校思想政治教育发展史［M］. 北京：人民出版社，2018：456.

体管理过程中的组织保障、制度保障、服务保障等。高校管理育人是一项系统工程，具有较强的过程性、系统性、动态性和综合性特点，客观上要求运用科学的理论指导管理育人实践，优化高校管理育人过程。高校管理育人要坚持科学育人，把握人的本质要求、人的发展需要，科学地制定管理育人的内容，借助完备的组织体系、严格的规章制度、明晰的职责分工、畅顺的运行模式，发挥管理组织、协调沟通的作用，将各项工作进行细化，达到管理效率和效益达到最大化，最大程度传递教育信息和价值观念，潜移默化地教育引导学生。高校管理要坚持科学育人理念，构建科学、人性的育人体制机制，强化管理协调功能，加强学生的学习行为、纪律制度和行为准则的规范管理，管理者不应高高在上、发号施令，而应以积极良好的管理心态，在管理工作中融入育人理念，强化服务意识，与学生为友、平等尊重学生的个性，使得学生在身心愉悦、民主和谐的管理氛围中得到成长。

（五）依法育人的理念

高校管理育人对于立德树人功能的发挥、根本目标和任务的实现，具有重要的保证作用。管理育人工作落到实处，关键要构建依法治校、依法治教的管理机制，通过科学管理、制度管理，保障高校的各项管理工作依法有序进行。随着高等教育的发展变化，高校在人员、规模的膨胀，管理事务变得越来越复杂，高校管理必须在国家教育权的框架和规则下运行。因此，高校管理育人要结合学校的目标定位和发展情况，科学制定合理的规章制度，使学校管理工作有章可循，以有效地保障国家社会的公共利益和个人的合法权益的实现；高校管理者要充分利用制度规范管理学生，加强考核奖惩，有效地发挥激励与约束的效应，帮助学生养成良好的学习和生活习惯，保证每一位学生都能全面理解制度内涵，并确立遵纪守法的观念。2016 年新修订的《普通高等学校学生管理规定》强调维护学生合法权益，增加“对学校与学生权益相关事务享有知情权、参与权、表达权和监督权”的内容，对高校管理育人提出了新的要求，高校要尊重学生参与民主管理的合法权利，畅通学校与学生的沟通信息的渠道，凡是关系到学生切身利益的重大问题，充分听取学生的意见，真正做到依法治校、依法育人。

（六）环境育人的理念

高校在管理育人实施的过程中，管理者要善于结合学生的实际情况，营造良好的教育环境，使其对学生产生积极的正面引导和影响。管理环境主要内容包括物质管理环境、文化管理环境和制度管理环境三个方面。其一，物质管理环境，也视为管理的硬件环境，如校园绿化管理、卫生管理、建筑管理、景点规划管理、教室布置管理等，高校管理者要利用清新、美丽的校园环境和干净、雅致的班级环境影响学生，帮助其陶冶情性，养成良好的行为习惯。其二，文化管理环境，也称之为管理的软件环境，良好管理文化环境的营造对于管理育人来说十分重要。物质管理环境可以让学生感受到真实的美、形象的美，而文化管理环境可以带给学生精神文化上的美，促进良好的校风、教风、学风的形成。其三，制度管理环境，即制定严格的规章制度，组织学生积极遵守，严格律己，在培养责任感、使命感的同时，树立一种积极向上的精神，并在这种良好的氛围中逐渐完善自己、提高自己。

（七）人格育人的理念

孔子说：“其身正，不令而行；其身不正，虽令不从。”为人师表，最重要的是以身作则。因此，高校管理者的自我形象与道德品质是实施管理育人的最佳资源。广大高校管理者要注重言传身教，一举一动，要严格要求自己，事事以身作则，平时一定要注意加强自身道德修养，严格遵守职业道德和职业操守做好自身的本职工作，加强对学生的各方面教育和管理，全面做好管理育人。管理者人格育人的创新途径主要有三个方面：一是严于律己，管理者要有高度的自律精神，要严格要求自己，带着高度的责任感和使命感来开展育人工作，言行举止文明优雅，教育管理公平公正，不断提高自身人格素质以感染和感召学生。二是主动担当，对学生遇到的问题要主动提供帮助，在学生最需要的时候给予支持，不同职能部门之间管理者之间不能推诿扯皮，不能拿学生的问题来“踢皮球”，要有高度的协作精神，密切协作共同担负起管理育人职责。三是热情工作，管理者要带着爱心去做教育和管理工作，关心学生、爱护学生，积极与学生进行沟通和交流，要严爱相济，在管理过程中教育学生、感化学生，真正做到“随风潜入夜、润物细无声”，用优秀的言行品质和人格魅力感染学生、教育学生。

第三节　高校管理育人的原则

高校管理育人的原则是运用一定的规范化管理活动去约束协调学生的思想行为，以促进其养成良好的思想品德和行为习惯的根本指导原则，是管理育人理论和实践经验的概括与总结。正确解决高校管理工作中的各种育人问题和矛盾，有赖于高校管理者正确掌握和运用高校管理育人的原则。一旦经过长期的检验而形成了正确的原则，它们就有相对稳定性，就能够对高校管理育人起指导作用。

一、高校管理育人原则的理论依据

高校管理育人原则的确定，主要依据高校管理育人的内在规律、实践经验及党的思想政治教育政策方针。2016 年 12 月，习近平总书记在全国高校思想政治教育工作会议上强调，“思想政治工作从根本上说是做人的工作，必须围绕学生、关照学生、服务学生，不断提高学生思想水平、政治觉悟、道德品质、文化素养，让学生成为德才兼备、全面发展的人才”[①]。这一重要讲话强调了思想政治教育要围绕学生、关照学生、服务学生的原则，为高校立德树人工作指明了方向，必然促进高校管理育人领域的变革和实践探索。高校管理育人的总的原则是管理与育人相结合，与课程育人、实践育人方式相比较而言具有独特性，高校管理育人的主要原则有其特殊的理论基础。

（一）马克思关于人的全面发展理论

在考察现实世界的过程中，马克思致力于从“现实的人”出发思考存在，科学地解决人的本质问题这个长期以来争论不休的问题。“科学地解决了人的尊严、人的价值、人的自由与解放以及人的发展等一系列问题，建立了一种全新的科学的人论”[②]。马克思始终关注现实的人的生存与发展命运，他提出理想的人应该是“完整的人”“全面发展的人”“富有的人”“有个性的人”[③]。在现实的社会运动与发展中，人之所以成为人，是因为要使人成为自由而全面发展的人。马克思正是以人的全面发展作为价值尺度，关注现实人的生存境遇和发展命途，通过人的实践活动的视角对人进行重新理解，实现对传统人学思维方式的超越，确立了人的自主性和能动性。“社会发展是以人的存在和发展为基础的，思想政治教育的目的不可能是外在于人的，一旦离开人的发展和成就人的维度，就无法实现思想政治教育的当代意义”[④]。

（二）管理学的激励理论

激励是管理领域的核心问题。著名的管理学家斯蒂芬.P. 罗宾斯提出，

---

① 习近平. 把思想政治工作贯彻教育教学全过程　开创我国高等教育事业发展新局面［N］. 人民日报，2016－12－09（1）.

② 陈飞. 回归生活世界：思想政治教育研究的一个视角［M］. 北京：人民出版社，2014：59.

③ 夏之放. 异化的扬弃：“1844 年经济学哲学手稿”的当代诠释［M］. 广州：花城出版社，2000：321－326.

④ 陈飞. 回归生活世界：思想政治教育研究的一个视角［M］. 北京：人民出版社，2014：90.

激励是通过高水平的努力来实现组织目标的意愿，而这种努力以能够满足个体的某些需要为条件。“组织管理中的激励是指：为了实现一定的组织目标，管理者通过创造一定的条件，激活个体某一或某些心理目标，使之增强对心理和行为的组织、控制与调节能力，并驱使个体做出持续有效的工作努力，力求同步实现自身心理目标和组织目标的过程。”① 20 世纪初以来，激励理论成果丰硕，中西方先后出现许多成熟的激励理论，从不同侧面研究了人的行为动因。主要有以下几种：马斯洛（Abraham Maslow）的需要层次理论提出人的需求分为生理需要、安全需要、社会需要、尊重需要和自我实现的需要；赫茨伯格（Herzberg）的“激励—保健”双因素理论强调要重视高层次的需要；奥德弗（Clayton Alderfer）的 ERG（Existence、Relation、Growth）理论提出人们的核心需要包括生存需要、相互关系需要和发展成就需要；弗洛姆（V. H. Vroom）的期望理论提出处理好努力—绩效、绩效—报酬、报酬—满足个人需要的关系；洛克（E. A. Locke）的目标设置理论提出意图可增进工作绩效，设置有一定的难度的目标有利于达成更高的绩效。以上的激励理论相互补充，从不同侧面论证了人的需要与动机是激励其作用的重要因素。高校管理育人与管理激励理论具有内在统一性，以管理激励理论为依据，反思高校教育工作实质上就是面对学生的需求，不仅要满足学生的认知需求、被认可需求，还要激发学生的发展动力，引导学生的发展方向，最终实现学生的和谐发展。

二、高校管理育人的主要原则

高校管理育人工作是一项系统工程，实现对师生的思想意识、价值观念、文化心理的全方位引导，要根据时代背景条件和高校立德树人的目标任务，提出确定性的原则要求，使高校管理育人工作有章可循，减少偏差

---

① 章凯．组织行为战略　管理变革的方向与动力［M］．北京：经济管理出版社，2003：331．

和失误。另外，这些高校管理育人的基本原则只是本质性和方向性的要求，并不是一成不变的，要根据时代发展变化，不断丰富和创新。

（一）方向性原则

方向性原则是指在高校管理育人的全部活动要始终与社会发展的要求相一致，坚持正确的政治方向不动摇。方向性原则可以表述为坚持把社会主义办学方向放在第一位，从方向上保证社会主义接班人和建设者的培养。其内涵包括：政治方向规定了高校管理育人的工作目标和任务，高校管理育人工作要坚持社会主义政治方向，坚定不移地贯彻党和国家的方针政策，学校的一切工作不能离开培养育人这一主要任务，这是管理育人工作始终不渝的基本原则。高校历来是意识形态斗争异常激烈的领域，在当今网络时代背景下，这种斗争更为激烈，各种社会思潮通过各种方式涌进高校，从思想、文化和舆论上影响学生。高校管理者在管理育人过程中，要始终保持头脑清醒，始终坚持社会主义办学方向，充分发挥社会主义大学的制度优势和高校改革的积极因素，主动适应经济社会发展的需要，认真研究高校自身特点和管理育人特点，始终把党的教育方针政策与学校的具体实际相结合，利用多种措施加强管理育人工作，努力贯彻管理全方位育人的要求。

（二）主体性原则

主体性原则是指高校管理育人必须尊重学生的主体地位，激发其内在潜能，调动他们的自主性、能动性和超越性。随着改革开放和市场经济社会的深入发展，以及互联网的迅速传播，当代大学生呈现主体化、个性化特征并不断增强。主体性原则体现了新时代高校的主导原则和创新方法，主要体现在高校管理育人要以学生为本，尊重每一个学生的个性差异，创造宽松的管理氛围，服务于每一个学生成才的需要。贯彻主体性原则，高校在各项建设思路和规划上，要充分考虑学生的正当利益和合理要求，充分尊重学生的权利和个性，通过服务学生、满足学生，以解决学生的利益需求问题。高校管理育人要吸纳学生参与学校管理或者引导学生自我管理，教师及管理干部要参与学生的社团及集体活动，通过各种活动加强对学生的管理和教育。值得注意的是，倡导学生自我管理不等于“不管”，教师及管理干部要积极加强教育与引导，帮助学生组建团队、制定目标，通过学生的自主管理、主体实践，促进学生的健康成长。

（三）个性化原则

个性化原则是指高校管理育人在遵循社会普遍要求的同时，要尊重学生个性差异，有针对性地选择不同的管理育人策略原则。“以人为本”是当代社会的时代主题，现代高等教育越来越摒弃千人一面、千篇一律的教育方法，倡导充分尊重学生在个性、兴趣、爱好、能力、特长等方面的差异，要有所区别，因材施教，这也是我国高等教育发展到一定阶段的特定需求。高校管理育人要贯彻个性化原则，从制度层面为学生个性的发展提供强有力的保障，突出专业个性、班级个性以及学生个体个性，促进学生各方面的协调发展。随着经济社会的进步发展，学生群体的多样化已经成为常态。因此，高校管理不能采取一般性和整齐划一的目标任务，以及对学生采取“一刀切”的管理办法，要重视学生的个体需要和个体价值，防止管理育人内容空洞化。贯彻个性化原则，要取得预期效果，对学生实行适当性的评价至关重要，高校要根据不同的学生实行差别化管理，让学生看到自己的价值，获得集体的认可，从而产生发展的动力。

（四）民主性原则

民主性原则是指思想政治教育的疏导性原则。长期以来，高校管理受传统行政管理体制影响，管理育人主体与客体之间存在地位的不平等性，管理者是高校制度的制定者、施策者和执行者，天然具有权威地位，学生被当作管理的客体，在管理工作中没有话语权，经常被视为强制性管理的对象、灌输思想的对象，其能动性被忽视。民主性原则要求高校树立教师本位和学生本位的思想观念，在民主管理氛围中达到育人的目的。贯彻民主性原则，要注重管理过程的平等性，保证每一名受教育者学习的公平性和自由性，确保每个人都可以得到公平对待和平等地享受各项教育资源的机会。高校管理者要贴近实际，深入了解学生的真正需求，帮助解决学生面临的实际问题，选择更具有针对性的管理制度和管理方法，使得学生能够认同学校的管理目标、管理理念和管理措施，在管理活动确立个体的责任、尊严和价值，增强发展内驱力。要注重听取广大师生的意见和建议，尊重师生的首创精神，创造师生民主参与、民主监督的渠道，确保他们的知情权和参与权，维护他们的合法权益。

（五）渗透性原则

渗透性原则是指高校管理育人要遵循人的思想“综合影响”和“渐次发展”的规律，有目的有意识地把思想政治教育因素融入各项管理工作中，以潜移默化和循序渐进的状态进行管理。高校管理育人贯彻渗透性原则要依据一定的教育目的，通过借助管理载体，采取多种管理方法和手段去熏陶、感染教育对象，使学生在耳濡目染和潜移默化中自觉接受并内化，形成优良的思想品德和行为习惯。高校管理育人一项系统又复杂的工程，贯彻渗透性原则，高校要充分挖掘管理育人资源，落实党、政、工、团、群的职责责任，注重管理育人全方位综合影响，采取科学有效的方法，使得高校管理育人体系密切配合、协同运转。要寓教于无形，将社会主导的思想观念、政治观点和道德规范融入管理方方面面，各职能部门、院系及每位管理者都要明确各自的育人职责，自觉担负起育人的神圣使命；要注重循序渐进，学生的思想品德的形成，既受先天的身心条件，又受后天的社会环境因素影响，管理育人工作要注重因势利导，让学生由量变到质变的阶段渐次发展，在不知不觉中受到熏陶，自觉内化思想意识和道德认识；要力求贴近学生、贴近实际、贴近生活，选择和优化管理育人载体，增强教育和管理的渗透力。

（六）发展性原则

发展性原则是指高校管理育人具有发展性、动态性的特点，既要满足当前育人工作需要，又要能够不断适应变化了的条件和环境，实现管理育人工作的适应性和超越性。高校管理育人是一项有目的、有计划、有组织的育人活动，要根据党和国家的要求，确定管理育人内容、选择管理育人途径、组织管理育人过程，着眼于学生的思想问题、现实问题、未来发展问题，把握规律性、体现现实性和富于创造性，培养学生朝着既定的目标发展。当今在经济全球化持续深化的背景下，面临着多元、复杂的信息化、科技化、全球化带来的新挑战，高校管理育人工作必须要做到“心中有数、有章可循”，结合学校的现实条件和学生的实际情况制订明确的计划，其中包括近期计划和远期计划，具体需要细分为目标计划、季度计划、年度计划、应急方案等，确保高校管理育人工作可以按计划顺利进行，最大程度上减少管理方式的随意性、临时性、盲目性和被动性。贯彻发展性原则，要求高校管理育人工作要有开放性和包容性，紧跟时代要求，根植社会生活，不断拓展管理育人内容，不断优化高校管理育人实践。

第四章
高校管理育人的内容

高校管理育人的内容是其管理育人过程的一个基本要素，是管理育人的目标和任务的具体化，直接关系到管理育人目标的实现，也制约着管理育人途径、载体和方法的选择。在管理过程中，管理育人内容既是一定价值体系构建与发展，也是管理者将科学管理与道德涵育相结合、提升管理者和被管理者德行的重要依据。高校管理育人的内容是一个复杂、动态的系统，要科学有效地开展高校管理育人工作，就必须充分认识、理解和把握管理育人的基本内容体系，运用、发展和创新管理育人内容，不断增强管理育人的科学性和时代性。

第一节　高校管理育人内容的指向

在《现代汉语词典》中，“内容”有三层意思：一是物件里面所包容的东西；二是事物内部所含的实质或意义；三是哲学名词，指事物内在因素的总和。所谓事物的内容是指“构成事物的一切要素，即事物的各种内在矛盾以及由这些矛盾所决定的事物的特征、成分、运动的过程、发展的趋势，等等的总和"①。高校管理育人内容是指为了实现立德树人的根本任务，高校管理者在管理活动中所传递给管理对象的观念信息，包括大学生政治观点、思想观点和道德行为规范等。从对象上看，高校管理育人内容面向的是大学生，通过高校管理者的育德行为，使大学生的德育水平得到改善和提高。大部分大学生是18岁以上的成年人，他们处于生理成熟、心理和认知趋于完善的发展阶段。管理育人内容的选择与设计要围绕学生这一群体的成长需要和发展规律开展，在内容上表现出更强烈的指向性和塑造性。从形态上看，高校管理育人内容是系统化观念的信息，这些信息以不同的方式和载体予以呈现，涵盖了知识、技能和情感，是管理育人主体与客体互动的中介。从目的上看，高校管理育人的内容指向形成、促进和发展大学生政治观点、思想观点和道德行为规范。

高校管理育人内容是连接高校管理者和学生的信息纽带，管理者通过管理育人内容的传递实现育人目标，学生通过接受管理育人内容提高自身的思想政治教育道德素质。管理育人内容是实现管理育人目标的中介，是管理育人活动的核心表征和重要依托，具有自身鲜明的基本指向。概括而言，高校管理育人内容具有以下指向。

一、导向性

高校管理育人内容的导向性，是指通过管理进行立德树人，有目的、有计划地对学生进行思想意识的影响，对其思想行为进行价值性主导和倾向性引导，在内容上表现出更强烈的导向性，体现在管理育人内容的政治性、阶级性和强制性。

（一）政治性

高校管理育人内容体现党和国家的意志和要求，具有鲜明的政治性。

① 孙雁．高校思想政治教育内容新论［M］．长春：吉林大学出版社，2009：15.

"从一定意义上讲，思想政治教育就是一种社会关系中的政治关系。在社会主义社会，思想政治教育是在社会中占据主导地位的先进阶级实施思想政治教育活动，对社会中的其他阶级或阶层实施思想引导和规范的教育活动。"[①] 作为意识形态领域活动的思想政治教育，其本质属性是政治性。管理育人内容是思想政治教育内容的一部分，归根到底也是一种意识形态，这就从根本上决定了它同样具有政治性，承载着一定的价值判断和价值追求。高校管理育人内容的建构要以马克思主义为指导，把握中国特色社会主义共同理想，自然而又鲜活地体现和融入管理中。

（二）阶级性

高校管理育人内容反映了一定阶级培养人的要求，通过管理结合教育的方式对学生进行主流思想、观念和价值观的引导、灌输来反映和维护占社会统治地位的阶级的利益。因此，高校管理育人内容必须坚持马克思主义理论在各方面内容中的指导地位，坚持爱国主义、集体主义、社会主义的思想导向、政治原则和价值标准，加强马克思主义的世界观教育、人生观教育和价值观教育，用科学的理论、正确的语录、高尚的情操、规范的行为引导人、影响人、规范人，发挥高校管理育人的作用，促使人们形成正确的政治方向、思想导向和价值取向，满足社会进步和人的全面发展的需要。

（三）强制性

高校管理育人通常依托法律法规、规章制度、管理流程等，并借助一定的行政规范来实现，对全体成员具有强制的约束力。法律法规、规章制度等一般是以书面文字的形式对常见的行为做出规定，对各种行为后果做出界定，列明违反相关法规将受到什么样的惩罚，做出相关行为会受到什么样的奖励或者不被惩罚。高校管理育人正是通过一定的权力执行机制和

---

① 谢晓娟，王东红．多学科视角下的思想政治教育研究［M］．北京：中国书籍出版社，2015：7.

监督奖罚制约机制，鼓励符合组织利益和各种规章制度的行为，约束和避免违反组织利益和各种规章制度的行为，在执行过程中使师生把管理规范从外在的约束转变成内在的思想共识，并形成日常的行为习惯。例如，在2016年新修订的《普通高等学校学生管理规定》中规定了学生的7条权利、6条义务，列出了入学与注册、考核与成绩记载等学籍管理规定，并对校园秩序与课外活动、奖励与处分、学生申诉等做了明确规定。这些规定引导和约束着学生在学校的学习与生活。

二、时代性

马克思和恩格斯曾说，“一切划时代的体系的真正内容都是由于产生这些体系的那个时期的需要而形成起来的”①。高校管理育人内容不是一成不变的，而是一个不断完善的体系，时时刻刻受到外在环境影响，在不同的历史时期，根据时代特点和适应不同的历史任务而不断地调整和丰富。

当前，我国社会正发生着深刻的变化，社会结构的转变、社会治理的转型、管理理念的更新、技术和载体的发展等，都在一定程度上影响着和改变着高校管理育人内容的发展，也在客观上要求高校管理育人内容以社会发展为基本参照，针对我国社会发展的实际，充分利用现代管理的理念、技术等，有针对性地融入管理活动和过程中。只有主动地将管理的理念、手段、载体以及方法与思想政治教育任务在时代的脉搏下有效结合，赋予管理育人内容以鲜明时代特征与风格，把握时代主题，回应时代问题，才能最终实现高校管理育人的目的。尤其面对新时代我国社会主义现代化建设和社会发展出现的新情况，面对高校变革与发展中管理的变化，面对大学生思想发展的新特点，高校管理育人要从学生所处的社会环境去设定内容，使内容与时俱进，具有时代感和现实感。设身处地站在被管理者的角

① 中共中央马克思恩格斯列宁斯大林著作编译局. 马克思恩格斯全集：第3卷［M］. 北京：人民出版社，1995：544.

度上考虑问题，从被管理者接受管理的途径、渠道、作用机制等去挖掘教育资源，既要有原则的高度，又要有教育的力度和温度，不断充实、调整、发展和完善高校管理育人内容，在管理活动和过程中解决被管理者实际存在的现实的矛盾和问题。例如，在学生干部管理上，以往我们关注的更多的是干部选拔公开公正和学生干部具体工作能力的培养。但是，受社会风气和环境的影响，当下一些学生当干部的功利思想比较严重、个别学生骨干的作风不严实，出现“学生官”现象，在管理中要及时发现和解决这些实现问题，融入人生观、价值观等教育，强化学生宗旨意识和表率作用，帮助他们克服功利主义、官僚主义和脱离群众的倾向。

三、渗透性

高校管理育人内容的渗透性是指将思想政治教育内容最大限度地融入和贯穿到管理的各个阶段、过程和始终，转化为学生的自觉追求。高校管理育人内容的渗透性主要体现在内容的大众化和平民化两个方面。

（一）内容的大众化

高校管理育人内容可以是直接的理论灌输，如考风考纪宣讲、安全制度讲解、学生手册学习等，但更多是通过管理制度制定、制度执行、团队规则等规则及规则执行的过程来实现育人的功能，渗透在管理计划、组织、执行和控制的整个过程中。“个体道德发展是一个由制度他律到道德自律的动态发展过程。从个体道德的获得与表现形式进行审视，道德最初受制于外在的规约，最终出自于内在的自觉”①。如果育人内容科学、合理、简洁，与学生被管理的行为联结起来，与学生生活贴近，对接被管理行为涉及的核心思想问题，那么，它就能够最大限度地融入管理中。在接受管理的过程中，学生不知不觉、潜移默化地受到感染和熏陶，从外在的束缚转变为

① 冯永刚. 学校制度文化育人的价值意蕴及其实现［J］. 教育科学研究，2018（5）：89－92.

学生内在的思想共识和行为习惯，从而引导、规范和协调学生的思想和行为，变他律为自律，逐渐养成良好的思想品德、行为习惯和心理适应能力，形成良好的学习、生活和活动的秩序与氛围。

（二）内容的平民化

管理通常直接面向与学生的学习、生活和实践有关的具体问题。因此，育人内容必须与解决问题的始终结合起来。管理规则既要便于管理者把握，又要易于被管理者接受，让复杂问题简单化、权威问题平民化，才能被学生接受。例如，制度的制定、执行既要重视群体，又要关注个体；既要有执行的力度，又要有一定改正的空间。制度的制定确实是面向全体，但是，在实际操作过程中，犯错的学生既是制度执行中的“个案”，也是需要“受教育”的个体。根据有关规定受到处分的学生，一方面，对其他学生而言是一个警示，是一种集体教育；另一方面，对受处分学生本人而言，是一种教训，也是一种打击，需要进一步的引导、鼓励和教育，才能使其吸取教训，努力改正，变得更好。

第二节　新时代高校管理育人内容的构成

20 世纪 80 年代以来，我国提出了“教书育人、管理育人、服务育人”的理念，虽然一直被广泛运用，但高校的“管理育人”更多的是作为一个既定的概念，直到当前，学界并没有明确界定管理育人的内容指什么，具体是什么，由什么要素构成，对“高校管理育人内容”相关的系统研究屈指可数。戴锐（2003）认为高校管理育人内容是政治与思想品德教育①。冯跃飞（2006）认为高校管理育人内容包括提高教育育人意识、强化管理育

① 戴锐．“管理育人”的内涵辨正与路径探寻［J］．当代教育论坛，2003（5）：20－22．

人职能、树立全员育人观念、增强管理育人本领、完善高校育人环境等。[①] 我们认为，高校管理育人是大学生思想政治教育的重要组成部分，其内容应该涵盖于思想政治教育内容之中，是由价值体系教育、规范体系教育和自励体系教育三部分构成的有机整体。

一、价值体系教育

价值体系是对追求、主张、需要等系统化、综合性的表达。从根本上说，价值体系就是内在需要、追求和主张外在表现的观念或对象化形态，是观念形态上的国家意志。[②] 任何一个国家和社会的良性运行都需要有合适的价值体系，从而增进国家和社会认同，统一人们的思想和行为，促进价值实现。高校管理育人作为管理实践中的思想政治教育活动，其重要的目的之一就是使主流价值体系得到学生的理解、认同和接受，并成为指导学生思想和行动的指针。高校管理育人内容中的价值体系教育主要包括政治教育、思想教育和国情教育。

（一）政治教育

在政治教育中，最根本的是要解决对一定政党、阶级和国家的政治立场和政治态度问题，要把引导人们坚持正确的政治方向、确立正确的理想信念摆在首位，主要包括理想信念教育、中国精神教育等。

理想信念教育是高校管理育人的重要内容。习近平总书记在2018年全国教育大会强调，要在坚定理想信念上下功夫，教育引导学生树立共产主义远大理想和中国特色社会主义共同理想，增强学生的中国特色社会主义

---

① 冯跃飞. 高校管理育人研究［D］. 宜昌：三峡大学，2006.

② 王立仁. 学生思想政治教育论纲［M］. 北京：中国社会科学出版社，2015：71.

道路自信、理论自信、制度自信、文化自信，立志肩负起民族复兴的时代重任。①理想信念是人们的政治立场和世界观在奋斗目标上的集中体现，是确立人生价值取向的最高准则，是人们精神上的“钙”。大学生只有树立了崇高的理想和坚定的信念，才能激发起为民族复兴和人民幸福而努力学习的强烈使命感与责任感，投入到新时代的奋斗中。教育和引导新时代大学生树立马克思主义的科学信仰，树立共产主义的远大理想，树立中国特色社会主义共同理想，树立实现中华民族伟大复兴和中国梦的信心，是高校管理育人的首要内容。具体而言，要对大学生进行马克思列宁主义、毛泽东思想、邓小平理论、“三个代表”重要思想、科学发展观、习近平新时代中国特色社会主义思想教育。

中国精神教育也是高校管理育人的重要内容之一。中国精神教育的主要内容是以爱国主义为核心的民族精神和以改革创新为核心的时代精神。在5 000多年的历史发展中，中华民族形成了以爱国主义为核心的民族精神，形成了追求进步、维护民族尊严、促进民族团结、维护国家主权和安全的光荣传统，在“当代中国，爱国主义的本质就是坚持爱国和爱党、爱社会主义高度统一”②“要在厚植爱国主义情怀上下功夫，让爱国主义精神在学生心中牢牢扎根，教育引导学生热爱和拥护中国共产党，立志听党话、跟党走，立志扎根人民、奉献国家”③。改革创新是中华民族的又一优良传统，不仅体现在历史长河中的四大发明、天文历法、诗词歌赋等，也体现在改革开放以来的观念创新、科技发展、体制变革、产业革命等中。党带领人民在新时代形成了以改革创新为核心的时代精神，贯穿着改革开放全过程。

---

① 习近平在全国教育大会上强调：坚持中国特色社会主义教育发展道路　培养德智体美劳全面发展的社会主义建设者和接班人［N］．光明日报，2018－09－11（1）．

② 习近平．在纪念五四运动100周年大会上的讲话［EB/OL］．（2019－04－30）［2019－05－01］．http://politics.people.com.cn/n1/2019/0430/c1024－31060725.html.

③ 习近平在全国教育大会上强调：坚持中国特色社会主义教育发展道路　培养德智体美劳全面发展的社会主义建设者和接班人［N］．光明日报，2018－09－11（1）．

高校管理育人政治教育内容的体现，首先在于高校牢牢把握社会主义办学方向。正如习近平总书记所指出的“我们的高校是党领导下的高校，是中国特色社会主义高校。”在学校的管理体制上，要坚持党委领导下的校长负责制，要认真贯彻执行民主集中制，进一步健全“三重一大”议事决策制度和运行机制，完善党委中心组学习制度，加强对管理干部的教育培训、管理及监督。其次，在管理制度中融入相应的教育元素与内容，在管理过程中要利用机会宣讲、解读，加强管理者以及学生的政治教育。例如，《华南师范大学学生管理规定》（华师〔2017〕102 号）总则第四条就明确指出“学生应当拥护中国共产党领导，努力学习马克思列宁主义、毛泽东思想、中国特色社会主义理论体系，深入学习习近平总书记系列重要讲话精神和治国理政新理念新思想新战略，坚定中国特色社会主义道路自信、理论自信、制度自信、文化自信，树立中国特色社会主义共同理想；应当树立爱国主义思想，具有团结统一、爱好和平、勤劳勇敢、自强不息的精神”。再次，强化对意识形态阵地的监督。例如，将坚持正确办学方向要求贯彻到具体工作中，加强对教学纪律、科研纪律等的约束，把握好教学科研管理等重大事项中的政治方向、政治立场和政治原则。

（二）思想教育

思想教育主要是帮助受教育者树立正确的世界观、人生观、价值观以及方法论的教育，就性质而言，它是提高人们的思想认识的教育，是提高人们主观反映客观的认识能力和认识水平的教育，因而是认知性教育。[1] 作为认知性的思想教育，它强调互动沟通、说服疏导，重在启发、说理和引导，注重用科学的理论、先进的思想、正确的舆论、高尚的精神、丰富的知识等武装人们的头脑，引导人们运用马克思主义的立场、观点和方法正确认识、分析、解决各种思想问题和实际问题，以提高认识世界和改造世

① 教育部思想政治工作司. 思想政治教育原理与方法［M］. 北京：高等教育出版社，2010：139.

界的能力。现代管理科学认为管理的核心和实质是人的管理，而人是有思想的、能动的，想要管人，就要做好人的思想教育，把思想政治渗透到管理中去，才能使管理如鱼得水。管理育人内容涵盖思想教育，主要包括世界观、人生观和价值观。“要树立正确的世界观、人生观、价值观，掌握了这把总钥匙，再来看看社会万象、人生历程，一切是非、正误、主次，一切真假、善恶、美丑，自然就洞若观火、清澈明了，自然就能做出正确判断，做出正确选择。”①

1. 世界观

世界观是人们对整个世界的总体和根本的观点，决定着人们的人生观、政治观、道德观和法制观等。世界观教育包括辩证唯物主义教育、马克思主义认识论教育和历史唯物主义教育。在管理育人中，直接向学生宣讲的机会并不多，更多的是在制订规章制度和管理过程中体现这些观念。首先，管理者自身要具有马克思主义世界观，这主要通过选人标准、干部培训来进一步培养和增强此观念。要按照社会主义政治家、教育家要求和好干部标准，选好配强各级领导干部和领导班子，提升领导者的现代化治理能力；要加强干部管理育人能力教育，制定管理干部培训规划，提高各类管理干部育人能力。其次，管理者在管理过程中要自觉地坚持和运用辩证唯物主义世界观和方法论解决问题，渗透世界观的教育。例如，在学生的资助管理中，结合资助工作和学生一起交流资助公平性，运用联系的观点、发展的观点、全面的观点去观察问题和分析问题，由此延伸对贫富差距、社会公平等问题的认识和理解；在制订学生就业和升学鼓励政策时，要注意教育和引导学生积极投身于社会主义现代化事业，引导他们运用历史唯物主义的观点和方法正确分析和看待各种社会现象，正确做出选择；在制度建设与改进完善中，充分解放思想，从实际出发，实事求是地完善有关制度。

① 习近平. 习近平谈治国理政：第1卷［M］. 北京：外文出版社，2018：173.

2．人生观

人生观是人们对人生目的和意义的总的看法和根本态度。人生观往往决定着价值取向，决定着人生的高度与厚度。管理育人内容的人生观教育主要包括人生目的、人生价值和人生态度教育等内容。要引导和教育学生树立正确的人生观，思考和回答“为什么活着”的问题，引导他们确立服务人民、奉献社会的人生追求。在各式各样的关于人生目的的思想中，高尚的人生目的总是与奋斗奉献联系在一起。只有把自己的人生和国家前途、民族命运、人民幸福联系在一起时，才能自觉自愿地把自己的一生奉献于利国利民的事业。要有端正的人生态度，正确地认识、处理生活中各种各样的困难与问题。要引导和教育学生正确地评价人生价值，以是否用自己的劳动和聪明才智为国家和社会真诚奉献，为人民群众尽心尽力服务为衡量标准，树立正确的人生价值观。尤其要结合管理的实际，引导他们正确对待人生矛盾，自觉抵制错误观念，正确认识和对待人生发展过程中的得与失、苦与乐、顺与逆、荣与辱。例如，学生资助管理是高校管理育人的重要方面，体现着高等教育机会均等的价值追求。在资助管理制度和体系的设计上，要贯彻公平、合理、高效的原则，更要引导学生（尤其是贫困学生）树立正确的义利观、公平观，正确看待社会发展不平衡性和贫富差距；引导学生（尤其是贫困学生）自强自立，坚定“幸福是奋斗出来的”、通过个人的勤奋努力可以改变困难的认识；引导学生（尤其是贫困学生）知恩图报、在自己力所能及的情况下回馈社会。同时，学生资助管理既要对贫困学生经济上帮扶的“脱贫”，也要关注和帮助他们进行心理上的“脱贫”。一般的贫困学生会由于经济困难而产生自卑、闭锁、抑郁、排斥等具有隐蔽性的心理问题，更加需要在资助管理中得到人生观的引导，养成健全的人格、健康的心理，成为坚定理想信念、脚踏实地、勇于进取的人才。

3．价值观

价值观影响人们的思想和行动，决定了一个人的理想追求。2014 年 5

月，习近平总书记在北大师生座谈会上的讲话指出："青年的价值取向决定了未来整个社会的价值取向，而青年又处在价值观形成和确立的时期，抓好这一时期的价值观养成十分重要。这就像穿衣服扣扣子一样，如果第一粒扣子扣错了，剩余的扣子都会扣错。人生的扣子从一开始就要扣好。"①党的十八大提出要倡导富强、民主、文明、和谐，倡导自由、平等、公正、法治，倡导爱国、敬业、诚信、友善，积极培育和践行社会主义核心价值观。社会主义核心价值观是社会主义核心价值体系的精神内核，体现了社会主义本质要求和时代精神。加强社会主义核心价值观教育，是时代赋予的历史重任，也是高校管理育人的重要内容。高校管理人员是与学生接触较多的群体，对学生健全品格和人格的形成、正确价值观的确立起指导作用。管理者自身要做社会主义核心价值观的坚定信仰者、积极传播者和模范践行者，通过管理导向、自身的行为以及管理过程中的言行去影响学生，引导他们正确地理解和把握社会主义核心价值观的内容，为学生主流价值观的培养提供充实的养分和力量，帮助他们在价值观上明确方向，解决矛盾，化解冲突，扭转迷茫局面，在实践中感知和领悟，扣好人生的扣子，将核心价值观的要求变成日常的行为准则，形成自觉奉行的习惯，将其转化为人生的价值准则。例如，一些学生考入大学后，学习动力不足，出现旷课、逃课的情况，大部分是由于价值观念出现了偏差，认为"读书无用论"、受拜金主义影响厌倦学习等，需要从价值观上予以引领。

（三）国情教育

国情是指一个国家相对稳定的、总体的、客观的实际情况，它伴随着不同的发展阶段和时间节点的变化而变化。高校管理育人内容中的国情教育要引导学生正确认识我国处在社会主义初级阶段，想问题、办事情必须从这个基本的国情、最大的"实际"出发。"要教育引导学生正确认识世界

① 习近平：青年要自觉践行社会主义核心价值观［EB/OL］.（2014－05－05）［2019－01－02］. http://cpc.people.com.cn/n/2014/0505/c64094－24973220.html.

和中国发展大势，从我们党探索中国特色社会主义历史发展和伟大实践中，认识和把握人类社会发展的历史必然性，认识和把握中国特色社会主义的历史必然性，不断树立为共产主义远大理想和中国特色社会主义共同理想而奋斗的信念和信心；正确认识中国特色和国际比较，全面客观认识当代中国、看待外部世界；正确认识时代责任和历史使命，用中国梦激扬青春梦，为学生点亮理想的灯、照亮前行的路，激励学生自觉把个人的理想追求融入国家和民族的事业中，勇做走在时代前列的奋进者、开拓者；正确认识远大抱负和脚踏实地，珍惜韶华、脚踏实地，把远大抱负落实到实际行动中，让勤奋学习成为青春飞扬的动力，让增长本领成为青春搏击的能量”①。要开展学生基本形势与政策教育，引导他们正确理解党的路线方针政策，我国的国情、国力、国策，高校改革和发展，当前形势与政策（各项主要政治、经济、文化政策和外交方针），重大事件与社会热点（包括国内外重大事件、重要会议精神、国家的重大改革举措），帮助学生们客观认识当下的国内外形势，正确认识时代责任和历史使命。例如，在学生就业协议签订管理中可以结合管理宣讲国情国策，介绍基层地区情况，讲解基层政策等，鼓励他们到边远落后地方就业，报效祖国；办理学生申请校园地助学贷款，可以比较国内外学生资助政策，展示社会主义制度优越性，激发他们的爱国情怀；在办理入学报到手续时，可以介绍高等教育发展形势和校史校情，体现党的教育政策。

二、规范体系教育

规范是指约定俗成或明文规定的标准。它既是对人的行为的约束，也是对人的保护。一个社会得以良好运行，其中一个重要因素就在于有良好的规范体系。“在社会规范中，有社会规范，是代表所有社会成员意愿的，

---

① 习近平在全国高校思想政治工作会议上强调：把思想政治工作贯穿教育教学全过程 开创我国高校教育事业发展新局面［N］. 人民日报，2016－12－09（1）.

有法律规范，是占统治地位的阶级整体意志的体现，它是国家以强制力保证实施的规范；有道德规范，道德规范是靠舆论、良心、信念维系的，其中占主导地位的是统治阶级的道德规范；行业和岗位规范是扮演社会角色的人必须遵守的准则”①。各种规范或是以规定，或是以纪律，或是以法律条文形式明确告知人们特定行为及其可能产生的结果，从而限定并调整人的社会活动和关系。具体表现为各种规范里明确规定允许做什么、不允许做什么、该怎样做和不该怎样做，并有具体的奖惩措施，从而引导人们的思想观念和行为选择。管理育人内容中的规范体系教育内容包括道德规范教育、法律法纪教育、纪律制度教育。

（一）道德规范

道德规范是调整人与人、人与社会之间相互关系的行为规范总和。在高校管理育人中，道德规范教育主要包括中华传统美德教育、社会公德、职业道德、个人品德，基本涵盖了社会对于一个人在家庭、工作和社会生活等方面的文明要求。

1. 中华传统美德

中华传统美德是中华优秀文化的重要组成部分。“中华民族要继续前进，就必须根据时代条件，继承和弘扬我们的民族精神、我们民族的优秀文化，特别是包含其中的传统美德”②。中华传统美德博大精深，内涵丰富，包括“苟利国家生死以，岂因祸福避趋之”的爱国情操、“仁者自爱”的思想、“仁、义、礼、智、信”的境界、“先天下之忧而忧，后天下之乐而乐”的精神等。

2. 社会公德

社会公德是人们在社会公共生活中应当遵守的行为准则，对维护公共

---

① 王立仁. 学生思想政治教育论纲［M］. 北京：中国社会科学出版社，2015：72.

② 习近平. 习近平谈治国理政：第1卷［M］. 北京：外文出版社，2018：181.

秩序和社会和谐稳定有着重要的作用。在高校管理育人内容中强化社会公德教育，引导大学生养成以文明礼貌、乐于助人、爱护公物、保护环境、遵纪守法为主要内容的社会公德，是大学生适应社会、走向社会的基础。管理育人不是简单的、冰冷的制度执行，而是蕴含了公德的制度执行与实施的过程。例如，管理育人中的文明礼貌是见面时恰到好处的礼仪礼节、是办事时的相互尊重等，无论是管理人员还是大学生，都应当自觉讲文明、守礼仪、懂宽容。管理育人中的保护环境，可以体现在勤俭节约办学，从节约用水用电、控制会议规格、减少办公成本等校园点滴小事上；管理育人中的遵纪守法，不仅仅要遵守国家颁布的有关法律、法规，也要遵守特定公共场所和单位的有关纪律规定。

3. 职业道德

职业道德通常包括爱岗敬业、诚实守信、服务群众和奉献社会。每一个人不管求学的时间有多长，最后都要走入社会从事一定的职业，遵循具有职业特征的道德规范和要求。高校管理人员通过自己所从事职业的道德操守影响学生对职业道德的认知和理解。作为高校管理人员，首先要热爱自己的工作岗位，对工作负责，遵守所从事职业的道德操守。2011 年，教育部、中国教科文卫体工会全国委员会研究制定的《高等学校教师职业道德规范》明确指出六条职业道德规范“爱国守法、敬业爱生、教书育人、严谨治学、服务社会、为人师表”。管理人员应该对照这个职业道德规范约束自己。其次，要善于钻研，精益求精，尽职尽责。管理也是一门学问，并非简单地按制度办事，要善于针对新形势新情况，调整和修订原有的规章制度，完善工作流程等。诚实守信是中华民族的传统美德，是社会主义核心价值观的重要组成部分，是指从业者要真实并讲信用。办事公道即要求从业者要公平、公正，不损公肥私，不以权谋私，不假公济私。管理者和被管理者之间是平等的，来办事的学生无论是男是女，无论是富是穷，无论是学生干部还是普通学生，管理者都要公平地对待他们。奉献社会即要求从业人员在自己的工作岗位上兢兢业业地为社会和他人做贡献。中山大学制定了《中山大学关于建立健全师德建设长效机制的实施办法》，从师德宣传、教育、考核、监督、奖惩机制等规定了相关办法，构建了师德建设的长效机制。

4. 家庭美德

家庭美德是每个公民在家庭生活中应该遵循的行为准则。教育和引导学生理性看待爱情，正确处理好爱情与生活、学习和工作的关系，形成健康的恋爱观和恋爱心理；认识和掌握家庭美德，努力培养感恩意识，孝敬父母，关心家庭，形成尊老爱幼、男女平等、夫妻和睦、勤俭持家、邻里团结的观念。例如，在学生计划生育管理工作中，可以结合计划生育证明办理，增加宣传手册，视频学习等，充分地引导、倡导正确的婚恋观、育儿观。

5. 个人品德

社会公德、职业道德等都是以个人品德为基础的，只有具备了优良的个人品质才能由己及人，才能由己及家庭、集体和社会。提倡厚德仁爱、正直善良、求知进取、勤勉做事、自尊自强等个人品质，不断提高个人修养和境界。在学校里，教师和学生的学术道德建设也是个人品德建设中的重要一环，除了理论宣讲，还应从制度管理规范着手。可以通过学术规范和学术道德相关规定，制订不同学科的学术规范细则，编印典型警示案例，建立学位论文失范追究导师或指导教师责任制度，营造自律的良好学术氛围。

（二）法律法纪

法律法纪教育是管理育人强有力的手段。没有法律法纪，就没有管理；没有法律法纪教育，育人成效就会大打折扣。依靠法律规定、制度规范、纪律要求开展育人工作是高校管理育人最重要的组成部分。因此，管理育人内容的很大一部分在于纪律制度建设。管理育人内容不能一味地强化指令式、高压式的制度规范，而要根据国家法律法规的变化及时代的发展，关照和回应学生不断发展的现实道德诉求，修订和建设彰显人文管理特色的纪律规范和制度规范，规范和引导管理人员的行为，引导学生认同和遵守制度、纪律，实现道德的塑造和自我提升。

1. 法律法规教育

全面依法治国是我国的基本方略，需要每个人遵纪守法，树立规则意识。大学生应该了解公共生活领域中的各项法律法规，掌握一定的法律知识，树立正确的法治观念，培养法治思维，自觉遵守有关纪律和法律，并能够在日常的工作和生活中利用法律手段维护自己的合法权益，依法承担义务。政府应该完善教育法律法规体系，加快制（修）订教育规章，保障师生员工的合法权益。高校应该健全依法治校、管理育人制度体系，健全依法治校评价指标体系，深入开展依法治校创建活动，根据相关的法律法规制订各管理领域具体的规章制度。作为高校学生，必须要了解《中华人民共和国教育法》《中华人民共和国高等教育法》《普通高等学校学生管理规定》等相关法律规章，严守法律底线，遵守法律法纪，养成用法解决问题、依法办事的习惯。

2. 纪律制度教育

“制度是调整一定社会生活中人与人、人与社会之间关系或规定行为者行动的强制性规则体系，它蕴含着一定的价值追求，对人们的价值选择和价值取向有着重要的导向作用”①。夸美纽斯曾经说过“学校没有纪律便如磨坊没有水”，如果你从磨坊取去了水，磨坊便会停止；同样，如果你给学校去掉了纪律，你便算是去掉了它的原动力和力量。而学校的原动力和力量尤其需要通过管理育人去实现。

在学校层面上，要推进以章程为核心的现代大学制度体系建设，推进

① 冯永刚. 学校制度文化育人的价值意蕴及其实现［J］. 教育科学研究，2018（5）：89－92.

依法治校，促进学校治理体系的现代化，全面提升人才培养质量。大学章程的制订、发布和实施，形成了指导和规范学校各项工作的“宪章”和“基本大法”，它明确了学校与政府、社会的关系，规定了学校内部的治理结构，明确了教职工和学生的权利和义务，有助于保障高校管理的民主化和科学化，实现高校自主办学和自主管理。

同时，要完善以大学章程为核心的制度体系建设，丰富和完善学科建设、学术治理、学生管理、教务管理、科研管理等各方面的制度安排，完善学校治理体系，深入推进依法治校。加强人力资源管理制度建设，研究梳理高校各管理岗位的育人元素，编制岗位说明书；通过师风师德建设、绩效考核、薪酬管理等加强教师队伍管理。加强物力、财力保障管理，加强经费使用管理，科学编制经费预算，确保教育经费投入的育人导向；加强校园环境和治安管理，开展综合整治，营造适合学生成长成才的环境；引导制订、执行自律公约，丰富完善不同岗位、不同群体（包括学生宿舍、学生干部等）公约体系；引导师生培育自觉、强化自律。

健全完善学生管理制度，推进学生管理工作的法治化和科学化，进一步发挥规章制度的育人功能。一般而言，在学校里与学生直接相关的纪律规定包括学校学生管理规定、学籍管理规定、学生纪律处分办法、学生申诉处理办法、学生考试管理规定、学生住宿管理规定、大学本科新生入学资格复查工作实施细则、学年评优或综合测评规定、家庭经济困难学生认定工作办法等。管理者一方面要根据现实的发展调整和修订规章制度，使之具有合法性、前瞻性、规范性和可操作性。高校的各项制度必须与法律法规保持一致，不能逾越法律法规的规定，当与法律、教育行政法规相冲突时，要及时调整。在制订过程中，与学生利益相关的内容应该吸纳学生代表参与讨论，倾听学生的意见，把重点放在学生良好行为的引导上，强化教育导向作用，实现师生共同参与、管理和自我管理相结合。另一方面，要以宣讲、微信推文、公告等各种方式向学生宣讲相关的制度规定，促进

他们对这些规章制度的了解和掌握。同时，在制度执行、监督、检查的过程中，督促、指导学生自觉遵守、依规办事，养成良好的习惯，促使学生在认识、理解和遵守纪律、规则或要求他律的过程中，逐步内化道德、向往道德、拥有道德自主精神，进而实现道德自律。

三、自励体系教育

苏霍姆林斯基曾经说过：“我十分坚信，能激发出自励教育的教育，才是真正的教育。”自励就是自我鼓励以增强自信的行为，培养学生的自我教育和管理能力，旨在形成内心自发的驱动力，重在劝导、激励和体验。在管理育人内容中，自励体系教育包括人际交往、心理健康和网络道德。

（一）人际交往

马克思曾经说过：“人的本质不是单个人所固有的抽象物，在其现实性上，它是一切社会关系的总和。”① 人际交往是大学生日常生活的重要组成部分，反映了他们是非、对错的判断，是思想政治教育的重要内容之一。管理的本质和核心是沟通。管理的过程实际上是人与人的交往互动、人与物的联系。在管理活动中，管理者与被管理者形成了一定的交往关系，会产生人际交往。这些交往也有一定的道德要求，可以进行相应的道德教育。管理育人中的人际交往内容包含了人际交往的态度和方法。其中，人际交往的态度包括人际关系、合作精神、谦虚好礼、严己宽人等，人际交往的方法包括人际交往的特点、技巧、沟通的艺术及倾听等。帮助学生建立和谐的人际关系，在学生日常管理中，人际交往的教育和引导往往是管理好学生、解决学生问题的关键。近年来，校园突发事件频频发生，甚至出现危害生命、破坏公共财产的现象，如上海某高校研究生投毒案等。其实，这些突发事件，多数有规律可循的。作为管理人员，应该在日常管理中充

---

① 中共中央马克思恩格斯列宁斯大林著作编译局．马克思恩格斯选集：第1卷［M］．北京：人民出版社，2012：135.

当生生之间、师生之间的沟通桥梁，细心及早发现生生之间、师生之间的小摩擦，并及时沟通，防止事态的恶化。

（二）心理教育

心理教育是对被管理者进行有关心理健康方面的教育，培养被管理者良好的心理素质，促进他们全面而和谐地发展。一个有良好心理素质或者处于良好心理状态的学生，往往能够正确地看待成功与失败、矛盾与冲突，正确地对待自己的错误和失误，正确地认识世界和自我。在管理育人内容中，要有针对性地融入心理健康教育的内容，切实解决大学生的人际困惑、社会困惑等心理问题，引导他们学会调适心理平衡，增强应对挫折的能力，提高身心健康水平。管理者在管理过程中对管理对象进行疏导和心理教育，有利于调节管理对象的情绪，有助于解开思想疙瘩，直面问题，积极面对不足、失败、错误与挫折。以这样平易近人的方式避免单纯枯燥的“说教”和单一冷冰冰的“按章办事”。要引导和教育学生主动认识自我的优点和缺点，学会接纳自我并主动提升自我、发展自我；引导学生主动了解自我情绪变化以及情绪健康的标准，学会主动接纳自我的情绪，掌握调节情绪的方法和表达情绪的技巧，使自我保持良好的心境和健康的情绪；教育和引导学生理性认识和看待挫折与困难，激发学生应对挫折的勇气和决心，尤其是受到处分和批评时，要学会承受挫折，增强心理承受力，掌握走出挫折的方式和方法，实现在挫折中的发展和超越自我。加强对高校心理健康教育工作体系的管理，强化学校心理咨询中心、院系二级心理辅导站、班级心理健康委员的教育和指导。

（三）网络道德

随着信息化时代的来临，网络日益成为人们生活、学习和工作中不可或缺的一环。据中国互联网络信息中心（CNNIC）2018 年发布的第 41 次《中国互联网络发展状况统计报告》显示，截至 2017 年 12 月，我国网民规模达 7.72 亿，互联网普及率为 55.8%，学生群体占比为 25.4%，20～29 岁的网民占比最高，达30.0%。[①] 当代大学生是网络的原住民、主力军和生力军。随着高校信息化建设，云计算、移动互联、智能终端等新兴技术的广发运用，智慧校园发展迅速，高校管理中网络技术和平台的运用如火如荼，助推高校治理体系现代化和变革。不可否认，一些别有用心之人利用网络鼓吹推翻国家政权，煽动宗教极端主义，宣扬民族分裂思想，教唆暴力恐怖活动，利用网络进行欺诈活动、传播淫秽信息、进行人身攻击、兜售非法物品等，严重恶化网络生态。因此，互联网是意识形态工作的主战场、最前沿，意识形态领域许多新情况新问题往往因网而生、因网而增，许多错误思潮也都以网络为温床生成发酵。在网络空间赢得青年学生，坚决打赢网络意识形态斗争，是高校管理育人十分重要的一环。高校管理育人也要紧跟时代发展，配合国家政府依法加强网络空间治理，注重青年学生的网络道德培育，在学生中培育积极健康、向上向善的网络文化，用社会主义核心价值观和人类优秀文明成果滋养青年学生，让青年学生成为营造正能量充沛、主旋律高昂、风清气正的网络空间的生力军、主力军。通过网络道德培育，调节网络空间中人们的网上行为规范、评价选择等。管理者和学生都应该正确使用网络，健康地进行网络交往；要使学生明确网络道德标准和行为，自觉遵守网络道德；倡导学生合法守纪地在网络中发布信息和个人观点，积极引导网络舆论；提高学生分辨、处理和利用信息的能力，加强网络道德自律规范网络行为。

（四）生命伦理教育

生命伦理教育是依据个体生命特征及其发展规律，使受教育者领悟生命的本质、价值和意义，树立尊重生命、热爱生命的价值理念，从而捍卫生命的尊严，激活生命潜能，提升生命品质，实现生命价值。其中最主要的是生命教育和安全教育。要基于生命的有限性进行敬畏生命教育，教育

① 2018年第41次中国互联网络发展状况统计报告[EB/OL].(2018-02-03)[2018-11-02].http://www.sohu.com/a/220673381_491971.

和引导大学生树立科学、正确的生命观，知晓生命的可贵，珍惜生命，敬畏生命，形成对生命的热爱、珍惜和尊重，并能主动维护生命的权利；要依照相关法律法规，制订各种安全管理的规章制度，开展安全规章和纪律、安全知识与防范技能的教育和管理活动，加强校园内外治安整治及校园安全管理，强化安全隐患排查，教育引导大学生注意政治安全、人身安全、交通安全、校内外活动安全等。例如，华南师范大学某学院把生命伦理教育融入日常管理之中，通过学院领导走访、辅导员检查等形式，开展日常的宿舍安全隐患排查，专门编印了《宿舍安全提示》，针对遇险求救、正确使用消防设施、不安全用电行为等列出了详细的说明。这既是具体的管理行为，也在实施管理过程中给学生传递珍惜生命的理念和传授遇险自救的基本技能。

大学生自杀预防是高校管理育人生命伦理教育面临的一个重要课题。大学生由于社会生活阅历不足，情绪意志尚未稳定，在环境变化、学习挫折、就业困难、人际关系紧张、恋爱失败等因素作用下，易产生自卑、失望、绝望、报复等心理，甚至出现自杀行为。自杀是挫折社会现象的极端行为。挫折理论认为，引起挫折既有自我条件、能力与自我期待之间矛盾的个人起因，也有包括自然环境影响和社会环境影响的环境起因。因此，应对自杀等挫折问题，既要加强学生生命伦理教育，也要在管理中时时、处处关注学生心理健康问题，体现深厚的人文关怀，及时发现和化解学生思想、生活、心理等问题，防范问题由于长时间积累而导致的由量变向质变的转化。在管理方式上，既要严格要求，也要消除压抑的气氛，尽可能减少由于管理严格给学生造成的负面心理影响。同时，要在管理上留给学生一定的情绪宣泄的空间，通过管理者的关心、疏导、帮助，使受挫折学生转换挫折情景，缓解挫折的负面影响，增强克服困难的信心和勇气。

第三节　案例分析：华南师范大学的学生荣誉奖励项目品牌化

荣誉奖励是指一定社会、集体对人们履行社会义务的道德行为的肯定和褒奖，受奖者由此在内心获得一种价值认同和情感上的满足。它是特定人从特定组织获得的专门性和定性化的积极评价。[①] 以华南师范大学为例，其创新学生荣誉奖励体系，有助于通过奖励将外部要求转化为学生自我成长的要求与动力，同时榜样的力量具有价值导向和激励引导作用，能激发广大学生积极向上、向善，形成良好的道德观念和行为。学生的思想和行为发生变化是一个复杂的动态的过程，加强荣誉奖励管理，利用荣誉奖励时机，充分发挥管理与思想教育合力作用，能使管理育人收到预期效果。

一、现行荣誉奖励体系存在不足

不少大学现行的荣誉体系存在以下问题：一是强调综合性内涵，针对学生学习专长缺乏关注，不能满足学生的个性化的激励需要；二是奖项内涵空泛，缺乏针对性；三是存在评审漏洞，如班级摊派指标、学生评学生、教师把关不严等，使评审缺乏公信力，减低了荣誉奖励的育人功能。因此构建完善、科学的高校学生荣誉奖励体系，成为高校管理育人的当务之急。

二、精心设计荣誉奖励体系项目

华南师范大学加强荣誉奖励体系设计，设立了如下荣誉奖励项目。

（1）学习创新奖励、奖学金体系，包括创新奖、优秀学生奖学金等奖励，以及国家、企业等设立的各种形式的奖学金，如章文晋奖学金、叶圣陶奖

① 王丽萍．论基于校训的高校学生荣誉体系之构建［J］．黑龙江高教研究，2008（8）：107－109

学金等。

(2) 学生干部奖励体系，如优秀学生干部、优秀班长、优秀团干、优秀团支书等。

(3) 社会实践奖励体系，如暑期社会实践先进个人、暑期社会实践先进团队、勋章志愿者奖等。

(4) 专项群体奖励体系，如毕业生荣誉奖学金、雪莲奖学金（针对少数民族全日制本科学生、预科班、定向学生），台湾、港澳及华侨学生奖学金。

(5) 集体奖励体系，如先进班集体、优秀班集体标兵、先进团支部、文明寝室等。

三、以精细管理强化荣誉激励制度效能

学生荣誉奖励体系要产生积极的育人作用，还需要建立相应的辅助体系。一是优化荣誉奖励评价标准，营造荣誉奖励评价的公平环境，教师加强荣誉评价标准的衡量和监督，学校设立荣誉评审审核环节，对参评人的申报材料的真实性、基层评比的合理性、评比结果的公开性进行审查，以保证评审过程的公正、公平、公开，保证荣誉奖励的价值性。二是创新荣誉奖励表彰和宣传方式。通过正式而庄重的荣誉授予典礼仪式，使学生获得价值认同和自豪感，同时也激励其他学生积极上进，如每两年一次的“榜样华师”学生表彰大会暨颁奖典礼、一年一度的校团委“五四”表彰大会、一年一度的大学生社会实践表彰大会；在网站上公布荣誉学生名单，组建获奖学生宣讲团，到全校开展宣讲，通过微信、新闻等在学校里广泛宣传；运用品牌化运作，如“榜样华师”学生荣誉奖励体系将事迹访谈、成长历程、获奖感悟、父母师长心得体会等融为一体，通过专题视频再现风采、宣读颁奖词、现场颁奖、手机直播现场相结合的形式，展示华师优秀学子风采，激励了一批又一批大学生努力成长成才。

第五章
高校管理育人的途径

高校管理育人目标的实现有赖于建立一定的途径，管理育人途径是管理育人工作的具体承载，也是实现管理育人目标的现实条件。全国高校思想政治工作会议强调思想政治工作要实现全员育人、全程育人和全方位育人，其中全方位育人包括了高校管理育人的方方面面，高校要进一步拓宽管理育人的途径，不断提高管理育人水平。

第一节 高校管理育人途径的内涵

高校管理工作具有明显的复杂性和动态性，长期以来，高校对于如何运用好管理育人途径缺乏深入研究和必要的理论指导，其整体功能得不到有效发挥。针对当前高校管理育人途径运行中存在的问题，应理性认识和自觉把握管理育人途径的内涵及其运行的内在规律，构建科学合理、体系完备、运行有效的高校管理育人的途径。

一、高校管理育人途径的内涵

途径，一般指方法、门道、路子等，通常用于描述抽象事物。如果某一件事物能使另一件事物发生改变，两者之间便有了联系，而彼此联系的两者之间产生联系的方法和门道，通常被称之为途径。按照这种思路，高校管理育人的途径主要是指高校各级各类管理机构或管理者通过管理的各个环节完成育人任务、实现育人目的的工作方法和渠道。譬如，高校管理者可以通过教学过程的规范、专业布局的优化、专业内涵的提升实现育人的目的；可以通过科研管理制度导向、研究性学习模式实施、科研管理机制运行达到管理育人目标；也可以通过现代大学制度构建、学生事务管理、生活管理服务质量提升等方式途径，改变学生的思想和行为，达到育人目的，促进学生的全面发展。

高校管理育人途径是落实育人目标任务的核心环节，高校育人目标的达成，离不开有效的途径。显然，高校管理育人途径从本质上讲只是一种方式和手段，必须在实践过程中丰富其内涵。需要高校管理者具备相应的能力素养，更需要高校管理者转变理念，拓展思路，持续探索。

二、高校管理育人途径的实施原则

高校管理活动无处不在，管理育人的途径也是全方位的。实施多途径的管理育人应做到科学组织、相互融通、有效落实。在这个过程中，应重视以下三个方面的问题。

（一）制度保障

规章制度是高校教职工和学生必须遵守的行为规范和准则，是高校管理育人的基本依据。建立健全规章制度是保障管理育人工作取得良好效果的基本前提。高校管理育人的途径是否有效，或者说管理育人目标能否实现，与规章制度是否完善和是否有效落实有着密不可分的关系。规章制度的缺乏或不完备，会导致育人目标的分散、育人机制的迟缓。因此，高校需要持续构建和完善大学章程、学生学籍管理制度、学生日常行为规范以及其他与学生发展紧密关联的管理制度，并要有与之配套的管理、实施、监督、考核等体制机制，明确育人职责、规范育人行为、评价育人效果。

（二）科学选择

高校管理育人的目标具有层次性、差异性等特点。在这个过程中，应结合不同阶段的育人目标，科学有效地选择育人途径，以达到良好的育人效果。以华南师范大学师范生教育实践目标培养为例，师范生大学一、二年级的教育实践培养目标是对教师职业的“感悟”和对教育教学方法的“领会”，因而实现的主要途径是通过相关教学管理制度的规范和完善，鼓励学生通过访谈中小学教师、到中小学学校观摩等方式，了解课堂教学组织与方法，体验教师课堂教学风采，了解中小学生学习心理与课堂表现，为后续训练积累感性认识和经验；大学三年级的教育实践目标是“掌握”，主要实现途径是通过建立健全竞赛体系和实践教学体系，要求每个师范生通过模拟教学、微格训练、参加师范生技能系列竞赛等活动掌握教育教学技能，为后续教师角色扮演奠定基础；大学四年级的教育实践目标是“提升”，主要实现途径是实践教学体系的完善、科研管理制度的导向、研究性学习模式的实施等，要求师范生通过深入中小学现场进行教师角色扮演，进一步强化“热爱教育、服务教育、贡献教育”的理想，提升教育教学技能水平，为后续职业发展积累经验①。

（三）相互结合

育人目标通常不是依靠单一途径便能达成的，而是需要根据不同阶段目标层次的差异性，综合地运用多种途径加以实现。在管理育人过程中，将多种途径加以融通结合，不断丰富育人途径的内涵，可以提高整体效应，

---

① 张伟坤，林天伦，熊建文．“一体三维多元”师范生实践能力养成机制：构建与实践［J］．青海师范大学学报（哲学社会科学版），2017（2）：156－160.

保障各项育人工作顺利开展，使管理工作在教师的教与学生的学之间起到良好的桥梁纽带作用。

第二节　高校管理育人途径的类型

高校管理育人途径的确定，要基于对高校管理育人实践活动的本质认识和立德树人的根本需要。高校管理育人涉及高校管理方方面面，形成了众多的育人途径。总体而言，教学管理育人、科研管理育人、行政管理育人、学生事务管理育人、生活管理育人等都是不可或缺的重要途径。

一、教学管理育人

教学管理育人在高校管理育人中占有非常重要的地位，是营造一个有广泛内容、在一定空间范围内起到引导、督促作用和保证教书育人正常开展的环境条件。本节所谈的教学，主要是指本科教学。

（一）教学与本科教学

教学是教育活动中最基本的概念之一。王道俊认为，教学主要是指在教育目的规范下的学生的学与教师的教共同组成的一种教育活动。[①] 叶澜教授则认为，教学是以学生掌握知识为直接目标所展开的师生双边的交往活动。[②] 这两个关于教学基本概念的界定，与《教育大辞典》对教学所下的定义基本一致。

本科教学属于教学的下位概念。大学教学过程与普通中小学相比，虽然也是由学生、教师、教学手段和教学内容等基本要素构成，但这些基本

---

① 王道俊，王汉澜．教育学［M］．新编本．北京：人民教育出版社，1989：178.

② 叶澜，郑金洲，卜玉华．教育理论与学校实践［M］．北京：高等教育出版社，2000：287.

要素在教学过程中的活动机构与相互关系是有区别的，即本科教学具有专业性、探索性和实践性等基本特点。一方面，高等教育培养高级专门人才的基本任务，使本科教学具有专业性的特点；另一方面，本科教学除了知识传授外，还肩负学生探索新知及发现未知的能力的培养任务，因而具有探索性；再一方面，本科教学是学生进入职业、走向社会的重要阶段，具有较强的实践性。①

（二）本科教学管理与本科教学管理育人

加强教学管理、深化教学改革是当今世界高等教育发展的客观要求，也是世界各国高校在高等教育改革中共同研究与思考的课题。教学管理的概念有狭义与广义之分。宏观层次即广义的教学管理主要指政府教育行政主管部门对各级各类学校及其他教育机构教学的组织、管理和指导。微观层次即狭义的教学管理主要是指普通高校管理者遵循教学和管理活动的基本规律，对教与学双边活动进行规划、管理、组织、协调、控制和评价，使其达到既定目标的活动或过程。② 本章探讨的教学管理主要是微观层面的，即普通高校自身开展的教学管理活动。根据教育部《高等学校教学管理要点》（高教司〔1998〕33 号），教学管理的基本内容一般包括教学计划管理、教学质量管理与评价，以及学科、课程、专业、教学管理制度等教学基本建设的管理。

本科教学管理育人主要是指高校管理者在遵循教育基本规律对教学双边活动进行规划、管理、组织、协调、控制和评价过程中，通过合适的方式方法完成育人任务、实现育人目的的工作渠道。在本科教学管理育人过程中，管理人员要注重过程管理与目标管理相结合、刚性管理与柔性管理相结合、信息化管理与现代化管理相结合等多元化的管理方式，避免过于依赖单一的行政管理方式。

---

① 郭冬生. 大学教学管理制度论［M］. 北京：高等教育出版社，2005：21.

② 郭冬生. 大学教学管理制度论［M］. 北京：高等教育出版社，2005：22－24.

（三）本科教学管理育人的主要方式及思路

1. 专业内涵建设与管理育人

（1）提升专业内涵建设，明确管理育人理念。

从国家相关政策及文件的精神可以预判，在未来较长一段时间内，质量、结构、内涵将成为高等教育发展的关键词，提升专业内涵建设、调整高等教育结构、提高高等教育质量将是主趋势。对于高校而言，学科建设与专业建设反映和代表着一所高校的人才培养质量及总体办学水平，因此，这是高校管理过程中最重要的工作内容之一。通常而言，学科建设是一所高校专业建设的基础，较为侧重科研与创新，其出发点是提高科研创新能力，形成有竞争力和有特色的科研成果，最终走向对科研文化的创新与继承；专业建设则更注重人才培养，其中心是提高教学质量，培养高素质的人才。因此，专业的内涵建设，关涉育人理念和育人目标的内容及方向。高校可以通过创新专业建设思路、优化和改进教学及考核方案、完善专业建设政策制度等，加强专业内涵建设。同时，努力提高培养目标与培养效果的达成度、教师和教学资源条件的保障度、教学和质量保障体系运行的有效度，达到管理效果，明确育人理念，最终实现育人目标。

（2）优化专业布局，明确管理育人思路。

高等教育将扮演日益重要的角色，《国家中长期教育改革和发展规划纲要（2010—2020年）》等相关文件指出，到2020年，高等教育要“特色更加鲜明，结构更加合理”，同时，要求高等教育的发展“应适应国家和区域经济社会中长期发展需要，构建动态调整机制，持续改进和优化高等教育结构”①。因此，学校在管理过程中，应将专业规划作为育人过程中的重要内容进行重点设计，要紧密结合国家发展战略、区域产业结构调整和战略

① 中华人民共和国教育部．国家中长期教育改革和发展规划纲要（2010—2020年）[EB/OL].(2010-07-29)[2010-10-01]. http://www.moe.gov.cn/srcsite/A01/s7048/201007/t20100729_171904.html.

性新兴产业发展需求，优化专业结构，改革专业申报与管理办法，实行专业评估，建立科学合理的专业准入机制和退出机制，从而明确管理育人思路，达成管理育人目标。

（3）修订人才培养方案，完善管理育人体系。

人才培养方案在育人过程中起着重要的方向性作用，需要与时俱进，适时修订。高校需要顺应时代对人才培养的要求，适时调整人才培养方案，体现管理育人机制的规范性和动态调整性。此外，人才培养方案需要着眼变革，凸显特色。以综合性高水平大学为例，人才培养方案要凸显复合型、创新型人才培养特色。一是要深化分类培养。尊重学科差异、专业特色和学生志趣，因材施教，丰富人才培养模式，体现管理育人体系的多元性。二是要推进通识教育。在育人过程中，通过努力探索“大班讲授 + 小班研讨”教学模式，经过若干年建设，要基本达到公共选修课通识化的要求，体现管理育人机制的持续性。同时，在育人过程中，要加强实践教学，可以通过增加实践教学比重、创新实践教学方式方法、提升学生创新意识等措施实现管理育人的实践性。

2. 课堂教学规范与管理育人

高校应坚持课程在本科教学资源中的核心地位，依托优势学科、平台、专业等资源推动各类课程建设，并通过管理规范教学大纲、创新教学方法，开展协同式教学等多元方式，提高课堂教学质量，达到协同育人目的。

（1）规范制定教学大纲，重视育人导向。

学校教学大纲是配合培养方案实施的，起着规范育人过程的重要作用，应注重指导性和可操作性，突出学科、专业、课程特色，优化教学内容、教学方法和教学手段，如此才能达到较好的育人效果。考虑到课程组织形式的差异，教学大纲模板设计通常可以细分为五种类型：理论课程（无实验、实践环节）、实践课程（含非独立实验、实践环节）、独立实验课程、专业实习、课程设计。规范教学大纲模板设计是高质量教学的基础，也体现出对管理育人质量的要求。因此，需要根据知识学习的难点、重点和知识掌握的深浅要求，鼓励运用过程性评价和总结性评价相结合的考核方式，最终提升管理育人效果。

（2）鼓励企业（行业）参与教学，推广协同育人。

建立协同育人基地，开展协同教学活动。高校应主动借鉴企业（行业）经验，积极探索与企业（行业）合作设置课程的育人方式，开展协同教学，共同管理和培养人才。例如，创建“课程体系、实践基地、创新研究”三方协同的教学体系，以培养学生的动手能力、解决实际问题能力为目标，推进创新创业教学管理工作，提高人才培养质量。同时，考虑在培养方案中设置专业方向模块课程，根据企业（行业）人才需求，为用人单位开设对口的专业选修课，实施为学生量身定做的“订单式”人才培养服务，实现毕业生、企业、高校三方共赢的局面，达到协同育人目标。

（3）鼓励技术创新教学，拓宽育人手段。

高校的校园网络建设通常已具备了开展信息化教学所需的基础条件，教室一般都配置了开展信息化课堂教学的基础设施。为鼓励教师和学生自觉使用信息技术创新教学和学习，高校需要出台保障制度及激励政策，开展校本教师信息化教学能力培训工作，使教师在课件素材的收集与处理、多媒体课件的设计与制作、网络课程的建设以及利用信息技术创新课堂教学等方面的能力得以提高，进而间接促进学生信息化素养的提升。例如，在通识教育课程中自主使用 MOODLE（Modular Object-Oriented Dynamic Learing Environment，模块化面向对象的动态学习环境）、博客、QQ、微信等数字化互动平台，共享电子化学习资源、布置和提交作业、开展小组研讨等方式，通过线上线下相结合学习模式的推动，促使学生自主学习、合作学习的趋势不断增强。

3. 实验实践教学与管理育人

实验实践教学是培养学生创新能力和实践能力的“切入点”，是体现管理育人效果的重要内容。高校可以通过完善实践教学体系、丰富内涵、优化管理、增强实践教学体系的开放性和自主性等方式，达到管理育人目的。

（1）逐步完善实践教学体系，优化管理育人过程。

以华南师范大学为例，学校提出“构建多层次实验实践育人体系”后，陆续实施了一系列实践教学改革措施，包括实习模式改革、暑期境外实践探索、实践教学优秀奖评选、创新研究性实验课程建设、学科竞赛体系改革等，使实践教学体系在继承中优化发展，逐渐形成了分层次、模块化、全过程的“3 + N”自主型实践教学体系，优化了教学管理过程，达到了管理育人的效果。

（2）拓宽实践教学育人实施路径，注重学生自主能力培养。

在通过实践教学体系达成育人目标的过程中，高校一方面要严格执行实践教学大纲，依据大纲要求培养学生实践创新能力；另一方面，要分层次实施各类实践课程，构建“基础实验—专业实验—综合与创新实验”三层次实验课程体系；再一方面，要不断丰富课外实践教学。通过系统化建设，在管理育人的效果上，至少使学生初步形成“四个自主支撑”。一是自主参与。学生可根据个人兴趣，自主选择，自主组团申报课外科研立项、大学生创业基金项目等，这个过程增强了学生的自主参与意识和团队协作精神。二是自主管理。高校公共计算机房、课外科研创新基地、实验教学示范中心、画室、琴房、创业实践基地等，通过实行专人管理与学生自主管理两种形式，保障学生自主实践需求，锻炼了学生自主管理的能力。三是自主训练。学生可在导师指导下开展自主训练，这个过程加强了对各类型课外实践活动的过程监控，支持学生逐步养成自主实践、自主训练的良好习惯。四是自主申请学分。学生在自主完成相关实践训练后，可自行申请认定相应学分，这个过程提升了学生的自我成就感。

4. 完全学分制建设与管理育人

学分制是衡量某一教学过程（通常指一门课程）对完成学位要求所做

贡献的一种综合性的教学管理制度。对学生学习活动的质和量均做出了明确规定，因而是现代大学制度改革的重要领域。

（1）通过自由选课制强化学生的自主管理。

自由选课制是学分制的制度基础。自由选课制也包含育人的元素，通过自由选课制的管理，一方面有利于要求教师遵循“学生中心、可持续发展”的理念，尊重学生的个性发展；另一方面有利于强化学生的自主管理能力。在自由选课制下，学生可以自由设计学业进程，自主选择所需课程，满足自身多样化的学习需求。

（2）通过弹性学分制实现学生差异发展。

学分制从本质上讲是一种适应学生个性差异的弹性学习制度，在提升学生创业能力和培养学生创新精神等方面有独特优势。一般情况下，高校规定本科教学标准学习年限为 4 年，通过实施以学分制为基础的弹性学制，允许学生在 3 至 6 年内完成学业。学校在实际教学过程中也允许学生通过休学去参加各种创新创业实践或体验职场经历。在弹性学制下，学生选择学业进度的自由得以扩大、选择学习内容的多元性得以增强、参与创新创业实践机会得以增多，也就为其差异发展提供了可能。

（3）通过双学位制（主辅修制）拓宽学生发展渠道。

双学位制又称主辅修制，主要是指本科生在学有余力的前提下，允许主修一个本科专业外再跨学科门类辅修另外一个本科专业。1993 年，《关于进一步深化普通高等学校教学改革的意见》将主辅修制作为与学分制并列的一种教学管理制度。据此，国内高校也普遍开始将主辅修制作为完善学分制改革的基本教学管理制度。通过主辅修制的管理制度，学生不仅可以获得主修专业的学位和毕业证书，还可以通过个人的努力，获得辅修专业的学位或辅修专业毕业证书。这体现了高校育人理念和模式的多元化，提升了学生的综合素养，也拓宽了学生的发展渠道。

二、科研管理育人

科研管理育人是管理育人的重要维度，通过把思想价值引入科研工作规划、科研资源配置、科研评价体系等科研管理功能中，在组织指导和协调管理科研活动过程中不仅培养学生科研精神和科学素养，还培养他们的科研道德，引导他们形成至诚报国、严谨治学、诚实守信、坚韧不拔的精神品质，切实发挥科研管理育人的功能。

随着高等教育发展和完善，高校科研活动的比重越来越大，加强科研管理育人越来越成为高校人才培养的内在要求，也是新时代高校立德树人改革、发展、创新的重要手段。

（一）科研管理育人的基本概念

科研管理育人，简单来说，就是通过科研管理过程来育人。高校的科研通常具有多专业、多学科的特点，而高校的科研人员和科研团队也通常担负着科研和育人（教学）的双重任务。高校的科研管理通常包括科研经费管理、科研计划管理、科研的情报与档案管理、科研成果管理等内容。高校科研管理育人，主要是指管理机构或管理者在规划、指导和组织教育科学研究以及推广科研成果等管理活动过程中，遵循科学研究的自身规律和特点，通过管理的各个环节完成育人任务、实现育人目标的各种工作渠道。高校需要通过制订和完善科研管理育人制度，鼓励科研促进人才培养，探索研究性学习方式和育人模式，把科研管理与全面提升学生的思想品德紧密结合，达到管理育人的效果。

（二）科研管理育人的主要方式及思路

1. 科研管理制度导向与管理育人

美国教育家杜威倡导“做中学”，这是高校科研与教学相比较最大的特点。高校要鼓励教师引导学生参与科研项目研究，通过科研活动来培养学生的思想品德和健全人格。在管理育人过程中，高校需要充分利用各学科科研优势，通过加强科研管理育人制度的顶层设计，让教师通过研究型教学或者直接指导学生参与科研活动达到育人目的，让学生通过参与科研提升综合素养。一是在各类拔尖培养模式中推行以“研究性学习”为主线的教学策略，遵循“少而精”的课程设置原则，注重讲授、自学、研讨和研究相结合。二是实施研究型教学，实现课内研究性学习与课外研究项目训练相结合、导师制与项目制相结合、体验与训练相结合。鼓励优秀的教师参与本科研究性教学，鼓励学生直接亲身参与科研实践和探索，充分利用科学研究本身蕴含的丰富的育人因素，引入社会主义核心价值观，引导学生在科学探索的过程中逐渐形成勇于挑战、百折不挠的科学探究精神，以及继承老一辈科学家爱国奉献、淡泊名利的科学品质；运用信息技术支持研究型教学和数字化学习，强调学术英语能力和国际交流能力的培养等。三是在岗位职责、职称评聘、优秀教师评选办法等基本制度上鼓励和保障教师进行研究型教学，在制度和经费上对学生进行研究性学习模式加以鼓励。

2. 研究性学习模式实施与管理育人

首先，在“研究性学习”理念指引下，考虑探索小班模式的各类人才培养创新班。班级规模一般控制在 20～30 人左右，采用小班研讨的方法，大部分课程实施“讲授+研讨”的小班教学。例如，课程以教材中的某一章节为单位，结合经典文献阅读和小班讨论的方式，进行互动式、启发式教学，采取教师导学、学生阅读、师生研讨、小论文写作、成绩评定等步骤进行教学。

其次，设置各类研究性学习课程。在课程内容上，通过修订培养方案，改革课程结构，引导各学院在专业课程中设立方向模块或创新学分，鼓励科研团队将科研成果转化为本科课程，形成四年一贯、阶梯式的科研素养培养计划（包含研究基础课程、自设研究课程、应用实践等部分的研究性学习课程）。同时，结合导师制和项目制，开设系列基于问题及项目的研究性学习课程。

再次，通过与国内外大学建立合作制度，以“课程修读 + 科研训练”的方式，选拔部分优秀学生进行联合培养、交换培养、协同培养。探索“学校—学校”“学校—研究院”等联合培养模式，借助学校（学院）与研究院联合培养平台，系统实施基于问题及项目的研究性学习模式。

此外，探索分层次的创新创业训练计划及合作探究制度。譬如，一是以国家级、省级、校级、院级四级“大学生创新创业训练计划”项目体系建设为基础，在通识教育课程中设立“大学生创新创业研究课程”学分，激励学生参与高水平科研训练；同时，在实验课程中设立综合性实验、设计性实验和研究性实验，鼓励学生自主设计、合作探究，在本科生中开展实验室轮训制度等，鼓励本科学生尽早进入实验室、研究所接触科研团队，并参与科研项目，有效实现科研与教学的融通。二是探索“启发式、引领式、探究式”的教学方法，执行“逐层过关”的考核方式。此外，在本科学生中探索完善“双导师制”。高校通过以上措施途径，提升学生科研探究能力，达到管理育人目标。

3. 科研管理机制运行与管理育人

在管理育人的总体理念下，要确保科研管理育人路径行之有效，必然要构建和完善科研管理育人运行机制。

一是要建立科研管理育人的机制。探索构建符合学术发展规律的科研管理机制，发挥领导机制的动力、引导和基本组织保障的重要作用。在科研管理育人过程中，一方面需要成立领导小组，具体组织领导学校和各学院的科研管理育人工作；另一方面，要明确职责，完善学校的科研管理育人的内容和目标、途径和方法、激励和评价体系等，并形成制度化文件，积极完善公平、合理的科研制度基础。

二是要丰富科研管理育人的环境资源。高校科研管理育人的环境资源包括所有有利于提升学生科研能力的物质及精神资源。不仅包括校园环境建设、实验室环境建设、实验设备和条件等，还包括高校对学生科研氛围的营造、学生参与研究性学习的鼓励、教师进行研究性教学的支持、科研资源合理配置等方面，为师生营造良好的学术生态，创造宽松的科研环境。

三是要建立健全科研管理育人的激励机制。建立和完善激励机制是提升科研管理育人效果的基础和保障。在探索研究性学习育人模式过程中，应该建立和完善相应的激励制度，通过评选、表彰、宣传等方式，树立导师、学生先进典型，强化师生严守学术道德、科研自律的意识，把科研活动与学术思想品德养成紧密结合，在科学研究过程中潜移默化地养成良好的学术道德和思想品德。

四是要规范科研管理育人的评价机制。2018 年，中共中央办公厅、国务院办公厅印发的《关于进一步加强科研诚信建设的若干意见》特别强调“突出品德、能力、业绩导向，注重标志性成果质量、贡献、影响，推行代表作评价制度，不把论文、专利、荣誉性头衔、重数量轻质量、‘一刀切’等倾向”①，这些政策意见对我国高校完善科研评价体系具有重要指导作用，对高校科研管理育人也有价值导向作用。高校科研管理育人要扭转过去不科学的评价标准，充分发挥评价机制在育人工作中的指挥棒作用。

三、行政管理育人

行政管理育人是高校管理育人的基础工作，行政管理育人的质量和效率直接影响管理育人的功效。只有行政管理工作紧密结合育人工作，才能形成育人工作齐抓共管的局面，突破传统管理工作与思想政治教育“两张皮”的弊端，从而促进高校育人工作健康发展。

---

① 关于进一步加强科研诚信建设的若干意见[EB/OL].(2018－05－31)[2010－07－29].http://www.moe.gov.cn/jyb_xxgk/moe_1777/moe_1778/201805/t20180531_337857.html.

（一）行政管理育人的基本概念

行政管理是高校功能实现的保障。行政与管理是两个相近的概念。在我国，行政有两个含义："执行国家赋予的权利而言" 和 "机关、企业、团体内部的管理而言"[①]，行政、行政管理，是行政管理学的基本概念，其含义在理解上也略有差异，行政强调政府主导、权力控制的 "管理"；管理强调战略效率，上下互动，科学化的 "管理"。行政管理是行政与管理两个概念的组合，丰富了行政概念原有的内涵。一般作为一种管理手段、一种管理途径。"行政管理在大学管理中的应用，其初衷在于提高大学管理的效率，确保大学有效实现其组织目标，更好地实现其功能和使命，从这个意义上而言，大学行政本质上只是一种实现大学组织目标的管理模式和管理方法"[②]，在一些情况下，行政和管理被作为同义词交叉使用。

本节所谈的行政管理主要指高校内的行政管理活动，高校行政管理育人是指高校各级行政管理部门或管理者在对学校事务进行计划、组织、指挥、协调、控制、改革和监督等管理活动的过程中，完成育人任务及实现育人目的的各种工作渠道。

（二）行政管理育人的主要方式及思路

为适应我国市场经济体制和高等教育发展的需要，推动高等教育治理转型，通过管理制度创新来增强我国高校的自主创新能力。《国家中长期教育改革和发展规划纲要（2010—2020 年）》提出探索和建设我国现代大学制度，强调大力推进依法治校、依法办学，落实和扩大自主权，完善高校治理结构等。现代大学制度包括大学与政府、社会的相互关系以及大学内部治理结构。从要素来看，现代大学制度，包括高校的领导体制、组织机构和规章制度等三个方面。现代大学制度弘扬了学术本位的精神，保障了高

---

① 萧宗六. 学校管理学［M］. 增订本. 北京：人民教育出版社，1994：8.

② 钟秉林. 关于大学 "去行政化" 几个重要问题的探析［J］. 中国高等教育，2010（9）：4 - 7.

校的学术自由、民主管理与科学决策，推动组织结构、制度、文化等方面的创新和发展，促进高校内涵式发展，有力保证了管理育人成效。

1. 高校的领导体制与管理育人

高校的领导体制，实质上是高校由“谁来领导”的根本制度问题，只有领导体制恰当，高校管理和管理育人工作才能有条不紊、高效率地发展。我国高校实行党委领导下的校长负责制，这一高校的领导体制是经历了多次变革、总结以往多次经验的基础上做出的现实选择。简单而言，就是确立党领导高校的根本制度。这是中国特色社会主义大学所决定的，我国宪法规定，中国共产党是中国特色社会主义事业的领导核心。高校作为一个特殊的学术机构，肩负着培养中国特色社会主义事业的合格建设者和可靠接班人的责任，也担负着创新驱动社会发展的重任。能否培养出担当民族复兴大任的时代新人，不能只靠一两个行政领导说了算。党委受党和国家的委托，对全面贯彻落实党和国家方针政策、把握大学发展方向、适应高等教育改革的步伐等，具有政治核心和保障监督作用。现代大学制度创新还体现在，重新确立了政府、社会、大学以及大学内部的关系，在坚持党委领导下的校长负责制的框架下，形成政府宏观管理与监督、市场适度调节、高校自我约束发展的机制。

随着我国高等教育管理体制改革的深入，高校现代大学制度建设迈上新征程，逐步形成“党委领导、校长负责、教授治学、民主管理、社会参与”的治理关系，大学内部政治权力、学术权力、行政权力和民主参与权力逐步清晰，大学与学生发展的关系也得到进一步明确，使得高校管理遵循大学运行规律、围绕学术为本的逻辑来展开。现代大学制度的构建，体现了依法管理的精神，保障了高校科学决策和管理高效；利益相关者参与管理高校，充分尊重了师生的价值、尊严和权利，对于达成学生心理共鸣、情感交融、和谐健康成长至关重要。

2. 高校的组织机构与管理育人

高校的组织机构在管理育人过程中发挥着基础性作用，为高校教育教学活动的正常有序运行提供了组织保障。高校能否实现育人目标，与这个高校组织系统是否健全、各个组织系统之间能否协调运转有很大关系。高校内部一般采用校、院、系组织架构，校是育人工作的决策中心，院、系是育人工作的质量中心，但是在实际运行中，院、系承担大量的教学、科研和育人功能，而可支配的人、财、物的资源较少。传统的科层制组织架构，权力集中在学校一级，或者集中在政治权力和行政权力，学术权力被淡化、弱化或者替代，造成学校办学功利化，师生被客体化，育人功能被异化。高校常见的组织形式是直线性结构和职能结构交叉。从校、院、系自上而下是一种直线式职能，由于层级高耸，校级制订的学生培养规划和育人管理易出现有效信息逐层递减，造成基层组织的管理真空、权力缺失。高度集权实行自上而下的管制，过于强调统一管理的模式，强制学生执行和服从，忽视学生的差异性和个性发展，往往难以调动师生的积极性和主动性。从横向职能看，管理育人工作分散在教务处、学生处、校团委、研究生处、组织部、财务处等部门当中，属于职能结构组织形态，这种职能组织形式，易存在“政出多门”，造成育人权责划分模糊，难以形成统一的目标、统一的任务，直接影响育人工作的整体效率和管理育人水平。

构建“以学生为中心”教育理念是20世纪90年代兴起的育人理念，日渐受到我国高校的重视。“以学生为中心”教育的目标是将学生培养成人——完整的、全面发展的“全人”①。高校要始终把学生的学习、成长与发展放在首位，把学生的全面发展贯穿于管理工作的全过程。现代大学是一个常新的学术组织，随着知识经济发展和适应社会发展的需要，高校的职能不断拓展，其组织结构日益复杂，但高校本质上始终是一个比较松散的学术组织。要实现高质量的管理育人目标，就要将这个松散组织体凝聚起来，通过内部性行政权力，持续对组织内部成员施加影响。高校“以学生为中

① 张庆亮，顾思伟，夏光兰. 以学生为中心的高校学生事务：以安徽财经大学为例［M］. 北京：经济科学出版社，2017：17.

心”强调以完成某项学生工作为核心，组成工作团队来履行工作任务。例如，高校围绕“双创”（创新创业）能力培养、学生参与校园管理、学生权益保护、校园安全、校纪校规处理、校庆项目等专项工作，组成各类临时工作小组，充分发挥组织学生成员的综合优势，可以起到意想不到的活动效果和管理育人功效。“以学生为中心”，把学生作为高等教育产品的消费者，既发挥管理者在管理育人过程中的引导作用，注重保障学生的权益，又注重学生的自主选择和个性发展，易于让学生接受，达到良好的育人效果。总之，高校管理育人要坚持党的统一领导，实行各部门合作分工、齐抓共管，充分发挥党、团、学组织的先锋作用，推动管理育人系统工程的全面建设。

3. 高校的规章制度与管理育人

管理的主要特征是制度，规章制度是高校为了实现育人目标，要求教职员工共同遵守的规章、规则。高校在日常运转过程要将行之有效的措施、办法用规章制度固定下来，这些规章制度不仅是大学办学的基本要求，也是管理育人的基础和保障。2015 年底从中央到地方高校陆续完成大学章程的制订工作，自此，我国高校基本告别“无章可依”的局面，大学形成了以大学章程为首的系列制度保障体系。

大学章程作为大学的“宪章”，推动了高校内部治理结构创新，实现了大学政治权力、行政权力、学术权力和监督权力的合理配置，形成了机构合理、制度完备、权责明确、运转高效的治理体系。高校通过制定大学章程，明确学校举办者、办学者的权利义务，并明确规定学校重大事项的决策程序、机构的设置及分工、教职员工参与学校发展的形式和途径等重大事项，确保高校管理的科学化和民主化①，为培养高质量的人才提供基础保障。此外，大学章程规范了高校内部成员的权利（权力）、义务、责任，还

① 米俊魁，别敦荣. 大学章程价值研究［J］. 高等教育研究，2006（10）：88.

反映了一所高校的价值追求和教育理念。因此，大学章程对于高校总体学科发展规划、人才培养方案制定、人事管理制度、评价考核体系等构建，都有着重要的指导意义，为高校管理育人体制的构建提供了理论指导和法理依据。

所谓“不以规矩，不能成方圆”。校纪校规，作为协同和维护师生权责关系和统一遵守的行为规则，具有规范性、稳定性、长期性的特征。抓好校纪校规管理，是高校管理育人的必要手段。大学生在成长过程中充满理想，渴望参与实践活动，但同时也表现出对国情社情认识不足，缺乏生活经验，容易急躁和偏激。由于青春期的身心特点以及自身的不成熟，个别大学生还会出现违反校级校规的现象。校级校规具有规范功能、导向功能和纪律功能，在制度执行过程中，对符合规范的思想和行动给予肯定，对违反规范的不良思想和行为给予批评和否定，能够激励全校学生向先进看齐，对全校学生具有普遍约束力。

4．学生参与管理与管理育人

学生参与管理是现代大学治理的核心内容，是发挥管理育人和管理服务功能的基础。学生参与高校管理，是高校治理创新的必然选择，也是高校管理育人的重要途径。党的十八大以来，我国推进国家治理体系和治理能力的现代化，利益相关者的参与已经成为行政管理和行政监督的重要手段，高校在推进现代大学制度建设的过程中，引入学生参与管理的经验做法，从而使学生能够在关乎自身利益的学校管理生活和相关决策中表达意见并产生影响，对于提高高校管理质量和管理育人质量都具有重要意义。在传统的管理理念中，学生处于管理被动倾听者和信息接受者的地位，学生缺乏话语权。这样的管理育人低水平、低效率。当今网络时代社会环境的多元变化，大学生的主体意识和权利意识日益增强，高校管理模式要及时适应变化，要让学生参与管理成为学校常态化程序，学校要办好学代会、团代会、教代会，畅通校长接待日、校长信箱，有条件的还可以组织校长午餐会、书记下午茶等，让学生在管理决策机制中有话语权，甚至直接参与学校重大决策当中表达学生的建议和意见。学生参与管理的途径也有很多，例如微信、QQ 群、座谈会、听证会等，管理者在其中需要扮演促进者、负责任的参与者和服务者的角色，通过师生良性互动引导学生形成正确的人生观、世界观和价值观，促进学生健康成长成才。

四、学生事务管理育人

学生事务是指“非学术性事务”或者是“课外活动”，即课堂教学的学术事务之外，作用于学生生活、成长和发展的各种活动总和。[①] 学生事务管理是对学生开展教育、引导和服务的管理活动。学生事务管理育人是与学生关系最密切的管理工作，只有做好学生事务管理工作，才能保证学生正常学习、生活秩序，促进学生全面发展成才。

（一）学生事务管理育人的基本概念

学生事务管理育人是指在进行学生事务管理活动过程中完成育人任务、达到育人目的的工作。学生事务管理育人作为高校管理育人的一个重要组成部分，在育人工作中起到重要的支撑和保障作用。随着我国社会转型发展以及高校日常管理工作不断朝综合化、复杂化、社会化、国际化等方向发展，学生事务管理面临着理念、体制、方法和内容等诸多复杂的新问题、新挑战。

（二）学生事务管理育人的主要方式及思路

通常来说，学生事务管理，是通过非学术事务的管理对学生施加的影响，主要包括学生组织管理、班级管理、党团教育、思想教育、学生事务管理和指导以及就业指导、心理咨询等多个领域的指导和管理。结合新时代我国高校的现状，学生事务管理育人主要包括了思想教育育人、职业发

---

① 张庆亮，夏万军，邢孝兵. 以学生为中心的高校学术事务：以安徽财经大学为例［M］. 北京：经济科学出版社，2017：13.

展与就业指导育人、学生资助育人、心理健康管理育人、学生管理育人等主要内容。

高校学术事务管理育人要坚持立德树人的导向，重视改革和完善学生综合评价机制，制定学生思想政治教育、学风建设考评体系，定期对学生思想政治教育工作、学风建设进行检查和评估，并将考评情况作为评价和衡量院系领导班子工作的重要指标。在坚持学生个性发展与全面发展相结合，注重学生的多样性、发展性和差异性，充分发挥学生综合评价机制在拔尖人才培养中的导向作用。

1. 思想教育管理育人

思想教育管理育人包括学生党团组织建设、思想政治教育等。高校思想教育是我国高校学生事务管理的重头戏，学生工作部门以及院系学生辅导员是学生思想教育的主力军，要注重加强学生理想信念教育。譬如，以培育践行社会主义核心价值观为核心，深入开展“我的中国梦”“礼敬中华优秀传统文化”等系列主题教育活动，强化社会主义核心价值观的引领作用。党团建设是加强思想教育的重要组成部分，学生中的党员和团员是学生的优秀代表，要选拔真正品学兼优、思想端正的学生加入中国共产党或中国青年团，引导这些优秀的学生代表在日常工作和生活中树立良好形象，做好示范榜样。要做好学生党团教育培训规划，拓宽党团员受教育渠道，通过“党员卓越班”“青年马克思主义培养班”、兼职班主任、创业先锋营、领袖训练营等，达到管理育人目的。

2. 班级管理育人

高校的班级管理是学生管理最基层的单位，一般来说，同一年入学同一个专业的学生组成一个年级，所有学生都归属在一个个自然班之中。班级事务包括学生组织管理、党团管理、学习管理、纪律管理、生活管理以及评奖、评班级干部等事务，学校大大小小的管理措施也会通过各种途径渗透到班级中来，在班级管理中得到检验。因此，所谓“班级无小事、处处有教育”，班级管理是高校实施管理的桥梁和纽带，充分利用班级有利条件，能获得最大的管理育人效益。抓好班级管理应该明确管理指标和人才培养标准，使班级全体学生人人为“达标”而努力，院系要建立相应的机制，分层分类指导各年级学生班级管理，组织学生开展扎实的专业学习、丰富多彩的实践创新活动、健康的文娱体育活动，营造良好的学习风气、作风纪律；要充分发挥班级干部的作用，鼓励学生开展自我管理工作，以最小的投入获得最大的管理育人效益，发挥班级人、财、物、事、信息的综合效益，通过鼓励学生开展自我教育、自我管理、自我服务，全面提高学生素质，促进学生成长成才。

3. 职业发展和就业指导管理育人

面对日益严峻的就业形势和市场对人才培养需求，高校对学生职业发展和就业指导工作提上重要日程。高校围绕人才培养目标要求，不断提高人才培养质量，普遍开展职业生涯规划设计、就业指导、职业技能训练、求职技能等多个方面的职业发展与就业指导管理。高校的职业发展与就业指导管理由校、院两级学生工作队伍以及导师团队组成团队，有针对性地开展综合职业发展和就业指导管理工作，引导学生制订长短期的启航计划，包括学习生涯规划、职业生涯规划，搭建职业技能、面试技能培训平台，开展学生能力提升服务，收集职业信息，帮助学生确定择业方向和求职方向，与此同时，开展国情和就业形势教育、择业观教育、创新创业教育，引导学生提高自我认识能力、提升职业素质、调适择业心理、制定职业目标、提高职业匹配度，引导学生志存高远、脚踏实地，同时精准定位、诚信择业，将个人的发展与国家、社会的需要紧密结合，在最适合自己的职业上展露才华、茁壮成长，努力成为适应社会发展的有用人才。

4. 学生资助管理育人

学生资助管理是高校以奖助学金、助学贷款、学费减免、勤工助学等方式开展学生资助事务管理，事关“高等教育机会均等”和构建和谐社会的问题。利用学生资助通过学生事务管理育人工作，是高校学生工作的现实需要。一直以来，我国政府高度重视贫困生的资助工作，经过长期发展我国高校已经形成了“奖、贷、助、补、减”五位一体的资助体系，为贫困学生借助国家和学校的资助体系完成学业提供了政策保障。高校要引导贫困学生正确认识自身家庭条件所带来的经济困难，根据自己的专业特长，参加学校的勤工助学工作，借助帮困和相应的考核工作，引导学生提高思想素质、能力素质，充分发挥学生资助管理育人功能，引导学生树立正确的世界观、人生观、价值观，树立爱党爱国意识，自强自立意识、感恩回馈意识，引导学生自主、全面地发展。

5. 心理健康管理育人

对学生实行心理健康管理育人是高校学生健康成才的基础，是学生事务管理育人过程中需重点关注的领域。要加强大学生心理健康教育，推进学生心理健康教育课程建设和二级心理辅导站建设，做好每年新生心理健康普查和筛选工作，健全高校“心理咨询研究中心教师—辅导员—年级朋辈辅导员—宿舍心理保健员”四级心理防护体系，完善心理危机预警与应急处理机制，妥善处理突发事件；再一方面，需要推进本科生、研究生心理健康教育一体化，统筹安排本科生、研究生心理健康教育和咨询服务。

五、生活管理育人

学生的日常生活管理是高校管理体系的重要组成部分，其中后勤管理部门发挥着重要的作用。学生的日常校园生活与后勤各环节发生着最为密切和频繁的关联，后勤管理部门为学生们提供饮食、住宿、购物、就医等各种服务。生活管理育人同其他管理育人之间形成分工协同的关系，是保证学生起居、饮食、学习或工作等日常生活方式健康有序进行的重要育人维度。生活管理育人为学生在生活世界中得以和谐、健康成长提供有力支撑，应该得到高度重视。

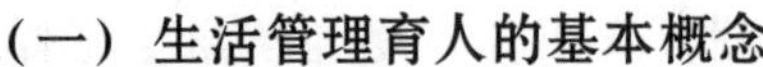

（一）生活管理育人的基本概念

生活管理育人主要指高校相关管理机构或管理人员在对学生的日常生活进行规范、陶冶、引领及服务过程中，通过管理的各个环节，积极配合学校的教学及科研活动，完成育人任务并实现育人目的的工作渠道。正是由于这种独特的关系和优势，高校可以通过日常的管理、服务和环境等途径来达到育人目的，成为课堂教学和专业教育育人的重要补充途径。

20 世纪 90 年代以来，高校的日常生活管理工作的地位和作用开始得到高度重视，各高校对自身后勤工作的建设和管理定位有了全新的认识，政府部门也逐渐认识到高校后勤工作在创建一流高等教育方面的重要作用和使命，并提出了“三服务（为科研服务、为教学服务、为师生员工服务），两育人（管理育人、服务育人）”① 的工作基本要求，开始推行高校后勤的社会化改革运动。“三服务，两育人”成为高校后勤工作的根本宗旨和首要任务。

（二）生活管理育人的主要方式及思路

生活管理育人通过日常生活管理达成育人的使命，在深刻理解高校管理育人理念基础上，结合学校实际情况，建构科学完整的日常生活管理育人体系。

1. 服务管理育人

服务管理育人是指高校管理部门通过提供优质服务来达到教育学生的目的，大致包括服务产品育人、服务行为育人以及服务实践育人等三方面内容②。高校提供的日常生活服务主要包括两个方面：一是物质产品，如商店的商品、食堂的餐饮等；二是无形的服务体验，如宿舍卫生管理、图书借阅、就医环境、校园绿化美化等。这些服务产品的优劣，决定着学生对

---

① 张凤昌，许积年．高校后勤“育人”途径探析［J］．国家教育行政学院学报，2005（11）：65－67．

② 李敏．高校后勤育人途径研究［D］．北京：北京化工大学，2014．

一所高校的直观感受，影响他们日常学习、为人、生活的行为和认知。如果高校相关管理部门能通过严格科学的管理制度，为师生提供整洁舒适的住宿环境、健康环保的安全食品、优雅温馨的阅读环境和便捷舒适的学习与就医等生活条件，不仅给学生的日常生活和学习带来愉悦的体验，而且会对他们的思想观念、认知水平、行为习惯、道德水平、心理状态等方面产生积极影响。

这里所说的服务实践主要是指高校相关管理部门通过为学生构建实践平台和创造实践条件等方式，使学生通过参与日常生活实践活动，达到育人的目的。这种服务实践育人机制，强调“学生中心”的育人理念，通过引导学生广泛参与校内公益劳动、生活管理工作等活动，锻炼学生的组织协调能力和合作能力，培养学生的社会活动技能，提升集体意识奉献精神，最终达到自我管理、自我教育、自我服务的育人目的。

2. 日常生活管理育人

学生日常生活管理作为学校管理工作的重要组成部分，在“育人”过程中有着不可替代的重要作用。高校均十分重视大学生日常生活管理工作，使日常生活管理尽量融入高校育人的整体战略布局中，成为高校管理育人的重要途径。一方面，先进的、科学的日常生活管理理念以及优越的学校人文环境，有利于学生在身心愉悦的状态下学习和生活，升华他们的精神境界和思想觉悟，实现良好的育人效果①。譬如，大学生宿舍是学生们集学习生活及休息娱乐为一体的重要场所，已经成为学校心理教育的重要育人场所，也是高校落实人才培养目标和管理目标的重要阵地，影响着学生的身心健康成长；另一方面，规范化、人性化的日常生活管理工作，会直接或间接地影响着学生个体及群体的行为，对学生的荣誉感、归属感、亲切感等非智力因素和行为表现有着潜移默化的影响作用。因此，在高校日常

---

① 张凤昌，许积年．高校后勤“育人”途径探析［J］．国家教育行政学院学报，2005（11）：65－67.

生活管理过程中，需要努力调动学生的主观能动性，构建“自我管理育人”模式，发挥学生内在潜能，实现个体与学校共同和谐发展的目标，达到了良好的育人效果。

第三节　案例分析：汕头大学管理育人途径的实践与探索

一、汕头大学的“以生为本”教学管理育人途径[①]

教学管理是高校管理育人的核心组成部分。“以人为本”的教学管理强调一切为了学生，为了学生的一切的管理理念，尊重和保护学生个性，满足不同个性学生的需要，最大限度为学生个人的充分发展创造条件，在管理方法和手段上，重视对师生情感、信念、价值观等方面的培养，使教师和管理者形成真正为学生发展服务的整体合力。以汕头大学为例，该校通过构建和完善学生选课管理制度、弹性学制、学生主辅修制、本科生导师制、导生制、本科生学业预警制、本科生对外交流制、本科生创新创业扶持制等改革措施，形成较为完善的学生发展支持管理体系，在提升学生专业技能、拓宽学生成长路径、塑造学生良好品格等育人方面起到良好的效果。

（一）学生选课管理制度

为兼顾教学质量与学生自由选课，汕头大学制定了详细的学生选课流程及选课规则，培养学生自我规划、自我管理的能力，达到育人目的。学校规定学生可以设计自己的学业进程，学校采取限制选课学分、控制选课

① 资料主要来源于《汕头大学本科教学工作审核评估报告》《高等院校本科教学管理指南》、汕头大学至诚书院网站（https://veritas.stu.edu.cn/Default.aspx）等，由本书作者综合整理形成。

人数上限和下限、设置选课优先选择等具体做法保障了学生选课自由，形成了初选、复选、补退选、调整四阶段选课制度。

1. 初选

初选阶段，除部分面向全校开放的专业选修课程[①]及仅向本专业开设的专业课程外，其他课程均开放给所有学生供其自主选择。为指导学生合理选课，学校本科生导师会积极关注其所指导的学生选课情况，并适时提供建议。面向全校学生开设的本专业课程，在初选阶段，各教学单位有权对本单位专业学生优先选择，在复选、补选及调整阶段则无效。初选结束后由教务处统一进行开课班、学位数的调整，并对超员开课班进行随机删除。

2. 复选

在初选的基础上，学生依据初选结果，结合自身学习进度，在学位数范围内按照先到先得的方式再次进行选课。教务处将学生按照选课时间先后排序，删除排在后面的学生，直到所选开课班不超员为止。

3. 补、退选

学生在规定时间内补、退选课程（调整选课），此阶段选课依然采取在学位数范围内按照先到先得的方式选课。

4. 调整

在调整选课阶段，如因特殊原因无法自行补、退选课程，须在规定时间内登录学分制系统填报选课变更申请。除正常选课流程外，在选课结束前，学生还可以登录学分制系统，提交选课申请，教务处为保障学生在修业年限内顺利完成学业，将遵循高年级优先、平均每学年学分低者优先、已选学分低者优先的原则对选课申请进行及时处理。

（二）弹性学制管理

汕头大学实施学分制改革，规定本科教学标准学习年限为4年，根据学

---

① 这部分课程由教学单位自主设置优先级。

分制要求实行弹性学制，允许学生在3至6年内完成学业。学校在实际教学过程中允许学生休学参加各类创新创业实践，增加职场体验。近五年来，该校学生择学业进度的自由度得以扩大。标准学制内学生毕业数量维持稳定，学生分散毕业、5年毕业的趋势明显。在弹性学制下，学生选择学习内容的可能性增大，学生参与创新创业实践的机会增多，创新创业能力不断提升，在各类创新创业竞赛活动中屡获佳绩。

（三）学生主辅修制管理

为了适应经济社会的发展需要，拓宽学生的知识面，培养多方面发展的人才，汕头大学自2007年开始实施本科生修读双学位和辅修专业政策，鼓励学生“在顺利完成本专业课程计划的同时，修读辅修专业和双学位的课程”。学校自2014年秋季学期开始实施该政策以来，2013级、2014级、2015级学生选择辅修或修读双学位总人数逐年增加，2016级学生选择辅修或修读双学位总人数则恢复到政策实施前水平，表明学生对待辅修和双学位制度的态度日趋理性。

（四）学业预警制管理

为合理推进学校学业预警制度建设，汕头大学制定了本科生学分制学籍管理规定，要求学生一学期所选课程成绩评定为不及格达到6学分以上的，实施学业督导控制学分。对于不及格达到6学分以上的学生，学校限制下一学期选课总学分不得超过18学分。如连续两个学期不及格达到6学分以上的，学校将对其进行学业督导试读警示，除限制其选课学分外，学院将对学生本人和家长进行学业访谈提醒教育。

汕头大学从学生的实际出发，尊重学生的选择权，结合学生实际，采取灵活的教学管理制度，体现了以人为本的管理理念和以服务为本的管理意识，有效发挥了管理育人的功能价值。

二、汕头大学的本科生导师制和导生制推动精致化培养

在高校管理工作日趋科学化、专业化和个性化的今天，成长导师承担

大量的学生管理工作，对学生的品德、学习、心理及生活方面进行指导，体现了个性化教育的要求，为学生全面发展奠定了坚实的基础。以汕头大学为例，该校是国内率先实施本科生学业导师制的高校之一，自2002级学生开始推行本科生导师制。学校要求自大一入学起各教学单位即要为每位学生配备专业导师，负责对学生的学习进程、学习方法、专业发展和职业规划进行辅导，帮助学生选课和安排学业进度，解决学生学习过程中出现的问题。

在汕头大学，新生入学两周内，各院系根据师生学科、专业相近的原则完成新生导师分配工作，并登记在“学分制系统”中。本科生导师引导学生开展研究性学习与实践性学习，指导学生参与课题研究，培养学生的科研能力和创新精神。各学院在实施本科生导师制的过程中，逐步探索出一些特色鲜明、行之有效的本科生导师管理办法。在这其中，长江艺术与设计学院依托专业工作室，以项目为导向建成了工作室导师制；理学院以自身丰富的科研项目为支撑，建设了对接科研的专业导师制，有针对性地构建学生的知识、能力、素质结构。本科生导师制的优点是将理论与实践紧密结合，强化设计实践知识的学习和运用，注重培养学生的综合素质。随时将市场、产业的最新讯息融入教学，开阔学生的视野，使教学始终保持活力，形成一套良好的循环教学信息网络。

汕头大学导生制主要依托学生互助学习中心（Student Learning Center，SLC）实施，形成了以学校统筹、朋辈互助为特点，以导生制为制度特色的大学生学业互助制度。学生互助学习中心借鉴了十余所北美和英国高校较成熟同类型服务机构的经验，并结合了中国高校和汕头大学的实际情况，于2004年10月开始正式运行，是内地高校首家提供大学生朋辈互助服务的机构。目前，互助学习中心主要开展学业问询、大学适应性辅导班、小组讨论、学习班、学习交流等专项学习互助活动。

学业问询是指由成绩优秀的高年级本科生（即“导生”）为学业上遇到

疑问或者想进一步提高学习成绩和改善学习方法的同学提供免费的指导。形式包括：分享专业学科的知识、解释难点、习题解答、分享学习方法、对专业学习的引导和建议等。中心开设数学公共课、英语、专业课等学业问询课程，由导生进行指导学习。中心开设的所有课程都面向全校本科生开放，不限于专业内的交流，可以与不同专业的导生共同探讨问题。如果想从零基础学习某一课程，可以与 SLC 导生一起制订学习计划，或预约导生进行一对一辅导。汕头大学互助学习中心学业问询服务分固定和预约两种：对于固定课程，中心在学期初发布固定课程安排计划，学生也可在中心前台咨询固定课程开课时间和研讨室，学生参与固定课程问询服务只需依照课程安排计划按时直接到中心问询即可；当固定学业问询课程与学生上课时间冲突，或希望有一对一的辅导，可登录预约 MYSTU 平台预约问询课程。

第六章 高校管理育人的载体

高校管理育人是要通过一定载体媒介才能进行，载体是高校管理育人过程不可或缺的重要因素之一。管理育人需要载体，管理育人主体与客体之间的思想交流与信息传递，都离不开一定的载体。在新形势下，全面理解、正确把握管理育人载体的内涵、运用以及呈现形式，对增强高校管理育人的渗透力、感召力、说服力具有重要意义。

第一节　高校管理育人载体的内涵

高校管理育人载体是有效开展管理育人而借助的各种形式、活动或事物。高校管理育人载体是有效开展管理育人而借助的各种形式、活动或事物。在管理育人领域中，什么是管理育人载体？它与思想政治教育载体又如何区分呢？随着高校管理育人研究的深入，高校管理育人载体逐步作为独立的研究对象出现并受到学界关注，但目前为止，尚未形成清晰的概念分析，本书结合高校管理育人的理论与实践，对这一概念的内涵进一步厘清和界定。

一、相关概念界定

（一）载体

人们在共同的生产和生活中进行相互交往和思想交流，需要一定的载体作为交互。在《现代汉语词典》中，载体是指能传递能量或运载其他物质的物体。载体在生物、化工以及 IT 等科学技术领域有其固定的含义，在一定范围内指承载知识或信息的物质形体，现泛指一切能承载其他事物的事物。载体有三个基本范畴：一是功能性范畴。体现在载体承载和传递其他物质进行运行，这是载体本身固有的功能。二是对象性范畴。载体是相对于承载物而言的，没有承载物也就无所谓载体。载体总是指向一定的对象，事物的载体属性是在成为载体的事物与其他承载物的关系中表现出来的。三是目的性范畴。载体在一定程度上是人类认识和实践的结果，是根据一定需要、目的对事物的载体属性、功能进行认知并加以利用。载体根据承载方式和承载物性质来分类，可以分为有形载体和无形载体。有形载体是指物质载体，即可以传导、传递或承载信息或物质的有形事物；无形载体是指精神载体，它通过一定的意识、精神或文化来传承和传递信息和事物。

（二）管理育人载体

管理作为人类的实践活动形成了人与人之间的社会关系。高校管理涉及学校各个领域的管理活动，大学生作为高校管理的对象之一，与学校的诸多部门发生着广泛的联系，而且不少部门与大学生发生着直接的管理关系[①]。所谓高校管理育人载体，是指在高校的各项管理活动中，管理部门和教育管理者有目的、有计划地通过一定的物质或精神形式承载和传输政治方向、思想意识、道德规范、价值取向等信息，对受教育者的思想和行为

---

① 唐俊兵，刘凌，王爱桂. 新时期思想政治教育现代化与科学化研究［M］. 长春：吉林大学出版社，2010：217.

施加引导和影响，实现管理育人的目标。管理育人载体条件有三点：一是能够传输和承载思想政治教育的观念、信息等，特别是承载传递思想政治教育的核心内容和精神实质；二是必须能够为管理者所运用和控制，管理育人载体的选择运用受到管理者的支配和主导；三是能够为管理者和被管理者提供双边互动的空间和形式。管理育人载体作为管理育人主体和客体的桥梁和纽带，促进管理者和被管理者的有效沟通。

（三）管理育人载体与思想政治教育载体的联系与区别

围绕“立德树人”的根本任务，运用各种手段方法，对大学生的思想观念、道德意识、行为方式施加有形或无形的影响，这是高校管理育人与思想政治教育具有同一性的问题。不同之处在于，管理育人通过有效的管理加强和改进大学生的思想政治教育，高校管理育人是高校思想政治教育工作的重要途径之一，是推进全过程、全方位、全员育人的其中一个重要环节。思想政治教育是属概念，管理育人是种概念。由此可见，管理育人载体与思想政治教育载体既有联系又区别，两者一脉相承又各有不同。

关于思想政治教育的概念，有关专家、学者做了系列研究。杨广慧在《探索新路子　寻找新载体》一文中指出思想政治教育要转变人们的观念需要通过一定的载体来实现，并且提出了文化载体、管理载体和活动载体三种新载体类型①。韩玉芳、林泉主编的《思想政治工作方法教程》②、张澍军等著的《高校学生思想政治教育载体研究》③ 以及张耀灿、陈万柏主编的《社会主义市场经济条件下思想政治工作领导研究》对思想政治教育载体进

① 杨广慧. 探索新路子　寻找新载体［J］. 思想政治工作研究，1992（10）：10－12.

② 韩玉芳，林泉. 思想政治工作方法教程［M］. 北京：中共中央党校出版社，1998：187－208.

③ 张澍军，等. 高校学生思想政治教育载体研究［M］. 北京：北京出版社，1999：1－43.

行了归纳总结和论述[①]。2003 年，陈万柏著的《思想政治教育载体论》一书，对新时期下思想政治教育载体进行了较为系统的思考总结[②]。在此基础上，相关学者对新时期下高校思想政治教育工作载体创新问题进行了进一步深入研究，如谢晓青的《高校思想政治教育工作载体创新问题研究》[③]，刘力、闵杰编著的《高校思想政治教育载体研究》[④]，傅忠贤等著的《科学发展观视域下高校思想政治教育创新研究》等，对思想政治教育载体创新的基本理论、基本形态特征、基本分类等有了更深入的探讨和系统的研究[⑤]。总结众多研究成果，思想政治教育载体的概念内涵可归纳为：高校在实施思想政治教育的过程中，通过思想政治教育主体运用和控制一定的有形物质存在或无形意识形态，承载和传递思想政治教育的理念、内容或信息，从而与思想政治教育客体发生互动和相互作用，最终达到育人的目的。

从联系和区别来看，管理育人载体和思想政治教育载体有着相似之处，也有不同之处。第一，管理育人载体和思想政治教育载体实质都是主体与客体之间发生联系的中介，通过一定形式、物质、信息来承载和传递思想教育理念。第二，管理育人载体和思想政治教育载体的主体和客体范围有差别，管理育人载体主体是指全体教职工，所有教职工都参与管理活动，并对学生施加教育和引导，思想政治教育载体主体是全体教师或者党政干部。第三，管理育人载体和思想政治教育载体的内涵范畴不同。思想政治教育载体可分为课程载体、活动载体、管理载体、文化载体、传媒载体等。

---

① 张耀灿，陈万柏．社会主义市场经济条件下思想政治工作领导研究［M］．武汉：华中师范大学出版社，1999：101－103.

② 陈万柏．思想政治教育载体论［M］．武汉：湖北人民出版社，2003：7－25.

③ 谢晓青．高校思想政治教育工作载体创新问题研究［J］．教育发展研究，2006（12）：82－85.

④ 刘力，闵杰．高校思想政治教育载体研究［M］．沈阳：辽宁大学出版社，2008：3－41.

⑤ 傅忠贤，等．科学发展观视域下高校思想政治教育创新研究［M］．成都：四川大学出版社，2010：50－61.

而管理育人载体是将思想政治教育内容渗透到大学内部的各项管理活动中，把思想政治教育与管理结合起来，用管理的各种有形或无形的载体形式来承载传递高校思想政治教育的观念或信息。

二、管理育人载体的特征

管理育人载体形式多样，各载体相互配合、相互补充，从不同的方面或维度，发挥管理育人优势。这些载体具有以下共同特征。

（一）规范性

一般而言，在高校管理过程中，管理者主要依据法律、规章、规则对被管理者的行为进行规范或施加影响，要求被管理者应该做什么，不应该做什么，具有很强的规范性。因此，管理育人载体具有显著的制度性、强制性。例如，《课室文明规定》是对师生在课室的行为的规定。这些规定约束、协调管理对象的同时，管理者可以引导被管理者将制度政策转化为自觉的道德修养和行为习惯，这些制度载体具有规范性。

（二）广泛性

高校管理活动覆盖面非常广泛，涉及师生的方方面面，涵盖学生学习、生活的各个领域，影响到每一个管理者和被管理者。管理育人载体须具有广泛性才能使管理育人的作用得到最大范围的运用。例如，学校工作动员会议，参加的人员涉及全校各单位，具有覆盖面广、传播迅速的特征，这些大型会议承载了丰富的管理育人信息，是一种全校性的管理育人活动。

（三）渗透性

在管理育人过程中，被管理者往往通过各种管理活动角色的感受以及各类管理信息的长期浸染而受到影响，这种管理育人载体不如课堂教师直接教授那么直接，而是将育人的内容和理念融入管理活动的每个环节中，使被管理者在不知不觉中受到教育熏陶。例如，学校举行荣休制度，校领导亲自为耕耘一生的退休教师颁发纪念品，送上一声祝福，师生在这样充满人文情怀的管理载体中，潜移默化受到感染和影响，从而认同学校的办学理念和文化精神。

三、管理育人载体的功能

作为一种思想政治教育的途径，管理育人载体具有广泛的覆盖面，涉及管理者、被管理者、管理育人的内容和手段等多个维度，不仅有物的因素，还有人的因素，师生几乎都受到管理育人载体功能的影响。具体有以下重要功能。

（一）传递功能

管理育人载体与其他载体一样，最基本的功能是传递功能。不同的管理育人载体承载传递功能是不同的，在高校管理过程中，要坚持管理育人载体内容与形式相统一，结合管理育人载体功能与被管理者的实际相结合的原则，科学、合理地选择管理育人载体，才能有效传递育人信息。

（二）中介功能

管理育人过程中，管理者和被管理者、主体和客体载体要通过一定的形式进行联结、实现互动，管理育人载体是各要素相互作用实现的形式，可以实现由被管理者“他律”向“自律”的转变，促进被管理者行为的“内化”，并“外化”道德修养和行为习惯。

（三）潜育功能

高校管理中承载了丰富的思想政治教育理念和管理信息，这些信息内隐含在管理育人载体之中，只有被管理者的运用和被管理者的感知，管理主体和客体之间发生互动才能体现思想政治教育价值。因此，高校管理育人载体具有多种形态，对于具有时代特征的管理育人新载体，要充分认识管理载体的现实意义，积极开发并自觉运用。

四、管理育人载体的原则

选择和运用管理育人载体，既要结合管理活动自身的特点，又要综合考虑影响和制约的因素，遵循以下基本原则。

（一）目的原则

高校管理育人是有目的、有计划、有组织的管理活动，其目的性是由思想政治教育的目的性所决定的。选择和运用管理育人载体时，必须有鲜明的目的性，有统一的方向要求，才能有统一的思想和行动。在管理育人过程中，明确目的可以坚定师生的信心和激励师生的斗志。选择和运用管理育人载体要达到什么目的，管理育人主体应该心中有数，才能达到预期的效果。坚持管理育人载体的目的原则，还要一贯到底，锲而不舍。

（二）求实原则

一切从实际出发，这是指管理育人载体的选择和运用要坚持理论与实践。任何管理育人工作，要取得实效，都要靠实事求是，避免管理育人的盲目随意性和经验主义。在选择管理育人载体时，依据管理学的基本理论，把握高校管理的一般规律，遵循思想政治教育原理。此外，管理育人载体的运用需要密切结合高校学生个性特点和思想实际，在实践工作中适当运用管理育人载体，使其整体联动、交互贯通、相互配合，提高管理育人的针对性和实效性。

（三）层次原则

层次原则是指要结合管理育人客体的不同思想特点，选择不同的管理育人载体，区别对待，分层次运用。高校管理客体客观上存在着思想品德和能力个性的差异性，随着我国社会转型的逐渐深入，人们的思想观念、价值取向趋于多样化，所有这些变化都意味着管理育人对象客观上存在复杂的层次性，因而管理育人载体不能简单划一，必须准确把握被管理者的思想实际和生活实际，分层次原则进行管理，创造良好的条件，以满足师

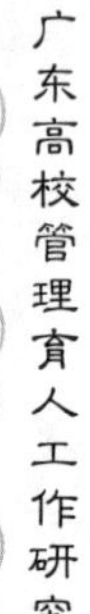

生的多层次性需求。

（四）创新原则

高校管理育人载体需要在继承原有思想政治教育载体运用的基础上吐故纳新，构成适应新时代要求的高校管理育人体系。在继承和借鉴以往运用行之有效的思想政治教育管理载体的同时，根据新时代下对高校治理现代化和思想政治教育的新要求、新目标，不断完善管理育人的载体创新研究与运用，归纳、充实管理育人载体的内涵，以更加有效地承载和传递思想政治教育内容和信息。

第二节　高校管理育人载体的类型

高校管理育人载体多种多样，大致可以分为管理制度载体、管理文化载体、信息化载体三大类型，这些载体的内涵、特征与管理育人有内在联系，高校管理要发挥育人功能，需要深入把握这些载体的具体内涵、形态和运用。

一、管理制度载体

2004 年，中共中央、国务院发出的《关于进一步加强和改进大学生思想政治教育的意见》指出“要建立健全与法律法规相协调、与高等教育全面发展相衔接、与大学生成长成才相适应的思想政治教育和管理的制度体系，充分发挥制度导向和制度育人的功能”①。《国家中长期教育改革和发展规划纲要（2010—2020 年）》指出“要建立以提高教育质量为导向的管理制度和工作机制，尊重教育规律和学生身心发展规律，把关心每个学生，促进每个学生主动地、生动活泼地发展，促进学生健康成长作为学校一切

① 教育部社会科学研究与思想政治工作司．《关于进一步加强和改进大学生思想政治教育的意见》辅导读本［M］．北京：中国人民大学出版社，2004：1－10.

工作的出发点和落脚点”①。由此可见，高校管理制度作为承载思想政治教育的重要资源，在促进学生全面成长成才方面发挥着重要作用。

（一）管理制度载体的内涵

教育管理制度具有承载教育方针、办学理念、政策取向、道德原则、管理规范的重要功能，是高校管理育人最基本的载体。通过各项管理制度的建立和执行，引导、协调、约束和规范被管理者的言行举止，从而实现管理育人的目标。

在一定程度上，高校管理制度是指涉及高校管理运行的各类规章制度，是依据国家的教育方针与教育法规、上级教育行政部门的政策性规定来制定并实施的，以强制、引导和规范师生行为，是一种契约性和自治性的规范。如章程、条例、规定、规则、细则等。

高校管理制度作为教育机构的规范性文件和规章，具有政策法规的一般性特征，同时也有其独特性，具体体现在：一是合法性。高校管理制度的合法性是高校办学管理和运行的基本遵循和重要依据。合法性体现在其法理性，规范控制的范围须在法律的限度内，表现在形式合法性和实质合法性。高校管理制度适用法律术语，应做到语言规范、要求准确、表述清晰等形式合法。同时，高校管理制度的制定和实施必须依据宪法、高等教育法等上位法律法规，要保持与上位法的统一，不得突破上位法的原则性规定。二是强制性。高校管理制度主要通过刚性的规定对师生加以约束和限制，告知师生在日常的工作、学习、生活和交往中，应该做什么，不应该做什么；哪些可以做，哪些不可以做，并要求师生必须遵守。从而规范师生的言行举止。三是权威性。高校管理制度在制定和执行的过程中具有严肃性，管理制度一旦确立，不得随意修改，具有相对的稳定和不可逾越

① 中华人民共和国教育部. 国家中长期教育改革和发展规划纲要（2010—2020年）[EB/OL].(2010-07-29)[2010-10-01]. http://www.moe.gov.cn/srcsite/A01/s7048/201007/t20100729_171904.html.

的权威性，是师生行为的规范性的准则。四是操作性。高校管理制度要明确规定管理主客体的责权利，条款内容具体且具有可衡量性，程序正当且具有可操作性。五是教育性。高校管理制度其出发点和落脚点在于育人，必须遵循教育的基本规律，体现教育的本质要求。高校管理制度的制定和实施要以促进学生的全面发展，以实现人才培养目标和高校有效治理为依归。六是层次性。高校管理制度有宏观、中观和微观三个层次，例如，涉及立法层面的大学章程是宏观制度，高校教学、科研等各管理领域的制度是中观层面制度，具体涉及师生某方面行为规范为微观制度等。

高校的规章制度体系是一个复杂而庞大的系统，作为管理育人的一种最基本载体形式，能够对思想政治教育工作起到保驾护航的作用，避免教育的随意性。高校的规章制度只有被全体师生认同和接受，成为自觉的要求和行为准则，并得到普遍遵守和严格执行才能真正发挥管理育人的作用。

（二）管理制度载体的具体体现

管理制度载体主要体现在对法制精神、民主精神、规则意识和公民意识的承载上，具体体现在大学章程及各项管理制度、监督制度、奖惩制度和保障性制度等方面。

1. 大学章程

大学章程是高校内部的“基本法”，是依法治校最核心的体现。大学章程是大学自主办学的依据，是现代大学治理体系的基础，规定了大学办学的基本原则，是纲领性文件。《中华人民共和国教育法》第 26 条规定设立学校必须具备的首要基本条件就是要有组织机构和章程[①]；1998 年颁布的《中华人民共和国高等教育法》[②] 进一步明确了高等学校的法人地位，要求申请设立高等学校须向审批机关提交章程等材料，并从十个方面具体规定了高等学校章程涉及的内容事项；2010 年国家颁布《国家中长期教育改革

---

① 中华人民共和国教育法［M］. 北京：法律出版社，1995：8.

② 中华人民共和国高等教育法［M］. 北京：法律出版社，1998：1－20.

和发展规划纲要（2010—2020年）》明确指出各类高校应依法制定章程，依照章程规定管理学校①。2011年教育部发布第31号令《高等学校章程制定暂行办法》对大学章程制定的总则、内容、程序、核准与监督等内容做了具体的规定和要求。

大学章程作为管理育人的制度载体表现在：一是大学章程明确了高校多元主体之间的关系。大学章程是高校管理的基本遵循，对协调大学内部多元主体的治理关系具有重要意义，为大学多元主体参与大学治理提供了平等机会。高校内部多元主体包括高校领导者、管理人员、教师群体、学生群体、工勤人员等。章程制定要理顺大学内部利益主体之间的关系，使利益相关主体能够得到充分尊重，尤其是使广大学生、教师的话语权得到保障。二是在大学章程制定过程中传递管理育人理念。在章程制定的过程中充分发挥民主，广泛征求意见，做到程序规范、有法可依。学生不应是被动地由学校规定和约束，而是应该鼓励学生参与大学章程的制定。让学生在参与章程制定的过程中，既表达了利益诉求，又培养了学生的民主协商精神，强化了管理育人的功能。三是大学章程的内容和价值取向承载管理育人理念。大学章程涵盖学校的办学性质、类型、校训、制度准则、组织结构、各主体关系等核心内容，把育人的内涵、精髓通过章程立法的形式表达出来。特别是作为大学主体的师生的权利和义务也通过章程法定化、具体化，从而明晰学校和师生的法律关系，在制度内容上体现了管理育人民主与法治精神的内涵。

2. 学生管理制度

高校的学生管理制度以大学生群体为管理对象，其内容涉及学生的思想行为规范和学习生活准则等方面，由相关教育管理部门或高校制定，在

---

① 中华人民共和国教育部. 国家中长期教育改革和发展规划纲要（2010—2020年）[EB/OL].(2010-07-29)[2010-10-01]. http://www.moe.gov.cn/srcsite/A01/s7048/201007/t20100729_171904.html.

全校范围内具有普遍约束力[①]。

学生管理制度作为管理育人的重要载体，主要体现在以下方面：一是学生管理制度为学生全面发展提供了良好的制度环境。高校学生管理制度渗透到学生学习、生活的方方面面，体现公平正义，为管理过程中进行思想政治教育提供制度保障。二是学生管理制度的根本出发点和落脚点是保障学生的合法权益、促进学生的成长成才。学生管理制度在制定中要始终坚持“以生为本”，将促进学生全面发展、保护学生合法权益作为学生管理制度制定的重要依据，尊重学生的合理诉求与个性发展，加强学生遵守管理制度的规约指引，从而达到在管理育人的目的。三是学生管理制度给予学生规范和指引。学校管理制度指引学生允许做什么、不允许做什么，可以做什么、不可以做什么，通过什么样的奖励或惩罚制度来激励或约束学生，引导学生对自己的行为做出规范合理的选择，促使学生自觉自律、符合学校的管理规定。

2016 年 12 月 16 日，教育部颁布了新修订的《普通高等学校学生管理规定》是明确界定高校与学生之间的法律关系、维护高校规范管理、保障正常的教学秩序和学生合法权益的重要规章制度，并于 2017 年 9 月 1 日起施行。这一次修订的版本具有明显的育人导向性和时代创新性，主要体现在：一是梳理总结了高校学生管理以往的实践经验，进一步指导高校制定具体学生规范管理制度，反映我国高校学生管理新时代要求，体现高校学生管理创新理念。二是体现了权利与义务相统一的法治观念，突出以学生发展为本，明确了学生在学校教育管理中的主体地位。例如，其中第五条规定“实施学生管理，应当尊重和保护学生的合法权利，教育和引导学生承担应尽的义务与责任，鼓励和支持学生实行自我管理、自我服务、自我教育、自我监督”。三是坚持社会主义办学方向，强调我国人才培养

---

① 教育部思想政治工作司. 大学生管理研究［M］. 北京：高等教育出版社，2012：9－19.

目标，将学生的个人发展与国家的教育方针、学校办学管理方向有机结合起来。

学籍制度是高校学生管理的一个基本制度，对规范办学行为，给予学生正确引导方面具有重要意义。2016 年新修订的《普通高等学校学生管理规定》中“学籍管理”这一章共 31 条，涉及入学与注册、考核与成绩记载、转专业与转学、休学与复学、退学、毕业与结业、毕业证书管理 7 个方面。因此，高校在加强学籍管理制度建设方面，需要根据 2016 年新修订的《普通高等学校学生管理规定》不断更新完善并做出具体规定。又如，“入学与注册”这一节是关于入学资格审查、复查的程序和办法；“考核与成绩记载”这一节是关于创新创业学分设置、折算的规定等；“休学与复学”这一节是规定了明确的休学次数、期限、最长学习年限等，为各高校制定相应的制度提供了基本遵循。从制度上保障学生学习的基本权利义务，从而在学生基本管理中体现规范言行的育人作用。

3. 民主管理制度

高校学生申诉制度、学生参议制度是依法治校和民主管理制度的重要体现。

所谓学生申诉制度是指大学生在接受学校管理过程中，对学校给予的纪律处分不服，或认为学校和教师的行为侵犯了自身合法权益而向学校学生申诉处理委员会提出要求重新审查并做出处理决定的制度。2016 年新修订的《普通高等学校学生管理规定》第六章“学生申诉”的规定有其进步性和时代性，体现在申诉机构确立与组成、申诉提出与受理，其时效性、规范性更强，更具体且可操作。同时，注重申诉程序的现代化法治理念，规范申诉的提出、受理、审理和处理这四个关键程序环节。此外，申诉制度有助于加强学生管理制度执行过程中的弹性和张力，设置申诉后的救济渠道，让学生从内心接受并服从惩罚，从而将行为规范自觉意识外化为自觉行动上。例如，广东不少高校建立了申诉听证制度，接受学生的申诉，申诉内容涉及作弊认定、体育补修、毕业标准等方面。申诉制度的制订和实施，不仅保障了学生的合法权益，也增强了学生的民主意识和法制观念，使学生在学校管理过程中受到教育，达到管理育人的目的。

所谓学生参议制度，是指高校大学生有参与学校管理，成为学校管理的建议者和监督者的权利。例如，广东高校普遍实行学代会、团代会，并在学校的党代会、教代会、理事会等重要会议设置学生代表列席制度，让学生在参与学校管理中，增强对学校的认同感和归属感，构建良好的管理育人制度保障。

（三）管理制度载体的有效运用

健全和完善高校的管理规章制度能够为师生提供道德养成和道德遵守的制度空间，有效传递学校的办学理念，从而引导、协调、规范和约束师生的行为，营造良好的人文氛围。管理制度载体在高校管理育人的有效运用主要体现在以下三个方面。

1. 遵循民主、公开、规范的制度程序

规章制度的制定离不开严格的制定程序，规章制度的制定须明确各个制定环节中的主体责任。结合高校各类规章制度制定的实际情况，其程序一般来说，主要是先由相关职能部门起草，经过学校法律法规部门（法律事务室）或法律顾问进行法律规范的严格审查，提出审查意见，再由学校党委会或校长办公会审议通过，最后签发印制和公布。当学校的管理规章制度涉及师生重大的合法权益时，高校须广泛征求利益相关方的意见，充分考虑师生的利益诉求，通过教代会、学术委员会等各种途径和形式听取广大师生的意见和建议，并适当反馈意见或采纳情况，保证师生的意见得到充分表达，合理诉求和合法权益得到充分体现。征求意见环节是提高规章制度质量和可行性论证的一个重要部分，征求意见可采取书面征求意见、召开座谈会、听证会等形式，使师生参与管理，从而增强师生遵守规章制度的自觉性，以达到管理育人的目的。

2．注重管理制度的适时修订完善，加强有效执行

管理制度具有阶段性和时效性。在新时代条件和背景下，应顺应新的形势和要求，及时对管理制度做出调整和完善。高校的教育管理者在管理制度的运用上要注意适用性审查，尽量避免制度滞后导致有效管理的缺失。高校管理工作随着市场经济社会和高等教育改革发展，总会出现新的问题、新的情况，须及时修订完善或废止原有不相适应的制度，对不同时期针对特定领域、特定工作而制定的管理规章制度要适时整理和规范，做好文件的衔接。及时对规章制度进行监督、审查、清理和汇编，保证高校管理制度体系层次合理、简洁明确、协调一致，保证管理制度的有效严格执行，发挥管理制度的意义和价值，维护学校正常秩序，实现管理育人。例如，2017 年，广东省教育厅发出《关于宣布失效、废止一批规范性文件的通知》公布了一批失效、废止的规范性文件目录，对已失效、废止的规范性文件不再作为行政管理的依据。① 在此基础上，各高校也相应对本校的管理制度做了全面梳理和清理。

3．做好管理制度的公开与宣传教育

教育部印发的《全面推进依法治校实施纲要》指出，“学校的章程和规章制度应当加以汇编并公布，便于师生了解、查阅，有网络条件的，应当在学校网站上予以公开。涉及师生利益的管理制度在实施前要经过适当的公示程序和限期，未经公示的，不得实施”②。要求各高校设立管理制度公开程序并加强的宣传教育，利用网络条件或规范程序，扩大师生知情权，使管理制度深入人心，提高学生遵守规章制度的自觉性和主动性，从而达

---

① 广东省教育厅．广东省教育厅关于宣布失效、废止一批规范性文件的通知[EB/OL].(2017－12－29)[2019－01－02]. http://www. gdhed. edu. cn/publicfiles/business/htmlfiles/gdjyt/gfxwj/201712/515816. html.

② 教育部．教育部关于印发《全面推进依法治校实施纲要》的通知[EB/OL].(2012－12－03)[2019－01－02]. http://www. moe. gov. cn/srcsite/A02/s5913/s5933/201212/t20121203_ 146831. html.

到尊崇规纪、凝聚共识、规范行为的育人作用。

二、管理文化载体

（一）管理文化载体的主要内涵

在《辞海》中，“文化”的广义的定义指“人类在社会历史实践中所创造的物质财富和精神财富的总和”，狭义的定义指“社会的意识形态以及与之相适应的制度和组织机构”。1871 年，英国人类学家 E. B. 泰勒发表的专著《原始文化》指出，“据人种志学的观点来看，文化或文明是一个复杂的整体，它包括知识、信仰、艺术、伦理道德、法律、风俗以及作为社会成员的人所掌握和接受的任何其他的才能和习惯的复合体”①。文化是一种社会现象，也是一种价值取向，是人类精神文明的体现。“管理文化”则可谓文化的一个分支，是人们在管理活动中所创造的文化，即一定的社会组织在建构组织、致力于某目标的一系列管理活动中所创造出来的意识形态以及与之相适应的作为载体的组织制度规范②。

高校管理文化是在高校特定的场域下形成的一种文化倾向。所谓高校管理文化的内涵，以往的学者对其概念已有一定的研究界定，如陈士衡在《大学管理文化刍议》中对“大学管理文化”做了系统的论述，认为“大学管理文化，是指大学在长期办学经营的实践过程中，业已形成和确立的思想成果及精神力量。它包括大学全体成员所共同拥有的思想观念、价值准则、道德规范、生活信念以及对学校内外环境的基本看法等。它是增强大学成员的内聚力、向心力的持久的意识形态的总和”③。同时，陈士衡归纳

① 泰勒. 原始文化［M］. 蔡江浓，编译. 杭州：浙江人民出版社，1988：1－15.

② 李振丽. 从“管控”到“化育”：高校学生管理文化研究：以安徽师范大学为例［D］. 芜湖：安徽师范大学，2014.

③ 陈士衡. 大学管理文化刍议［J］. 吉林教育科学·高教研究，1996（5）：17－19.

出大学管理文化具有“科学性、时代性、系统性、具体性、动态性”的特征。张少杰在《建设先进管理文化　促进高校科学发展》研究中指出“学校在长期的发展过程中把学校内部全体成员结合在一起的行为方式、价值标准和道德规范，反映和代表了学校成员的整体精神、共同价值标准、合乎时代的道德追求等”①。孙德成认为“高校管理文化包括精神文化、制度文化和环境文化，精神文化包括办学理念、价值观等；制度文化包括高校内部的行为准则和规范，正常秩序和风俗习惯；环境文化包括起到潜移默化影响的氛围和传统”②。肖科学（2018）指出“高校管理需要形成具有一定精神指向的管理文化，高校管理文化包括价值文化、制度文化和行为文化”③。

高校管理文化与校园文化既有紧密的联系，也有各自的侧重。一方面，高校管理文化是校园文化的一部分，两者作用的主体都在于师生，学校管理文化中嵌入了校园文化的痕迹，而校园文化需要管理文化的支撑，两者不是孤立存在的，其核心都是大学文化。另一方面，两者又有区别，校园文化更为宏观，而高校管理文化更为具体，后者侧重组织协调、管理调控过程中形成的文化和价值观。

（二）管理文化载体的理论依据

从育人角度，高校管理文化是实现思想政治工作任务的有效形式，是实现管理育人的有效载体，其在运用和实践中主要依据人本主义管理理论和新公共管理理论。

---

① 张少杰．建设先进管理文化　促进高校科学发展［J］．黑龙江高教研究，2007（12）：1－5.

② 孙德成．高校管理文化建设原则与策略［J］．连云港师范高等专科学校学报，2014（3）：78－81.

③ 肖科学．高校管理文化与校园文化建设的融合发展研究［J］．淮海工学院学报（人文社会科学版），2018（12）：130－132.

1. 人本主义管理理论

高校的管理文化在经历了以韦伯的官僚科层制理论、泰罗的科学管理理论为代表的理性管理文化阶段后，发展了结合“理性主义”与“人本主义”，以“人本主义”为主的管理文化理念。理性主义管理文化把人和组织假设为“经济人”和“工作组织”，推崇“科学”和“效率”，其主要目的是为了促进教育管理的科学化和标准化，具有强制性、等级性和惩罚性，对人的心理因素缺乏考虑和关怀。随着时代的变革，人们不断对管理理念进行改革、创新和发展，开始重视文化和人的影响，“人本主义”理念开始越来越受到关注和重视。人本管理的人性假设是指人在激发自身价值追求转变为组织的价值认同，通过一定条件和激励，在满足人的自身需求时，也会更好达成组织目标。所谓人本主义的管理是指各项管理活动都以调动和激发人的积极性、主动性和创造性为根本，追求人的全面发展，强调人在管理中的主体地位。在高校管理中，人本主义管理文化的核心是“以人为本”，认为学校中每个成员都是管理者和被管理者，大学管理要努力了解教职工和学生主体的个性需要，降低大学组织的“僵化”程度，实现大学自治、教授治学、民主管理的理念。高校“以人为本”的管理文化具有内隐教育的重要功能，是实现管理育人的有效载体。“以人为本”的高校管理文化遵循师生的身心发展基本规律，通过调动师生的潜能，激发师生的主动性、积极性和创造性，营造和谐、宽松、有序的大学环境，鼓励师生参与高校管理，从而发挥管理文化的反哺功能，促进学校和师生职工的健康、和谐发展。

2. 新公共管理理论

20 世纪 90 年代在美国学者戴维·奥斯本和特德·盖布勒所著的《改革政府　企业家精神如何改革着公共部门》一书中系统阐述了关于政府改革的 10 条思路，强调新公共管理理论研究的是政府效率问题，主张减少政府扮演角色，改变政府包办一切的全能角色，强调政府的宏观调控。[①] 在新公共管理理论的应用和影响下，高校管理文化更加注重办学自主和管理服务的理念。首先，树立以“师生本位”为核心价值。一切管理活动都应围绕育人开展，既要强调管理者的育人功能，又要突出学生的主体地位。高校管理的价值取向不仅是面向组织的绩效和发展，更是以促进组织内学生和教职员工的成长和发展为价值取向的，通过激发学生和教职员工的内在主观能动性促进自身和组织的共同进步。其次，要坚持依法治校、民主管理的理念。深入了解师生不同利益群体的利益诉求，缩小分歧、扩大共识，打破传统由上至下的管理模式。新公共管理理论下，高校民主管理不仅体现在过程、程序、形式上的民主，更体现在行政权力与学术权力的平衡和协同，实现各方参与、民主决策、协同治理的理念。再次，要树立服务意识，坚守高校管理的服务性和权力的有限性，切实提高办事效率和服务水平，以师生为主体，加强管理工作的实效性。

（三）管理文化载体的重要作用

一是有助于增强师生的归属感、认同感和荣誉感，形成凝心聚力的学校管理文化。高校管理文化承载着全体学生和教职员工共同的愿景、价值取向与道德追求，可以增强学校的凝聚力和吸引力，并激发学生和教职员工的内在动力，使全体学生和教职员工形成共同的奋斗目标和理想追求，认同学校的共同愿景，自觉实现自我更新与转变，在实现自身价值追求的同时认同组织的目标价值取向。良好的高校管理文化可以抵御不良因素干扰，改善校风、教风、学风，提振信心，调整师生的思想观念，办学校发展提供思想保证和精神动力。

二是有利于鼓励教师潜心教学、教书育人，促进学生健康、全面发展成才。健康良好的管理文化是“人本”的管理文化，主张“以师生为本，

---

① 奥斯本，盖布勒．改革政府　企业家精神如何改革着公共部门［M］．周敦仁，等译．上海：上海译文出版社，2006：1－119.

为师生服务”的管理理念，改变管理者的权威性，强化管理文化的潜移默化作用，从而使显性的规约、训导转为隐性的教育和服务。

三是有利于形成高校柔性管理的内隐规范，调节生硬的刚性管理，达到潜移默化引导人、教育人、管理人的目的。管理文化把管理活动中的文化精神凝练升华为极大感召力的无形准则，使师生的价值认同和共同的行为选择得以实现。高校通过管理文化载体的承载和传递引导教育管理者和受教育者及时修正自己的言行，调整和调节管理活动中的关系，使各种关系和谐有序稳定，达到和学校的目标与价值准则一致，从而提高学校管理的效率和效益，实现学校的办学目标和培养人、教育人的目的。

（四）管理文化载体的有效运用

高校管理文化作为管理育人的载体，不可缺少教育本质、学校属性以及教育管理者与被管理者之间互动的体现，并受高校文化传统和内外环境的影响。其有效运用主要体现在以下三个方面。

1. 管理文化载体有助于加强“自上而下”的行政文化与“扁平化”学术文化的交叉融合

高校虽然有自主办学权力，但仍是国家政府管理下的社会组织，受国家行政管辖，具有较强的行政文化。另一方面，高校权力运行体现了学术自治，倡导宽松自由的学术文化，具体体现为科学精神和学术自由精神。科学精神倡导严谨治学、理性思维，学术自由精神强调学者科学自由探索，具有批判精神和创新意识，以及理性自律的执着信念和信仰。高校管理文化源于“从上而下”的行政文化和“扁平化”学术文化的总和。在我国，高等教育管理体制是在政府主导型的，其管理层级包括政府—校级管理层—院系管理，这是行政文化的具体体现。与此同时，高校也积累、传承和创新文化，追求客观真理，崇尚学术自由。因此，积极构建良好管理文化，适当处理好行政权力和学术权力的分离，加强行政文化和学术文化的互补，营造良好和谐的行政和学术文化氛围，对于进一步培育大学精神，实现科

学精神、学术自由和精神的回归与升华有着重要作用。

2. 管理文化载体有助于构建完善的制度文化，维护和谐稳定校园秩序

高校管理包含对人、财、物以及环境的管理，是一个复杂而庞大的系统。这个系统的有序运行有赖于完善的体制机制和有效的规章制度，这构成了高校管理的制度文化。建立以“育人为本”为核心的管理制度文化，通过完善高校体制机制促进规章制度有效运行，整合管理育人资源，从而起到管理育人的作用。加强科学民主制度设计，发挥制度文化对管理文化建设的促进作用。一方面，从管理者的角度出发，要意识到文化融合的重要性，包括传统文化与现代文化、国外文化与国内文化的融合，在不断的文化传承和创新过程中实现融合发展。另一方面，主动适应新形势的发展和变化，加大制度的改革创新和有效执行，建立更加灵活、柔性化的管理制度体系和运行机制，在科学管理的基础上，融入更多的人本管理理念，坚持正确的价值导向、信念支持和情感凝聚，实现高校管理育人的高效和可持续发展。例如，建立健全师生对管理部门的民主评议制度，推行师生对管理人员的满意度测评制度等。

3. 管理文化载体有助于构建良好的环境文化，突显大学的文化品格

校园环境是彰显学校的文化品格和人文气息，体现学校精神和办学底蕴、办学历史的重要窗口。在环境文化的潜移默化中让师生养成一定的文化品格，不仅体现在校园硬件环境美化等外在显性的环境，而且包含历史文化沉淀下来的内在隐性的精神环境。高校管理文化载体传递良好的育人理念、价值观，为师生营造良好的工作、学习、生活环境氛围，使得师生在不知不觉中情操、品格受到熏陶教育，从而达到教育人、影响人的效果。可见，在高校管理文化建设中，巧妙结合人文和自然环境，对实现管理育人具有十分重要的作用。从物质环境看，高校管理文化载体的运用体现在校园规划设计等方面，使师生在优美的校园环境内浸润思想、启迪智慧；从精神环境看，学校在漫长办学历程中积累下来的历史文化、价值取向和

精神追求，包括校史、校训、校风等，也包括柔性管理环境下约定俗成的价值观念，可以激发师生共同的愿景和价值追求，为学生营造良好的学习环境，为教职员工营造良好的干事创业的氛围，从而达到学校的管理育人目标。

三、信息化载体

当今，世界正处于大发展、大变革、大调整时期，信息技术日新月异，云计算、大数据、物联网、移动计算等信息技术的创新应用，使社会信息化程度不断加深。随着新兴信息技术对教育的革命性影响持续深入，特别是党的十八大以来，党中央、国务院对信息化建设越来越重视，《“互联网 +”行动计划》《促进大数据发展行动纲要》等重要宏观战略政策的出台为教育信息化带来了新的历史发展机遇。2012 年 3 月 13 日，教育部印发了《教育信息化十年发展规划（2011—2020 年）》；2018 年 4 月 13 日，教育部发布了《教育信息化 2.0 行动计划》；2019 年 2 月 23 日，中共中央、国务院印发了《中国教育现代化 2035》，这为信息技术在教育领域的应用奠定了宏观政策基础。

教育管理信息化是教育信息化的一个重要组成部分，它通过在教育管理的过程中全面而深入地应用现代信息技术来促进教育改革与发展，具有网络性、开放性、共享性、交互性的特点，实现教育管理的数字化、智能化和多媒体化。教育管理信息化对传统教育管理模式产生了巨大的冲击和变革，带来了新的教育理念和管理方式，对深化教育管理改革、提高教育管理质量效益、实现人才培养目标具有深远意义。《教育信息化 2.0 行动计划》指出“提高教育管理信息化水平。制订进一步加强教育管理信息化的指导意见，优化教育业务管理信息系统，深化教育大数据应用，全面提升教育管理信息化支撑教育业务管理、政务服务、教学管理等工作的能力。充分利用云计算、大数据、人工智能等新技术，构建全方位、全过程、全天候的支撑体系，助力教育教学、管理和服务的改革发展"①。《中国教育现代化2035》也指出"加快信息化时代教育变革。建设智能化校园，统筹建设一体化智能化教学、管理与服务平台。推进教育治理方式变革，加快形成现代化的教育管理与监测体系，推进管理精准化和决策科学化"②。

高校作为思想最活跃、知识最密集、网络信息技术充分应用的前沿阵地，其教育、管理和服务模式以及师生的思想观念、学习方法和行为习惯必将受到信息化的深刻影响。高度重视现代信息技术在高校管理育人工作中的具体应用，通过现代信息技术完成对教育管理的转型升级，对切实提高大学生思想政治教育工作的便捷性、高效性、智能性，促进学校有效治理、实现教育现代化具有重要意义。笔者认为，新时代背景下，教育管理信息化载体特别是大数据技术、新媒体、人工智能技术等在高校教学管理、学生事务管理、行政管理等方面的有效应用，以及各种教育管理服务信息化平台的搭建和智慧校园的建设，为高校管理育人提供了新颖、有效的模式。

（一）大数据

网络信息技术的快速发展与广泛应用，推动了高等教育信息化的迅速发展，也使高校教育管理进入了大数据时代。"大数据"应用于管理育人有利于转变高校教育理念，改进管理服务方式，对于在高校管理育人过程中把握规律性、增强开拓性具有重要意义。

1. 大数据的内涵和特征

在现代网络社会，数据有了更重要的价值和意义。大数据（Big Data）在21世纪迅速发展与运用，已成为具有重要价值的信息资产，通过采集、

---

① 教育部发布《教育信息化2.0行动计划》[J]. 小学教学（数学版），2018(Z1)：91.

② 中共中央、国务院印发《中国教育现代化2035》[EB/OL].(2019-02-23)[2019-03-02]. http://www.gov.cn/zhengce/2019-02/23/content_5367987.htm.

存储和分析数据，提取数据的有效关联，从而为管理提供新的手段。大数据具有数据量大、多样化、高价值、速度快等特征。数据科学家迈尔-舍恩伯格经过10余年潜心研究数据科学，最早发现了大数据的重要性，他指出，“大数据带来的信息风暴正在变革我们的生活、工作和思维，大数据开启了一次重大的时代转型，并用三个部分讲述了大数据时代的思维变革、商业变革和管理变革”[①]。大数据带给人类的对不仅是对技术生产、管理层面的影响，更是对思维方式产生重要的影响。

2. 大数据在高校管理育人运用中面临的机遇与挑战

时任教育部副部长杜占元在《学习贯彻党的十九大精神　推动教育管理信息化跃上新台阶》讲话中指出：“以大数据技术为驱动的商业模式变革和新决策分析思维已经成为各行业的着眼点，在教育领域如何利用大数据变革教育教学方式、促进教育公平、提升教育质量，建立‘用数据教学、用数据说话、用数据决策、用数据管理、用数据创新’的机制，是我们面临的新课题。”[②] 可见，高校管理育人在大数据技术的发展与应用中面临着新的挑战和机遇。

（1）机遇。

在高校，随着互联网技术的广泛应用，每个师生每天都会产生各种各样的信息数据，而这些数据积累到一定量后，结合相关的管理，具有分析和利用的价值。有学者发现，高校学生的数据来源可归纳为“行为数据、学习数据、社交数据、健康数据”。大量的信息数据看似无用，但其实具有重要的管理运用价值，对教育信息化产生了重要的影响，促进了教育教学手段的变革。例如，在大数据时代，高校师生每天都会通过互联网平台产

---

① 迈尔-舍恩伯格，库克耶. 大数据时代［M］. 盛杨燕，周涛，译. 杭州：浙江人民出版社，2013：1－27.

② 学习贯彻党的十九大精神　推动教育管理信息化跃上新台阶［EB/OL］.（2017－12－27）［2019－10－01］. http://www.ict.edu.cn/news/n2/n20171227_46514.shtml.

生各种信息使用痕迹，包括浏览图书馆目录、网络聊天信息、各种照片、行踪动态以及消费行为，这些数据反映了师生的行为取向，在一定程度上反映了他们的思想动态和情感倾向。这些信息运用在高校管理中具有重要意义，有利于通过信息化的大数据为管理提供决策依据和参考，从而更好地预测师生的思想斗志和行为倾向，提高管理育人的精准度和效益。大数据技术可让高校学生管理工作从宏观到微观，让学生管理更加个性化，从而充分了解学生需求，实现为学生的成长成才服务的目的。此外，大数据在高校行政管理中的运用，有利于为科学的管理决策提供依据，优化创新高校行政管理模式；有利于采取精准化、针对性的管理措施，提高行政管理效率，从而为高校管理育人奠定基础。

（2）挑战。

一是教育管理信息化程度不够，数据处理难度大。高校对网络信息技术在教育管理方面的运用有待进一步深入挖掘，在某些学生事务管理、行政管理领域中没有很好地发挥大数据的作用，育人的理念没有得到很好的实现。二是在教育管理中，数据信息类型多，文本、音频、图像、视频等非结构化和半结构化数据大量存在，对于这些数据的处理分析有一定难度。三是师生的信息化素养有待提高，运用大数据的意识和能力有待加强。目前，多数师生对大数据运用认识不到位，缺乏专业数据分析、能力，需要强化师生信息化素养训练。

3. 大数据作为高校管理育人载体的有效运用

一是依托大数据，大力推进高校信息系统的运用。2012 年教育部印发《教育信息化十年发展规划（2011—2020 年）》提出“支持学校管理服务流程优化与再造，提升管理效率与决策水平，提高办学效益，支撑现代学校制度建设”①。高校在建设校园网的基础上，系统性地推进校园管理服务信

---

① 教育部印发《教育信息化十年发展规划（2011—2020 年）》的通知［J］. 中国教育信息化，2012（8）：95.

息化建设，建立数字化信息平台，实现各种服务平台协同共享，大幅提升大数据服务教育教学与管理的能力。例如，在高校智慧校园管理中建立的师生网上身份认证系统、人脸识别系统以及涉及学校各个业务领域管理的系统模块，通过OA学校行政事务综合平台系统、教务管理系统、财务系统、图书借阅系统、学生事务管理系统等系统模块全方位服务师生。二是加强数据治理、分析和应用。有效运用大数据研究成果，实现数据的统一采集、处理和运用，确保数据信息的完整和准确，着力解决管理工作信息化建设中“信息孤岛”和数据挖掘难、处理难等突出问题，构建整合校园数据池，实施校园管理“一张表”工程，通过校园大数据的有效治理可以实现各职能部门的联动，促进管理与育人工作的无缝隙对接，主动、分类地推送个性化教育资源，有针对性地开展育人工作。例如，有学者研究运用大数据技术研发的“学生画像”系统并应用到大学校园管理中，根据学生出入寝室的时间、进出图书馆的次数、借阅书籍的种类等数据与实际行为相关联，“计算”出每个学生的学习生活状态，从而找出学生的兴趣点和关注点，有效建立学业预警机制。此外，学生校园一卡通在食堂的消费记录可以真实反映学生的消费行为，把消费水平低的数据作为判断贫困生的一个重要依据。通过大数据分析学生微博、微信、QQ内容可以捕捉敏感信息，掌握学生的思想动态，及时在舆论监督和意识形态上给予指引。三是加强师生的信息素养，形成运用信息化技术的自觉性。

（二）新媒体

1. 新媒体的内涵和特征

媒体是具备价值的信息载体。新媒体（New Media）是一个相对概念，主要是针对报刊、广播以及电视等传统媒体提出的一种新型信息传播形式，也被人们称为“第五媒体”。因此，新媒体是一种新型的信息传播载体形式，其本身具有价值，其传递的信息也具有价值。清华大学熊澄宇教授认为，“今天我们所说的新媒体通常是指在计算机信息处理技术基础上出现和影响的媒体形态。”新媒体通过互联网技术和移动通信技术等实现随时随地提供信息的媒介形态，受众面广，对交流者提供个性化互动交流。新媒体不受时空和地域的限制，与传统媒体相比，人与人之间可以进行全方位、多角度的沟通互动，所有人都可作为信息传播源。新媒体具有以下特征。

①即时性。

即时性主要是指新媒体的信息传播速度迅速。与传统媒体的信息发布、接收和传播时间相对较长、速度相对较慢相比，新媒体能准确及时发布、接收和反馈信息。

②开放性。

开放性是指新媒体信息的传播可以突破时空界限且信息内容包罗万象。新媒体的受众面从传统的“一对多”转变为“多对多”，各种新媒体全天候、全时空、全方位地传送的信息，信息发布者和受众群体不受地域时空限制就可以获取想要的资讯。

③交互性。

与传统媒体单向、固化、静态的传播相比较，新媒体实现了信息传播者与其受众之间的互动交流。受众群体可以通过微信、QQ、微博等新媒体与信息发布者及时进行交流沟通，还可以与其他受众群体进行互动，随时反馈自己的想法和见解。

④虚拟性。

新媒体取代了人与人之间的面对面交流，呈现一个虚拟的活动空间，通过音频、视频、文字和图片等电子信息来实现信息的交互。此外，新媒体空间下的身份信息也呈现虚拟化，交流双方可以建立虚拟的人际关系交往等。

⑤共享性。

新媒体的信息可以实现信息的最大共享，信息的获取变得快速、及时、有效，信息传播渠道更加多样，信息的交互更加顺畅。

⑥海量性。

当前社会在新媒体作用下，信息交互又以 n 次方的速度不断生成着新的信息，形成一个庞大的信息库。

2. 新媒体在高校管理育人运用中面临的机遇与挑战

（1）机遇。

在经济全球化和信息化的大背景下，世界发生了急速的变革，带来了更多的复杂性和不确定性，互联网技术已经深刻影响着人类的生产生活方式和思维方式。新媒体技术的运用更加促进了整个社会的融合发展，加剧了各种思潮的交汇。在高校，新媒体的广泛运用主要体现在宣传阵地和话语权。高校要强化互联网思维，强占信息传播的制高点，探索新媒体在高校思想政治教育的运用，从而加强高校管理育人的时效性。一是新媒体为高校管理提供了新的交互平台，拓展了管理育人空间。新媒体对学生的教育管理不再局限于通过传统的书本等有限媒介在固定的时间和场所进行，而是可以更多地选择网络等新媒体平台。新媒体具有丰富的资源和多种多样的交互渠道，可以通过多种网络工具开展管理育人的工作，使学生的教育管理工作变得更加灵活便捷。此外，新媒体丰富多彩的共享信息资源和信息表现形式，使管理育人的形式更加多元化，实现了管理育人的吸引力和感染力。二是新媒体增强了管理者与学生的互动与沟通，提升了管理育人的亲和力。新媒体的运用实现了管理者和被管理者的平等地位，教育管理者不再是高高在上、居高临下地通过权力去强制实施管理，而是通过新媒体转变话语方式，实现与学生的平等对话，从而激发学生的主观能动性，增强管理者的信任度和亲和力。三是新媒体提高了管理育人效率，节约了管理成本。在传统信息传播中，高校管理育人工作需要大量的人力资源成本和时间成本等，但新媒体的运用，管理育人工作可以实现高效传播，节约了人力、物力和财力。新媒体使得高校管理实现统一化、透明化，减少有效信息在传播过程中的衰减，提高管理育人的实效性即时性。四是新媒体有利于增强学生“自我学习、自我管理、自我教育”的主动性。新媒体进一步发挥了学生的主观能动性，延伸了管理育人的途径，将教育管理领域从课堂扩展到课堂之外的任何生活场所，师生之间通过新媒体的互动，可以实现相互学习反思，实现自我学习、自我成长。

（2）挑战。

一是新媒体增加了高校管理育人的复杂性，挑战传统管理育人的权威。新媒体是一种较为开放的沟通平台，在这种平台中的交流缺少相应的信息监控功能，虚拟性平台使学生缺少自觉性与自律性。此外，新媒体使管理者与学生的交际方式发生了巨大的变化，减少了“面对面”的交流，从而使管理者难以对学生进行全面而深入的了解，加大了管理育人的难度和复杂性。二是新媒体使高校管理育人的主客体角色定位发生改变，改变了传统话语体系，使管理育人面临着前所未有的挑战。三是新媒体受到各种信息观念、价值观、思潮的影响，传递的信息鱼龙混杂，高校师生需要提高鉴别能力。高校学生正处在自我价值观、人生观和世界观形成的重要时期，需要提高自我控制和判断能力。四是新媒体对学校的舆论和意识形态安全构成威胁。在新媒体环境下，高校校园舆论监控能力降低，学生的隐私安全受到威胁，给高校的学生管理工作造成极大的隐患。此外，新媒体信息混杂，如果不加以引导，容易造成学生对外来思潮缺乏抵御能力，一定程度上影响校园的和谐稳定。

3. 新媒体作为高校管理育人载体的有效运用

一是加强校园信息化建设的顶层设计，完善新媒体运行机制。进一步完善高校新媒体机构的建设，加强宣传思想工作的有效性，从学校整体发展和未来战略定位出发，统筹各部门、各学院，构建纵向联动、横向协同的立体化网络媒体。此外，校园网站是一个高校的重要窗口，承载着学校的基本信息、组织架构、新闻资讯，是对学生进行教育管理最基本且重要的新媒体形式。整合网络媒体资源，加强校园网站建设，通过制度上网、结果上网、网上办公、网上反馈等，为学生提供便捷、及时、准确的教育和服务，让校园网站成为高校管理育人的一个有效载体。

二是完善学生管理交流平台建设，充分利用新媒体提升管理育人实效。高校管理者可以将日常的思想政治教育资源整合到网络互动交流系统平台中，从而通过网络系统的管理实现育人的目的。例如，高校微信公众平台是校园大事的重要报道者、校园舆论的重要引导者、校园服务的重要提供者。充分运用高校微信公众平台，通过信息的点对点精准推送，实现师生的思想交流和沟通互动对话。以思想引领为抓手，以服务学生成长成才为宗旨，建立立体式的信息传播和教育指导，进行启发与教育活动，拉近与学生的距离，在加强学生事务的日常管理中有效传递思想政治教育内容。

三是优化新媒体管理环境，健全新媒体管理机制，提升思想政治教育的引领力。首先，要加强校园网络舆论监管和建立反馈机制，建立信息的获取、分析和处理机制，加大正面教育宣传和引导。采取虚拟与现实相结合的方式，建立新媒体信息员制度，构建学校—学院（系）—班级—宿舍四个层级的学生管理信息反馈体系。其次，增强高校新媒体平台的权威性，打造学生关注的网络领袖。抢占新媒体技术的传播平台，把握网络思想政治教育的主动权，建立权威信息平台，引导大学生群体的舆论导向。再次，加强新媒体内容的感染力，新媒体信息传递与管理育人相结合，实现线上和线下互动。其四，提高管理队伍新媒体应用的专业化程度，定期加强对管理者进行新媒体素养和技能的培训，提升管理者的信息技术专业知识和信息素养。

第三节　案例分析：吉林大学珠海学院以新媒体为载体探索管理育人路径

“因事而化、因时而进、因势而新”是新时代高校思想政治教育工作要求，广东省各高校积极探索运用网络技术和新媒体创新管理育人载体。以吉林大学珠海学院为例，该学院官方微信创新管理育人新模式，率先成立新媒体中心，于2014年7月23日开通官方微信，由学院党委宣传部（新媒体中心）运营，目前关注用户已突破9．8万人。首先，通过官方微信引领学生思想，使思想政治教育管理的旋律“响”起来。学院加强新媒体的管理，因势利导掌握网络空间的话语权和主导权，对学生热议的舆情和热点，及时授权学院官方微信发布权威信息。其次，通过官方微信实现管理育人的“润物细无声”的效果。学校官方微信关注学生的言论动态，发现隐藏在言论背后的情感和心理问题，通过“评论”“回复”及时回应，在互动中解决问题。据2018年《新媒体时代广东高校创新思想整治工作调研报告》统计显示“近3年来官方微信会话次数达537万次，会话人次达372万，平均每月与近13万人次会话交流”①，在高频的互动中拉近管理者与学生的距离，实现管理育人的潜移默化作用。第三，加强官方微信的管理服务功能，促进学生成长成才。学院官方微信主动出击，为学生在学习、生活中遇到的各种疑难问题排忧解难。官方微信将教育管理和服务功能实现线上线下贯通融入，定期开展“校领导接待日”“书记开讲啦”等活动，公布“书记信箱”让学校领导听取师生心声，高效解决合理诉求，为学生学习生活提供有效的管理服务，发挥重要管理育人功能。

---

①　广东思想政治工作研究会．新媒体时代广东高校创新思想政治工作调研报告［J］．思想政治工作研究，2018（9）：37－39.

第七章 广东高校管理育人的机制

高校育人工作离不开完善的高校管理育人机制，这对于高校管理育人工作有效运行以及立德树人目标的实现具有重大意义。高校管理育人机制由一整套科学而行之有效的工作机制组成，客观反映高校思想政治教育规律及管理规律，是管理育人实践经验的科学总结。进入新时代，贯彻落实党中央不断加强和改进思想政治教育工作的要求，高校承担着培养人的重任，将立德树人工作融入高校管理体系，对高校管理育人机制进行优化、创新至关重要。

第一节 高校管理育人机制的基本内涵

高校管理育人是一个系统而复杂的运动，在高校管理过程中，不仅有人、财、物、信息等事务因素的活动及由这些因素相互耦合而成的关系的作用，而且还存在着作用于这些人、财、物及其管理活动构成的各种关系之上的观念、思想、精神等因素，这些要素就构成了管理育人机制的基础和重要内容，约束着高校管理育人机制的构造和转换，进而影响高校管理育人功能的发挥。研究高校管理育人机制，必须首先明晰相关概念，明确高校管理育人的基本内涵和特征。

一、高校管理育人机制的含义

"机制"，源于希腊文 mechane，原指机械工程学意义上的机器的构造与工作原理。后延伸到社会学、管理学等不同领域，在社会学中，机制指各种社会组织内部具有的、能够有序运行的存在方式与联系方式的总和。在系统学中，机制指系统内各子系统、各要素之间相互作用、相互联系、相互制约的形式及其运动原理和内在的、本质的工作方式。[①] 与机制相近的含义是指做事的方式和方法，但机制不同于方式，它是制度化了的方法，或制度加方法。如果说方式、方法体现了一种做事的形式和思路，那么机制就是各种验之有效的方式、方法，经过一定的加工进而系统化，并结合成有机整体的存在。

陆庆壬最早将"机制"引入思想政治教育学研究范畴，他提出"思想政治教育管理机制是把思想政治教育的系统决策付诸实施，并取得预期效果的保证"[②]。邱伟光提出"教育机制是指思想政治教育过程中选择的工作方式"[③]，王礼湛提出"教育机制也就是思想政治教育过程中的内在方式"[④]，朱再昌、饶越提出"思想政治教育机制是指为满足思想政治教育的需要而设定的一套组织机构"[⑤]。由此，思想政治教育机制是指为实现思想

---

① 侯光明，李存金. 现代管理激励与约束机制［M］. 北京：高等教育出版社，2002：73.

② 陆庆壬. 思想政治教育学原理［M］. 上海：复旦大学出版社，1986：12.

③ 邱伟光. 思想政治教育学概论［M］. 天津：天津人民出版社，1988：179.

④ 王礼湛. 思想政治教育学［M］. 杭州：浙江大学出版社，1989：182.

⑤ 朱再昌，饶越. 国有企业思想政治教育新机制论［M］. 贵阳：贵州人民出版社，1999：206.

政治教育目的所形成的一种内在方式、工作方式和组织方式。这些判断，同样适用属于思想政治教育机制范畴的种概念——管理育人机制。高校管理育人机制是指高校管理育人内部各要素相互联系、相互制约、相互作用的联结方式，以及各要素之间有序作用而实现其整体目标的运行方式，而且还包括人们对管理育人活动运行的有效调节方式。它是管理育人各构成要素的整体运行状态。一定程度上，系统内部由什么样的要素组成，就会产生什么样的机理、功能状态，也就会出现什么样的运行方式。高校管理育人机制的构成要素包括：管理育人的目的、内容、主体、客体、环境（介体）、动力、调控及保障。

高校管理育人机制是一个动态的运行方式且具有自动调控功能的系统是基于管理育人目标按照一定的组织方式和制度规则集合而成的有机整体。在诸多要素中，起关键作用的要素有：运行主体、组织结构、制度规则①。这三个要素直接影响到高校管理育人机制的有效性。管理育人机制一旦形成，作为一个协调有效的运行系统，可以具有自我调适、自我完善的能动功能。高校管理育人处于一定的时代和社会要求之下，管理育人主体在实践中不断深化，不断纠正偏差，或者随形势的发展不断调整、更新，以达到管理育人的预期目标。反映在管理育人活动中，能够通过主体认识的提高和领会，根据党和国家方针政策以及学生实际变化情况的把握，制订新的目标和计划，并且通过各要素优化整合，制定相关制度规则，组织新的力量，推动制度机制的实施，以此优化管理育人工作，促进学生思想政治素质的提高。当下我国改革已进入攻坚阶段和发展关键期，社会处于转型而矛盾多发期，社会情况发生复杂而又深刻的变化，这种变化反映到大学生的身上，由于教育背景、家庭状况、经济条件、就业压力、个性差异等诸多因素影响，学生呈现比以往更加多元复杂的趋向，促使管理方式和手

---

① 万霞，刘树良，梁岚．新时期高校思想政治教育热点问题研究［M］．北京：九州出版社，2015：25．

段不能一刀切。针对学生的日常管理，要构建富有成效的管理育人机制，通过管理育人制度创新和机制保障，充分利用管理的丰富资源，引导学生认识客观大势，提高思想认识，养成良好的品德行为。

二、高校管理育人机制的特征

高校管理育人机制是多因素、多变量的有机整体，需要一套运行方式来保障。“现代德育过程的基本机制：说服机制、激励机制、调节机制、沟通机制、管理机制”①。高校管理育人也是一种德育过程，其机制机理相近。笔者认为，高校管理育人机制具有管理和思想政治教育两种属性。高校管理育人机制可以分为作用机制、评价机制两大类机制。从不同的维度，作用机制还可以进一步细分，从教育形式上，高校管理育人机制可分为教化机制、实践体认机制、激励机制、沟通机制、自我管理机制等内在作用机制；从运作形式上，高校管理育人机制可分为领导机制、调控机制、保障机制等动力作用机制。这些机制既相互独立，又相互作用、互相制约，建设和完善管理育人机制，是提高管理育人的实效性的必然选择。

（一）目标导向性

管理育人机制的运行具有目的性或方向性。“大学是一个相当复杂的组织，同时大学又是一个高度分权化的组织。这要求大学必须建立一个既能围绕着统一的目标运行，又能调动各个学术组织及其成员为其目标实现而努力的积极性的大学制度”②。高校管理育人机制要达到什么样的目标，就要形成什么样的运行机理。目标导向性既指明了管理育人的前进方向，也确定了管理育人所要达到的效果。在管理育人过程中，为了实现管理育人目的的达成，必须根据管理育人的目标指向来构建科学的管理育人工作机

① 北京语言大学党建思想政治工作研究会. 北京语言大学党建思想政治工作的理论与实践［M］. 北京：北京语言文化大学出版社，2003：173.

② 眭依凡. 大学使命与责任［M］. 北京：教育科学出版社，2007：125.

制，在实施过程中，明确各方职责分工，根据具体情况对涉及的各个环节、各种资源进行有机整合，构成一个相互协作、相互制约的工作责任制体系，引导各部门和每个教师干部能依据目标要求，形成管理和教育的合力，最终实现管理育人的预期目标。

（二）内外适应性

高校管理育人活动是学生社会化的实践活动。高校管理育人的机制要坚持适应性原则，即管理育人各构成要素要主动适应社会发展和学生的发展的需要。从高校育人环境与社会环境的关系来看，高校是社会的一个子系统，高校育人环境与社会环境始终处于相互渗透与相互作用的状态，高校管理育人机制要适应变化，不断完善和改进，以提高管理育人实效性。高校是培养和造就适应新时代社会发展的合格人才的基地，其目标是培养德才兼备的高素质创新人才，高质量的管理是实现这一目标的重要保证。当前，高校管理面临着内部管理体制相对滞后、管理制度僵化、管理方式陈旧。时代的发展、形势的变化，当代大学生成长的外在环境和内在因素发生很大的变化，互联网负面效应，就业形势严峻，都给高校管理带来新的挑战。各类高校要变被动管理为主动管理，坚持内外适应性，外部适应适合社会发展需求，不断加深对机制运行规律的认识，内部适应不同层次不同学生群体的特点，坚持教育与管理相结合，在此基础上，不断探索科学有效的管理育人机制，确保管理育人环节衔接有序、运转畅顺。

（三）科学有效性

高校管理育人工作是一项复杂而有创造性工作，它是通过科学、规范的管理，引导、教育被管理者，提高被管理者的思想和认识的工作。管理是一门科学，思想政治教育也是一门科学，它们有各自的特点，也有共同的规律，人的思想、认识的形成和转化有一个过程，需要借助一定的管理机制，这意味着不能违背管理规律和人的认识规律。高校要在符合管理规律和思想政治教育规律的前提下，在管理育人内容、途径、方法上下努力加以改进，摸索总结一套科学的、适用的工作机制，实施领导机制、调控机制、保障机制，推进管理育人的制度化、规范化，同时管理者也要注意运用科学的教育学原理融入管理工作中，深化教化机制、激励机制、沟通机制，做好人的思想工作，不断增强管理育人的有效性。

（四）系统整体性

高校管理育人工作是一项涉及党委、行政、科研、教学、后勤、学生等各个部门，又包括管理、制度、文化、空间、活动等各项要素，既体现各部门相互独立，有独立的工作形式、业务和标准，又体现各要素各自运行机制与规律，但它们又是不是分离的，是相互联系、相互依存、互动共长的管理育人整体。高校要培养德智体美劳全面发展的社会主义合格建设者和可靠接班人，推进“三全育人”，但当前高校普遍面临的问题是职能分工过细，各职能部门一定程度还处于业务范围泾渭分明，未形成相互协调和整合力。构建科学有效的管理育人机制，就是要整体思考和规划管理育人工作，在立德树人的整体目标的前提下，系统构建科学的工作机制，促使各部门各单位发挥功能、系统协调，以达到结构优化、机制畅顺，整体推动管理育人工作的发展。

基于以上分析，我们认为，高校管理育人机制是一个有机的系统，在管理育人过程中，主体、客体、介体等诸要素有机组织、有效分工、相互协调而形成相互耦合和相互作用的机理。本章以下内容将分为作用机制和评价机制两种类型来论述。

第二节 高校管理育人的作用机制

高校管理育人的作用机制包括内在作用机制和动力作用机制，内在作用机制是基本，动力作用机制是条件。动力作用机制若运行良好，高校管理育人工作井然有序，内在作用机制若运行畅顺，师生的思想认识统一和提高才有可能。完善作用机制是高校管理育人工作有效落实的保证。加强和改进高校管理育人工作，完善和构建科学有效的作用机制是关键。

一、内在作用机制

从机制体制的功能来看，高校管理育人内在作用机制是指在管理育人工作中，建立健全相应的机制和制度，对学生起直接因果关系的育人机制，包括教化机制、实践体认机制、激励机制、沟通机制、自我教育机制等。

（一）教化机制

教化是教育者按照一定的社会需要把一定的教育内容，行为准则转化给对象的过程。[①] 教化，从字面看，是教育和感化，是教人如何“做人”。“思想是一个多要素的综合系统，它包含全部制约人的行动的各种精神因素的总和。有直接支配人的行动的因素——动机系统，包括‘需要’‘兴趣’‘动机’等；有调节人们行为动机的因素——心理过程系统，包括‘认识’‘情感’‘意志’‘习惯’等；有指导人们行动动机的因素——观念系统，即人们的认识内容和认识水平，包括哲学观点、政治观点、伦理观点等。”[②]“思想道德的真正形成需要实现两个转化：意识社会思想、社会道德内化为受教育者的思想观点和道德信念；二是受教育者的思想道德观念和信念外化为行为实践。”[③]“一个完整的道德接受活动的启动和运行是以主体道德需要为核心的内在动力系统和以社会道德需要为核心的外在动力系统，有机结合共同推动的。”[④]

大学生的思想品德的形成和发展是学生个体对思想政治教育环境中各

---

① 张澍军. 学科重要理论探索：我的 18 个思想政治教育见识见解［M］. 北京：中国人民大学出版社，2018：435.

② 陆庆壬. 思想政治教育学原理［M］. 上海：复旦大学出版社，1986：3.

③ 张澍军. 学科重要理论探索：我的 18 个思想政治教育见识见解［M］. 北京：中国人民大学出版社，2018：434.

④ 张琼，马尽举. 道德接受论［M］. 北京：中国社会科学出版社，1995：141.

种信息的吸收、加工、内化和外化等过程。这一过程正是高校管理育人活动主体和客体之间相互作用，管理者的“教化”与管理对象的“内化”“外化”互动的过程，教化是管理者根据一定的教育目的促使社会主导思想观念和道德规范转化为被管理者的行为规范的过程。内化则体现在被管理者主动或被动地接受社会的思想道德要求和行为规范，进而变成个体的信念和行为的过程，从教化到内化、从内化到外化是从“他律”到“自律”“自主”的过程。

高校的首要任务是培养人才。按照既定的办学目标，高校设置课程、组织教学、科研、社会实践以及思想政治教育工作，开展一系列有规律的办学管理活动，如学籍管理、教学管理、考试管理、奖惩管理、宿舍管理、校园秩序管理等，使学校一切活动趋于规范化和有效运转。通过日常管理活动向学生传递思想政治信息，使学生明晰应该做什么、不应该做什么，还通过制度建设的外在约束，向学生传递特定的思想观念、政治要求和道德规范，如建立完善的学籍管理制度，规定未修满学分、考试不及格、考试作弊，都要受到一定强制措施或惩罚，引导学生树立遵守规章制度、遵纪守法的价值观念。这些思想观念和价值观念与学生已有的认知和心理活动相融合，就形成对学生的教化过程，这些认识内化吸收转化为学生自身正确的世界观、人生观、价值观，并通过一定的实践行为，外化为自觉的道德践履，从而促使学生养成良好的思想品德和行为习惯。

（二）实践体认机制

实践体认，是指通过直接实践体验某种选择结果，反映一种反思性心理过程。受教者通过实践体认获得自身真切的体验，这种直接感受和个体独特性是任何人都无法替代的。思想政治教育接受过程是学生体会内化于心、实践外化于行的过程。“纸上得来终觉浅，绝知此事要躬行。”这句出自陆游的《冬夜读书示子聿》的诗句，讲的是光从书本上得到的知识难免肤浅，要透彻地认识事物必须亲自实践体认。“知行学说”是我国古老的道德哲学命题，王阳明在前人“知性合一”的基础上，提出“立志、躬行、事上磨炼。”强调“知是行之始，行是知之成”。实践体认，是思想政治教育接受过程中的一个重要环节，实践体认区别于实践经验，实践体认不是“无米之炊”，必须付诸实践才能获得道德情感、道德认知。实践体验进而升华为实践体认，即为是实现思想观念和行为规则“内化”。

高校管理育人实践体认机制，是指管理者有目的、有计划地组织引导学生参与各种形式的管理活动，训练、培养学生思想品德和行为习惯的运行方式。在高校管理育人过程中，大学生尽管具备一定的道德判断、推理、归纳、认同等能力，但是思想认识还不成熟，价值判断仍不稳定，高校通过设立实践体认机制，让学生在真实的校园生活或者社会实践中，亲身践行并形成一定的道德体验，从而促使其个体的思想观念和道德认知的发展。高校管理育人实践体认机制必须与学生的生活世界相结合，针对学生的道德认知特点，创设管理实践情境，帮助学生在生活世界的实践当中内化道德认知、体会道德情感，从而外化为行为习惯。

日常校园生活点滴是大学生体验、认知的机会，高校要为学生的道德实践体认和德行养成建造一个良好的环境。通过参与管理实践活动，学生在管理过程中受教育，产生反思及体验，不断强化对核心价值观的认同。例如，组织学生践行宿舍行为规范；遵守课堂教学、开学典礼、毕业典礼、答辩仪式等礼仪规范；定期参观校史馆，规范使用校标、校徽、校旗、校歌等学校形象标识。通过实践体认机制发挥育人渗透功能，学生逐步养成爱国守法、明礼诚信、遵守公德、文明和谐的道德品行。

（三）激励机制

激励，就是激发和鼓励，是指持续激发人的行为动机，并使之产生目标行为的心理活动过程。激励理论最早来源于20世纪初期，该理论主要从管理学、社会学和心理学等不同的角度研究了如何调动人的积极性的问题。激励理论集中反映如何激发人的积极性、主动性和创造性的问题。动机的形成受到学生的内在需要或外部刺激的影响，思想动机直接导致行为结果的产生，而调动学生的自觉性是高校思想政治教育的重要职能。建构完善的高校管理育人要运用激励理论，将激励中的各要素有机地结合在一起，形成合理的激励机制，激发学生良好的思想动机，引导他们将个人目标与社会目标有机结合起来，从而使其朝着立德树人总体要求的方向发展。

高校管理育人激励机制要以尊重、激励、成就作为管理育人工作的出发点和归宿点，善于运用外在激励，包括一定的物质或精神手段，激发学生的内在动力，保证学生的思想政治教育在激励机制实践中得到巩固和加强。在高校管理过程中，对学生的激励方式有很多，例如，对学生实行目标激励、成绩评价、榜样激励、竞赛激励、奖励激励等激励措施。在激励机制运用过程中，要注重发挥激励机制的导向、激发、评定、调控等作用，调动学生的积极性、主动性和创造性，鼓励大学生将个人的自我实行与集体目标、国家发展目标相结合，着力培养学生的社会责任感和使命感，引导和激励学生自觉成长成才。

（四）沟通机制

沟通，《韦氏大辞典》解释其为“文字、文句或消息之交通，思想或意见之交换。”不同学科从不同角度对沟通进行研究，由此形成不同学科领域的沟通理论。美国管理学家泰勒在其科学管理理论中强调要关注管理中下行沟通的重要性；管理学家赫伯特·西蒙认为，沟通可视为任何一种程序，组织中的一成员，将其决定意见或前提，传达给其他有关成员。美国学者桑德拉·黑贝尔斯、理查德·威沃尔二世则将沟通定义为人们分享信息、思想和情感的任何过程。① 沟通理论运用到思想政治教育中，指“在一定的教育沟通情境中，教育者与受教育者之间借助语言符号系统，运用非强迫

① 黑贝尔斯，威沃尔. 有效沟通［M］. 李业昆，译. 北京：华夏出版社，2005：6.

方式，以共同的客体为中介，以建构受教育者完美精神世界为目标而实施的一种主体间的关于思想道德信息以及观念、知识、情感的双向交流与互动活动"①。传统的思想政治教育主要采取灌输教育的方式，忽视教育对象的差异性、主动性和积极性，不重视运用沟通的方法，影响思想政治教育实效性。

高校管理育人沟通机制，有利于加强高校管理者以及学生之间的合作与沟通，创造一种开放的、平等的、宽容的管理环境和管理氛围，建立起有效的师生沟通机制。加强高校管理育人的沟通机制及其过程，对于解决高校管理者与学生沟通障碍，提高管理育人有效性具有重要意义。高校要建立健全管理育人的沟通机制，畅通校情民意充分表达的沟通机制，建立民主平等的沟通渠道，确保各个管理环节沟通畅顺。加强管理育人主体和客体交流与互动，如通过个别交谈、召开班会、讨论座谈和运用QQ、微信等网络媒介等多种方式，交流思想、听取意见、分享感受，换位思考学生的种种需求，建立起师生互动的有效沟通机制，使管理育人工作更加深入有效，也更具人性化。

（五）自我管理机制

自我管理，是指被管理者自己管理自己，自己做自己的思想政治工作。20世纪50年代，日本出现了“自我管理团队”思想。20世纪80年代，应对传统组织形式下组织与个人的冲突，发挥员工的自主意识，帮助企业渡过难关，应运而生“自我管理团队”的组织形式。自我管理团队是一种在设定的领导人的管理下，自我决策、自我管理、自我运行，并实现组织目标的具有高度自主权的组织形式。② 组织中的人是管理学研究的核心问题，

① 谷佳媚. 论思想政治教育沟通关系的本真［J］. 河南社会科学，2011（5）：166－168.

② 肖余春. 自我管理团队及其在企业中的应用［J］. 中国管理科学，2001（6）：63－67.

自我管理强调人的自主意识，这种意识能够充分激起人的本能欲望、兴趣和需求，激发人的智能、体能和斗志，激励人积极地实践。自我管理是思想政治教育的重要范畴，也是高校管理育人的有效方式。独立、自主是学生社会化过程的重要方面。自我管理的意识的确立，能够充分调动学生在教育过程中的积极性、主动性和自觉性，促进其自我认识、自我省思、自我控制，自觉明辨是非，自觉向既定目标发展。

高校管理育人自我管理机制有利于发挥学生主体作用，实现学生的自我管理、自我教育、自我发展。中共中央、国务院发出的《关于进一步加强和改进大学生思想政治教育的意见》明确指出思想政治教育基本原则为，“坚持教育与自我教育相结合。既要充分发挥学校教师、党团组织的教育引导作用，又要充分调动大学生的积极性和主动性，引导他们自我教育、自我管理、自我服务。”高校在培养人才的过程中，实行学生自主管理有助于提高大学生的自主管理意识、民主意识和社会实践能力，充分激发学生的主动性和参与意识，通过自主管理的实践锻炼，促进学生从他律转化为自律，在育人过程中发挥积极作用。自主管理机制有很多方式，如高校各部门设立学生助管岗位，学生直接参与学校、学院管理事务工作；设立兼职班主任制度，让高年级的优秀学生担任低年级学生的兼职班主任，参与校院两级学生会、学院（班级）学生团队工作，参与学生社团管理活动等。

二、动力作用机制

围绕立德树人的目标，调动各方面的人力、物力、财力等各种资源卓有成效地工作，需要明确相关制度，建立确保管理育人工作有效落实的机制，包括领导机制、调控机制、保障机制等。

（一）领导机制

“领导”，在《现代汉语词典》中的词义为“率领并领导”或“担任领导工作的人”。领导机制中“领导”的含义就是指前者，概括而言，领导机制是系统内部领导管理的结构方式和运行方式，它是贯彻落实群体目标的重要保证，是完成目标任务的必备手段，是提高领导效能的组织条件。在高校管理育人实践中，领导机制是确保高校管理育人有效运行的重要组织保证。领导机制是决策、指挥、监督系统。领导机制非常重要，处于管理育人有效机制中核心位置，领导机制既管人、管事，还管思想，高校有了坚强的组织领导，管理育人各项工作才能有序进行。

领导机制是高校管理育人顺利开展的组织保障。新时代加强和改进高校管理育人工作，必须加强党对高校的领导，建立和完善党对管理育人工作的领导机制和运作机制。近年来，我国高校积极探索现代大学制度建设，在实践中贯彻落实“党委领导、校长负责、教授治学、民主管理”的理念。从横向看，领导机制主要包括：由高校的党代会、全体党委委员会、党委常委会委员组成的决策体系；由校长、副校长以及行政部门、各教学科研组织组成的行政工作组织体系；由纪律委员会的监督系统；由学术委员会及分委员会组成学术权力体系；教职工参与的民主管理体系。从纵向看，领导机制由校、学院（学部）两级领导机构组成。党委领导下的校长负责制，核心就是建立健全党委统一领导学校工作，校长组织实施育人战略工作，总体上，高校建立学校党委统一领导、党政齐抓共管，纵横协调、衔接紧密的大学生思想政治教育领导机制，形成齐抓共管、一级抓一级、层层抓落实的有效机制。

（二）调控机制

“调控”，在《现代汉语词典》中的词义为“调节控制”，即调节、协调、控制。古典管理学从佛雷德里克·泰勒的科学管理和亨利·法约尔的行政管理开始，就围绕企业内部稳定性这一问题展开研究。丹尼尔·A. 雷恩曾指出三重治理方法：积极劝诱、消极的制裁、工厂精神风气，相对应三种调控机制：古典学的调控机制、现代契约理论和调控机制以及文化治理机制。显然，从管理学角度而言的，调控机制是组织内部稳定性的一种管理手段，为了使系统在运行过程中保持正确的方向，需要适时加以调控。高校管理育人是一个复杂的系统工程，需要构建一套有效的调控机制，按照所确立的目标和任务实施目标管理，实行过程控制、结果反馈调节，及时纠偏补弊，确保系统沿着预定的目标和方向运行。

高校管理育人是一项全方位多层次的系统工程，围绕贯彻和落实立德树人的目标，需要一套周密的组织办法和调控机制，才能保证管理育人工作有序高效运行。近年来，为实现立德树人目标，各高校不断深化调控机制实践，力求做到：一是组建校级层面协调小组。从某种意义上，高校任何一个部门都难以独立承担育人工作，往往都通过建立由校级联席会议制度，协调学生日常管理与教学管理、党团管理、生活管理等各类学生事务管理，制定纲领文件统领全校的育人工作。二是建立预警研判工作，定期搜集信息、加强信息反馈，及时进行大数据分析，科学预判形势，掌握师生思想动态和行为倾向，力求把问题解决在萌芽状态，预防和化解突发性事件。三是规范常规管理。重点加强过程管理，从入学新生教育、校史教育、专业学习、社会实践，到职业规划、就业指导，制定规范制度，强化政策导向，加强执行监督及考核管理，采取行政手段与物质、精神手段相配合，优化他们的育德行为，通过调控机制，调动广大教职员工的积极性，实现管理育人工作整体优化、协调运行。

（三）保障机制

“保障”，是指起保障作用的结构方式。所谓保障机制．是指为了实现某种目标，保证系统正常运行的内外部条件。高校管理育人的目标要顺利、高效地实现，必须建立健全管理育人的保障机制，从政策制度、工作队伍、经费物质、校园环境等各方面给予支持。教育部出台《高校思想政治工作质量提升工程实施纲要》，提出构建“十大育人”体系，并列举了四项具体举措：一是健全依法治校、管理育人制度体系。二是加强干部队伍、教师队伍管理。三是加强经费使用管理。四是强化保障和评价体系建设。高校管理育人保障机制，主要包括几个方面：

1. 制度保障

制度是组织存在和发展的内在结构与逻辑形式，也是维护组织存在与发展的规范体系[1]。科学完善的制度是高校管理育人的必要保证。高校管理为了维护一定的组织秩序，总是建立一整套正式制度或非正式制度。正式制度，如教育法律、大学章程、规则、守则、条例等；非正式的制度，如师生交往的中一切道德规范、文化传统、校园习俗等。管理主体的行为规范以制度的形式予以规定，使师生得以信守，从而保障了管理的秩序。另一方面，师生以制度为纽带所建立的关系必然存在一种影响和被影响、教育与被教育的关系，使得师生形成自我约束、自我完善、自我发展的机制。

2. 队伍保障

从管理育人主客体来讲，高校全体教职员工既是管理者，又是被管理者。他们是管理育人的建设主体，又是管理育人工作进程的保障者。教职工在学校各领域中参与管理工作，他们致力于广大师生的学习、工作和生活的管理和服务，确保学校各项管理工作有序进行，他们与学生紧密接触，他们的思想观念、言行举止潜移默化地影响学生。他们的工作效果影响着管理育人的成效。因此，学校要注重科学配备、选拔任用、业务培训等措施，不断提高队伍的素质和能力，打造一支政治强、素质高、业务精、作风正的管理育人队伍。

3. 物质保障

推进高校管理育人工作必须依托一定的物质保障。经费支持是管理育人的必要环节，经费能否得到保障关系到是高校办学管理的成效，也关系高校管理育人工作能否达到预期目的。按照《高等教育法》规定，高校办学经费主要由财政拨款，高校要加强对教育经费的管理，提高育人经费突

---

① 贺斌．零距离施教：名师和谐师生关系的构建艺术［M］．重庆：西南师范大学出版社，2008：2.

入比例，加大管理育人力度。高校管理育人顺利开展还需要有物质环境保障，良好的物质环境能够使得师生潜移默化受到教育。因此，要精心设计、合理布局校园整体环境，充分体现学校的历史积淀、办学特色和发展理念，使校园环境成为育人功能的组成部分。此外，还需合理安排场所、器材和设施，优化学生学习、实践、宿舍生活环境，使学生在蕴含思想文化环境中受到感染、熏陶。

第三节　高校管理育人的评价机制

评价是指“根据某种价值观对事物及其属性进行判断、衡量，亦即对人或物做出好与坏、真与假、善与恶、美与丑、优与劣等判断”[①]。评价机制是“特定组织体系的制度设计，目的是借助科学评价方式方法调动人的内生动力，协调事物的各个因素间的相互关系，保证一定目标任务决策科学、运行有序、目标达成”[②] 高校管理育人评价机制是依据立德树人目标要求和价值理念，采取科学的方法和手段，通过系统地搜集信息，对管理育人活动组织、过程及结果进行价值判断，为改进和完善高校管理育人提供科学依据的过程性活动。

一、高校管理育人评价机制的基本内涵及现状

评价机制是高校管理育人实践的一个不可缺少环节。高校管理育人评价机制是依据一定的客观指标对管理育人活动过程各环节或整体效果进行系统的价值判断的运转方式。实现高校管理育人科学发展，建立一个科学合理的评价机制必不可少。研究高校管理育人评价机制对于深入把握管理

① 扈中平. 现代教育理论［M］. 北京：高等教育出版社，2000：454.

② 王忠. 大学生思想政治教育实践育人机制创新研究［D］. 长春：东北师范大学，2016：106.

育人内涵和推动管理育人工作发展具有重要意义。

（一）基本内涵

高校管理育人是有目的、有计划、有组织的思想政治教育活动，要及时、准确地知道管理育人计划是否被正确执行、目的是否达到、方法是否有效，需要进行科学的评价与判断。构建科学的高校管理育人评价机制，核心要解决“为什么评价？”“评价什么？”“评价依据？”“谁来评价？”“评价谁？”“如何评价？”等问题，涵盖内容体系、标准依据、方法措施等要素。一个完整的管理育人评估机制，应该包括“评价—反馈—改进”的过程，通过确立评价标准、收集信息、价值判断、反馈结果及优化改进等环节，对管理育人活动成效进行实事求是、定性定量的评价，从而指导高校管理育人工作发展。“从本源来讲，评价是衡量高等教育办学质量与水平的重要杠杆，主要起着协调、平衡、引导、促进、激励、控制、惩罚、奖励等功能。”[①] 科学、合理的评价机制，可以起到“指挥棒”的作用，为管理育人工作指明未来发展方向。开展高校管理育人评价活动，及时反馈评价结果，肯定成绩，分析问题，能够调动管理育人工作的内在动力，促进高校管理育人工作不断完善和优化，推动管理育人工作整体提升。

（二）现状及问题

长期以来，教育主管部门及高校对于管理育人评价机制都进行了有益的探索，积累了一些经验和做法。但总体上，由于高校管理育人自身的特殊性，各层面的评价工作还没有把管理育人作为一个独立的评价范畴，并设立专门的评价机制，开展完整、系统的评价活动。2017 年教育部发布《高校思想政治工作质量提升工程实施纲要》部署推进“十大育人”后，教育主管部门以及各高校对管理育人评价机制越来越重视，如高校在年终绩效考核中，普遍将管理育人纳入单位或个人年终业绩考核重要指标进行评

① 祁占勇，罗澜，陈鹏. 高等教育评价权的行政法透视［J］. 高等教育研究，2017（3）：18－24.

价，在干部、教师晋升提拔中纳入管理育人工作相关指标，强化组织和个人执行落实管理育人工作的考核监督；上级教育主管部门定期不定期就高校管理工作贯彻落实立德树人目标任务情况进行检查评价，但由于人们认识和掌握高校管理育人的规律比较滞后，尤其运用科学量化的评价手段来分析管理育人实践现象还不够深入，目前尚未形成公认的科学合理的评价标准，缺乏统一科学的分层分类指标体系，所使用的评价的方式方法仍然比较单一，高校管理育人评价机制还是处于不全面、信度和效度不高的发展阶段，诸多问题和难点尚待深入研究。深入研究高校管理育人评价机制，是推动高校管理育人工作的现实需要，具有重要的理论探索价值。

二、高校管理育人评价机制的基本原则

评价机制的基本原则“从根本上规定工作的任务方向和对工作事务秉持的最核心的价值理念”①，即是评价主体在评价过程中必须遵守的准则和指导评价机制建构的基本原理。高校管理育人评价机制的基本原则既要遵循评价工作的普遍原则，又要反映管理育人工作的属性，要准确、真实地检验和评价管理育人的成果，以保证管理育人的质量和成效。

（一）人本原则

高校管理育人工作评价机制要坚持以人为本，重心在于关注“人”，而不是关注“物”。坚持人本原则，要注重师生的参与度，广泛发动师生参与评价活动，以评促进、以评促改。

1. 以学生为本

管理育人评价活动要充分尊重学生主体地位，围绕学生、为了学生，要防止评价中见物不见人，科学运用评价的成果，真正体现尊重学生、爱护学生、发展学生。

---

① 敬坤．走进象牙塔里的日常生活世界：大学生日常生活管理育人研究［M］．北京：清华大学出版社，2017：179.

2. 以教职工为本

教职工是管理育人工作的主体，高校管理育人评价活动要尊重教职工的育人主体地位，调动教职工积极投入到评价过程中，使广大教职工明确组织整体目标以及清晰个人职责，充分认识管理育人工作的意义，使之主动地、积极地参与其中，把评价成果有效运用到改进工作中去，不断提升管理育人工作水平。

3. 营造良好的评价氛围

评价的最终目的是通过评价发现问题、分析问题和解决问题。评价者要始终保持一种公正、客观、坦诚的心态，认真倾听师生的意见和建议，收集客观、真实的信息，营造良好的评价氛围，推动科学、有效的评价。

（二）方向性原则

评价的目的是检验高校管理育人的实际成效，提升管理育人的科学化水平，因此，高校管理育人评价机制应该体现围绕“立德树人”这个根本任务。

1. 符合培养目标

高校管理育人评价机制必须坚持社会主义办学方向，突出评价目标的导向性，评价体系设计体现社会主义大学的办学特色，引导广大教职工自觉为实现党和国家的教育方针服务，把培养德、智、体、美、劳全面发展合格的建设者和接班人作为管理育人的出发点和归宿，以此来检验高校管理育人的成效，从而真正提升管理育人质量。

2. 符合学生成长成才需要

科学合理指标体系客观反映学生发展的需求，高校管理育人评价机制要尊重学生成长成才的基本规律，建立以生为本的管理育人评价机制导向。比如，各高校学生整体素质存在较大的差异性，评价过程中应该尊重学生成长的差异性，按照各层次学生能达到的标准作为评价的基本要求，既体现社会发展分层次培养人才，又体现学校办学水平以及学生成长成才的现实需要。

（三）科学性原则

评价活动是一项科学性很强的工作。高校管理育人评价机制要坚持科学性原则，具体有以下体现：

1. 依据科学

高校管理育人评价机制要体现党和国家的教育方针的基本要求，还要根据不同层次不同类型高校的特色和定位，处理好统一要求与差异化评价的关系，体现评价机制的客观性和科学性，避免评价标准“千校一面”。

2. 标准科学

高校管理育人评价标准要客观、科学，真实反映管理育人工作各环节的状态，综合运用定量评价和定性评价相结合的方法，不能仅仅关注数据，这样表面看来精确，实质上是将硬性的指标代替整体性判断，或者仅仅简单采取定性评价，则评价结果虚化，否则难以做到科学、客观。

3. 评价过程科学

在收集、整理和分析资料的过程中，坚持用科学方法和手段，多方听取意见并做出客观公正的判断，以此获取真实、可靠的评价结果。

4. 评价结果运用科学

要注重评价结果的运用，对于评价工作反馈的信息，要及时吸纳研究，分析发现问题，改进工作，不断完善和提升管理育人工作整体水平。

（四）发展性原则

高校管理育人评价活动也是一种发展性评价，既要客观评价现状，又要面向未来，服务于高校管理育人工作的开展。具体有以下体现。

1. 注重发展性

要了解评价对象的变化情况，看到成绩与不足，也要看到发展潜力，从而对评价对象予以正确的引导。

2. 注重协调性

不同高校有不同的育人工作目标任务，不同部门有不同的育人工作分工，高校管理育人评价要根据注重实际情况，提高评价的灵活性，重视评价对象独特的内外部环境、内在结构以及价值诉求的特殊性，反映管理育人工作的多元化发展的需要，发挥评价的诊断和激励功能。

3. 注重可持续性

评价者有目的地采集有关评价对象的信息，通过评价－反馈－应用的链条良性循环，将科学、合理的建设性评价意见反馈给被评价者，激发其内生发展动力，促进高校管理育人工作可持续发展。

（五）过程性原则

高校管理育人评价活动是一个持续的过程，要坚持过程性原则，即侧重对教育过程的评价，不能仅仅注重结果的评价。评价机制是一种诊断性评价、形成性评价，而非终结性评价，因此，对于高校管理育人工作来说，这是一个自我改进、完善的契机。在评价过程中，要重视评价过程引导，引导教职工积极参与评价活动，以最大努力实现管理育人评价过程的最优化。

三、高校管理育人评价机制的内容体系

在新时代的条件下，构建科学、完善的高校管理育人评价机制，必须树立先进的、发展的评价理念，在现行的评价机制的基础上，充分利用现有的中西方先进评价理念和评价模式，注重吸收当前高校思想政治教育评价机制的成功经验和做法，遵循新生代大学生的成长规律和个性特征，深入把握内容体系和指标体系，形成科学、合理、高效的管理育人评价机制。

（一）评价内容

高校管理育人评价内容是一个多维度、多因素的分析系统，反映了一个教育影响力生成、接受、内化、外化的实践过程，涵盖对管理育人目标、内容、机制、途径、方法的评价。在评价过程中，评价者可以先设定一个管理育人活动应达到的标准，并按照师生的思想动态、行为特征及发展特

点，有重点、有计划、分步骤地实施指导，考察高校教职工是否把握管理育人所要达到的标准；考察学生是否接受和认同管理过程所传达的思想观念和指导观点，并内化为自身的道德行为准则。评价范畴可分为整体绩效、部门绩效、个人绩效、项目绩效等范畴（见图7－1）。

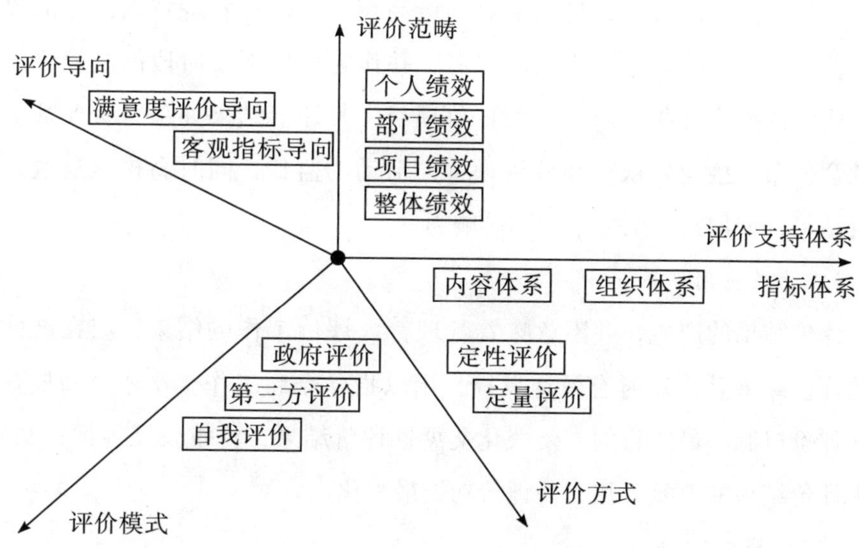

图7－1　高校管理育人评价五维结构

（二）评价组织

高校管理育人评价组织体系涉及评价主体、评价流程和结果应用。立足立德树人的总体要求，要构建多方共同参与的评价组织体系，开展多元评价活动，对促进高校管理育人工作不断完善和改进。当前，在我国力推“管办评”分离的宏观背景下，要重视探索与之相适应的评价组织体系。

1．评价主体

评价主体涉及教育主管部门、高校内部以及社会外部等。在高校内部，主要评价所属内各单位、各部门管理协同育人活动运行状况，或者评价部门领导对管理育人工作决策部署情况以及岗位人员落实执行情况。高校外部评价，一般由教育主管部门组织评价，还可以邀请社会公众机构、社会学术团体等，开展第三方评价。

2. 组织流程

要按照科学化、正规化的总体规划，引入专业化、专家化的评价组织，按照一定的标准和程序，运用一定的评价方法，对高校管理育人的某一阶段工作表现做出评价，并将结果反馈给高校，以促进管理育人工作的改进与调整，或上报政府，作为政府参考，并作为指导下一阶段的高校管理育人工作的依据。有些公众关心的评价项目，其评价结果如果有必要甚至要向社会公布，接受公众对高校管理育人活动的监督，同时高校也通过公布评价结果，增加自身的公信力和影响力。

3. 结果应用

评价结果的产生，并不意味着管理育人评价工作的结束，应在准确客观的评价结果后，及时有效地反馈，用以指导今后工作，这才是高校管理育人评价机制的最终目的。要淡化奖惩性评价结果，注重发展性评价结果，扩大评价结果的直接效用，使评价功能最大化。

（三）指标体系

指标体系是衡量一个高校管理育人绩效的依据。完善的高校管理育人机制要与科学有效的评价方法相结合，才能保证评价结果的客观、公正。如采用定性评价与定量评价向结合、客观评价和主观评价相结合等。此外，还要科学、合理地建构系统性、发展性指标体系，高校管理育人评价指标是否完备，直接关系到对管理育人评价的科学性以及管理育人目标的达成度。

1. 评价指标的选取

评价指标体系对高校管理育人评价工作具有引领性、导向性作用，因此，设计评价指标要力求能反映高校管理育人属性和承载高校管理育人成效因素。典型的几类指标，如内部指标和外部指标，内部指标是指与管理行为及成效的相关指标，外部指标是指与社会公众有直接关系的指标，高校培养人才就业比率是公众关注的指标；数量指标和质量指标，数量指标反映总体管理育人的绝对数量多少，质量指标反映高校管理育人内涵、结构、水平等；客观指标和主观指标，客观指标即描述管理育人客观事实的指标，如管理育人投入经费数量，主观指标即描述人们的主观感受的指标，如学生的满意度等。

有效的评价机制要需要有准确、客观而直接的评价指标来保证。首先，指标完备性。主要需要从系统性、发展性和可行性等三个方面进行选取。系统性，主要是指高校管理育人作为一个系统工程，评价其工作绩效，需要完整的划分观测点，多层次系统地建构指标体系；发展性，是指要始终用发展的眼光去看待管理育人问题，始终围绕立德树人这一根本任务，将社会目标的发展性指标与学生自身成长成才的发展性指标纳入，引导学校对指标设计内容的投入和重视。指标体系要体现可行性和可操作性，在保证评价结果的客观、全面的前提下，尽可能指标简化，数据易于收集。

2. 指标权重

指标权重的确定要结合高校管理育人的目标和工作重点。评价过程中，要根据各观测点作用的不同，对各层次的指标赋予不同的权重系数，如对一些可能直接影响管理育人工作开展的或影响管理育人最终成效的指标应赋予其更多的权重系数，权重系数高也就意味着相关因素的重要性突出，也是高校在管理育人工作中需要重点关注或者重点建设的方面。由于目前高校管理育人自身复杂性，实证的手段还相当有限，对高校管理育人现象的把握往往难以用严格的数量模式去描述，就必然会出现对一些管理育人要素因素的重要程度拿捏不准的情况，因此，我们需要综合考虑各方面因素，以各类调研对象的加权平均数来确定对某一指标的权重，并根据结果进行适当的合理性修订。

第四节　案例分析：书院制模式下的学生自我管理育人机制创新与探索

学生自我管理机制是改革和创新管理育人的有效机制之一。学生自我管理不仅是一种管理方式，更是体现高校当下和未来学生管理的发展方向与改革思路。

一、肇庆学院书院制创新大学生德育机制

以肇庆学院为例，从2009年9月起，该校积极推进基于地方院校德育模式改革的实践探索，以书院制改革为切入点，打造管理育人新文化和自我教育平台，为大学生适应社会和提高文化素质提供育人机制，成为该校的办学特色。肇庆学院以“学科专业学院制、生活社区书院制”的理念来设计书院组织架构和运行机制，共成立了厚德书院、明智书院、博学书院、力行书院和蕙兰书院5个书院，可容纳15 500多个学生，占在校学生的68%。

书院制借助一种新的管理组织形式，将学生突出放在主体地位，构建一种新型的师生互动机制。2011年，肇庆学院的书院制改革先后获得广东省高等学校校园文化建设优秀成果一等奖和全国高校校园文化成果优秀奖，该校的“地方院校大学生德育新模式的实践与研究——肇庆学院学生社区书院制综合改革”项目，被列入广东省教育综合改革试点项目之一。

（一）书院制打破原有的科层制的组织设置，构建了专业学院制与生活社区书院制的纵横配合的组织管理模式

我国现行的大学多数采取科层制组织，在校级党委和行政组织之下，按学科专业设置院系（部），负责教学和学术事务的运行，行政管理和教学管理的对象是教师和干部，学生的学习与发展基本上排除在科层制之外，这样的组织很难为学生提供自主学习发展的机制。2009年，肇庆学院成立

第一个书院力行书院，实行院长负责制，知名教授兼任院长，设置专职导师、兼职导师若干名。设立导师委员会和导生工作委员会，分别由导师团队和优秀学生导生组成。出台了书院导师工作条例、导生工作条例等制度，协调书院与专业学院、学生管理、行政管理机构之间的关系，为书院的畅顺运行奠定组织和制度机制基础。

（二）书院制建构基于生活社区建设和学生自主管理的教育管理制度

肇庆学院以培养学生学会学习、学会做事、学会做人和学会合作为目标，设置非形式教育和学生自我教育，引导学生实行自我管理、自我服务。书院制以新的组织管理形式，将学生置于管理育人活动的主体地位，促进以教师为中心的教育方式向以学生为中心的教育方式转变，突出了学生视角，突出围绕学生，为了学生的理念，促进学生自主发展以及综合素质的培养。

（三）书院制打造有利于学生自主发展的环境和平台，促进学生的社会性发展

书院着力打造文化内涵和文化影响力，以学生公寓为物理空间，将学生素质培养与社团活动结合起来，优化心理拓展训练、团体辅导、幸福人生课程，开展读书沙龙、素质拓展计划、人文素质教育讲座等活动，组织志愿者活动，满足不同学生的成长需要，鼓励不同年级、不同专业的学生广泛交往、打造有利于学生自主发展的环境和平台，使得书院成为学生的精神家园，学生通过书院实现学校学习与社会实践结合、专业教育与素质教育结合，能力与思想政治品质结合，切实增强了学生社会适应能力的发展，有利于促进学生的全面成长。

2012 年 4 月 13 日，广东省教育厅思政处组织广东 10 所高校的学生处长召开“高校大学生社区文化构建”专题座谈会，时任思政处处长袁本新谈到书院制建设应该具有 5 个特点：空间主题化、环境人文化、成员多样化、活动自主化和组织结构松散化①，肇庆学院书院制的设置与探索践行了以上特点，使书院制成为促进学校管理育人、培养大学生综合素质的有效途径之一。

二、汕头大学书院制创新学生发展机制

以汕头大学为例，2008 年 7 月，该校在内地高校率先成立第一家本科四年全程住宿学院——至诚书院。书院创新学生住宿和课外活动的形式，采用不同专业、不同年级的学生“混住”这种比较接近现实社会的生活模式；书院制通过给予学生专业课堂以外更多的关怀、支持和更广阔的发展潜能的空间，为其提供最优质的教育环境；通过党团、学生会和学生兴趣社团组织等社区活动平台的搭建，以及书院团队、学科、体能、心理和职业等五类拓展课程的开展，建立和培养学生的自信心、独立性和社会责任感，增强学生综合素质，把“如何做人”的教育具体落实到大学生生活社区，使学生的生活、学习、成长融于一体，促进身、心、灵全面健康发展。

至诚书院围绕汕头大学改革总体目标，以书院为平台，在实质上推行专业教育和人文教育融合并行，促进学生思考并践行“建立自我，追求无我”育人理念。至诚书院以住宿书院为平台，探索并努力落实 4C（Culture、Civility、Character、Care）所蕴含的文化、文明、品格和关爱的育人理念，为学生在校健康成长提供更好的服务、更有力的支持；推动大学从偏重“专业培养”向具备社会适应能力的“全人教育”转变；将整合思维能力的培养植入书院的通识课程、拓展项目和学生组织建设中，营造一体化的学校育人环境，培养“有志、有识、有恒、有为”的高素质人才。

书院是教做人的地方，是学生修德笃行的大课堂。在住宿学院，住宿生生活、学习、成长融于一体。通过住宿学院制度的构建，促进学生身、

① 和飞. 现代大学书院制的内涵与发展目标［J］. 肇庆学院学报，2013（1）：1－4.

心、灵全面健康发展，使其成为具有完整人格和全面发展的人。希望住宿生在书院接受院训“诚敬谦和”的熏陶，成为有教养的人，厚德载物，自强不息，知行合一，努力把握自主创造命运和实现人生幸福快乐的金钥匙。书院制为学生提供最优质的教育环境，为学生从学校走向现实社会打好坚实的素质与能力基础。

汕头大学在传统的住宿中融入了育人的理念，提供“正式”课堂以外的学习场所。例如，每年开展书院日，开展迎新活动和书院晚会；不定期开展“导师面对面”，导师和住宿生进行近距离交流；开展至诚讲坛，邀请国内外知名学者讲学，为不同专业背景的住宿生提供一个学科交融的空间。书院还有自己的刊物《至诚生活》，让学生通过刊物宣传活动、交流感情。温馨的生活小社区促进了人际关系融洽，书院还设置健身俱乐部、文娱俱乐部，实现学习、娱乐、生活融于一体。

学生自治是书院生活的灵魂。通过自助、互助和他助方式实现住宿生的自我管理。在至诚书院，没有传统意义的纯粹“管理”，书院教师更多是起到“引导、支持和帮助”的作用。学生要学会管理好自己，而这种自我管理通过组织各种团队来实现。书院根据宿舍楼的外形及内部构造做了各种团队的划分，各个大、中、小型团队及各种兴趣社团互相交错，相互独立但又彼此关联，不定时进行交流、联谊等，通过这种大型团队、中型团队和小型团队的协调和运作来实现学生能力与素质的全面发展。通过社区活动、交流增强学生的团队意识，提高沟通能力、组织能力、领导能力等。

第八章 高校管理育人的队伍建设

高校管理育人队伍是指从事管理育人活动人员有组织的集合体，所谓有组织，是指他们受共同目标和共同行为规范约束，通过具体的教学管理、科研管理、行政管理、生活管理等管理活动组合成统一的整体，实现对高校学生的思想价值引导、道德行为涵养。建设一支政治强、高素质、专业化的管理育人的队伍，对于实现立德树人这一根本任务，具有极其重要的意义。

第一节 高校管理育人队伍的组成

高校管理育人队伍是管理育人科学有效的基础，具有特殊的重要性。一是客观地位；二是职责地位。人是第一位的，育人工作关键在人。党和国家历来重视高校管理育人队伍建设，高校教师干部的理想信念、道德情操、敬业态度、文化层次等对学生产生直接或潜移默化的影响，是高校思想政治教育工作的组织者、策划者和实施者，在高校管理育人工作中处于主导地位。

一、高校管理育人队伍组成范围

高校管理育人队伍是指高校教学、科研人员以及党政管理、教辅单位、后勤服务等部门的岗位人员。从事高校管理育人工作的主要力量是全体教职工，包括党政管理队伍、教学科研队伍、管理服务队伍。他们在教学科研管理、行政管理、后勤服务管理等岗位上，在工作中，不管与学生的接触是多还是少，是直接还是间接，都肩负着立德树人的任务，他们在不同层面、不同角度、不同程度上通过岗位工作以及其他管理活动培养学生、教育学生，他们的素质直接影响到高校育人目标任务的落实，直接影响到校风、教风、学风的形成。

回顾高校思想政治工作所走过的历程，从事高校管理育人工作人员范围的认识和界定有个逐步深入的过程，这也是党对思想政治教育工作规律认识逐渐深入的过程。从职责范围来看，教书育人是教师的天职，从最初认为育人仅仅是教师的事情，发展到 20 世纪 80 年代中后期，管理育人逐渐被确立，与教书育人、服务育人并列为“三育人”，确立了高校管理工作同样负有育人的职责。从思想政治工作者的称呼来看，“从干部到政工干部，再到思想政治工作者和思想政治教育工作者。名称的变化反映了思想政治教育工作形态的变迁，它反映思想政治工作者从结合型工作到专门型工作，由少数人专门从事的工作到一部分人专门从事的工作，从部门分工的工作到专门职业的变化。”①

综上，高校管理育人队伍可分为两类。第一类是管理工作直接与学生有接触的人员，主要指教师、辅导员及部分党政干部。第二类是除了直接与学生接触的教师、辅导员以及部分党政干部之外，通过管理活动间接影响学生的广大高校管理干部及后勤保障人员等。第二类管理育人队伍从狭

---

① 孙其昂．思想政治教育现代转型研究［M］．北京：学习出版社，2015：183.

义来看，指专职从事高校管理的政工干部及行政管理干部，其中，政工干部主要指校、院两级党群组织的干部，行政管理干部主要指在校、院两级以及教辅单位从事行政管理工作的人员；从广义来看，包括专职、兼职人员。专职就是指狭义范围所指这些人员，兼职是指教学人员、科研人员、后勤保障人员，他们主要岗位工作分别是教学、科研、后勤服务，但任何一项工作都离不开管理工作，他们兼职的管理工作，也承担着不同程度的管理育人职责。

二、高校管理育人队伍组成类型

高校管理育人队伍担负着贯彻落实党的路线、方针、政策的重要责任，承担着从行政管理、教学管理到后勤管理等一系列直接或间接的育人工作，是学校规章制度的直接制定者和具体执行者。按照大类可将高校管理育人队伍分为党政管理队伍、教学科研队伍、管理服务队伍。

（一）党政管理队伍

党政管理队伍是指在学校专门负责领导、组织、实施管理育人工作的党政团各级组织和各职能部门人员。党政管理队伍主要包括校领导、职能部门干部、政工干部、学院行政管理人员等。这支队伍组成高校管理育人组织架构和相互联结的工作网络联结点，是整个管理育人工作最关键的骨干队伍，他们的作用在高校管理育人工作中不可或缺。

1．校领导

校领导包括高校党委书记、副书记或校长、副校长。校领导是在高校起发展战略性、方向性、全局性、根本性作用的管理者。《中共中央宣传部 教育部关于进一步加强和改进高等学校思想政治理论课的意见》强调："高等学校党委要切实负起政治责任，加强对思想政治理论课的领导。"① 学

① 教育部社会科学司．普通高校思想政治理论课文献选编：1949—2008［G］．北京：中国人民大学出版社，2008：217．

校党委是学校的领导核心，负责把方向、管大局、作决策、保落实，支持校长依法独立负责地行使职权，保证以人才培养为中心的各项任务的完成。学校党委书记是立德树人工作第一责任人，校长作为学校的法人代表和行政主要负责人，负责主持学校行政工作，独立负责教学、科研和行政管理等办学治校的工作，他们共同对管理育人工作负有主要领导责任；分管学生思政工作的副书记负责具体分管学生工作责任，其他校领导对管理育人工作负有“一岗双责”的责任。学校党政班子实行集体领导和个人分工负责相结合，各司其职、分工协作、密切配合，形成管理育人的党政合力。校领导是高校改革发展的领导者、组织者和推动者，在学校管理育人工作起到引领作用。

2．职能部门干部

高校职能部门是指依照职能分工的学校一级设立的党政职能部门。高校职能部门干部就是指这些职能部门的工作人员，他们承担着明确的岗位职责和工作任务，对学校各项工作进行服务、指导、协调、控制、监督，以保证各项业务畅顺运行。高校职能部门有两大类，分为党群部门和行政部门。党群部门包括党委职能部门及群团组织职能部门，党委部门包括党委办公室、纪委、组织部、宣传部、统战部、学生工作部、研究生工作部；群团组织包括校团委、校工会、离退休办、校友办等部门。行政部门包括校长办公室、发展规划处、人事处、教务处、科研处、学生处、研究生院、国际交流处、学术委员会秘书处、财务处、后勤处、资产处、保卫处等部门。党政部门形成职能分工、工作联动的管理育人工作网络。学校各部门干部在学校整体格局中，既承担着本部门“分工负责”的工作，又与其他部门“协作推进”学校管理工作。随着我国高等教育发展，各职能部门干部及其负责人已经从传统的发布指令、布置工作，转为研究性开展工作，从传统的行政主导转为专业介入。因此，提升高校管理部门干部专业化水平，使管理干部成为有思想、有智慧、有潜力的管理人员，对于高校管理育人工作发展至关重要。

3. 政工干部

政工干部主要指专职从事党务、团务和师生思想政治工作的干部，包括高校党委部门、校（院）团委干部以及学院党委（总支）书记、副书记、学生辅导员。2010年，党中央修订《中国共产党普通高等学校基层组织工作条例》强调，“高校将党务工作和思想政治工作以及辅导员队伍建设纳入学校人才队伍建设总体规划”“专职党务工作人员和思想政治工作人员的配备一般占全校师生员工总数的1%左右”。[①] 政工干部直接承担高校思想政治教育工作，学院党委书记负责学院党委的全面工作，副书记协助党委书记开展党务工作，并直接分管学生管理育人工作。党和国家对这支队伍的建设尤其对辅导员队伍建设高度重视，多次出台相关政策文件。例如，2005年教育部颁布了《关于加强高等学校辅导员、班主任队伍建设的意见》要求各高校辅导员人数基本达到1∶200的比例配备。进入21世纪以来，又陆续发布了《高等学校辅导员职业能力标准（暂行）》（2014年）、《高校思想政治工作质量提升工程实施纲要》（2017年）、《普通高等学校辅导员队伍建设规定》（2017年）等，直接推动辅导员职业化和专业化发展。政治辅导员既是教师又是管理干部，在管理育人工作中占据着极其重要的地位。在学院一级组织架构中，政治辅导员是直接服务和管理学生的最基层的工作人员，肩负着学生思想引导、学业发展、就业指导、心理辅导、党团建设等思想政治教育职责，是学生的指导者和引路人。大学阶段是人生思想观念和价值观念逐步走向成熟的“黄金期”，学生在这一阶段需要得到精心的引导和栽培。政工干部在管理育人工作中独具优势，他们广泛地接触学生，熟悉学生的成长情况，在日常的管理与服务活动中直接与学生交流，教会学生做人做事、与人保持良好的人际关系，帮助学生树立正确价值观念和

① 冯刚. 改革开放以来高校思想政治教育发展史［M］. 北京：人民出版社，2018：468.

养成良好的行为习惯，引导学生更好地融入校园生活，在校园中成长进步。

4. 学院行政管理人员

学院是高校基层教学科研单位，是高校办学的主体。学院行政管理人员，包括院长、副院长，办公室人员等。作为管理的实体，行政管理人员主要负责教学、科研和行政管理工作的计划、指挥、组织和实施，确保人、财、物围绕着学校和学院的目标运转。学院实行党委政治领导及院长负责制，院长是学院办学治院的负责人，院长的育人理念，对于学院的教风、学风影响较大。因此，选好院长至关重要。学院行政班子由院长、副院长行使行政权力，对学院的教学、科研等全面工作负责，学院院长的育人理念直接对学生成长产生深刻影响，学院副院长就各项工作分头执行落实。学院办公室承担基层的行政管理和服务工作，如统计数据、整理文档、撰写材料、接听咨询电话、接待来访人员等，所谓“上面千条线、底下一根针”，工作繁重琐碎、千头万绪。作为学院的基层干部，办公室人员往往人数不多，但工作在第一线，直接面对学生，直接与学生打交道，是学校管理育人工作的宣传者、执行者、落实者。办公室人员工作要求比较高，要突出政治性、综合性、服务性和辅助性。在实际工作中，办公室主任还面临许多突发事件的处理与执行，如各类申报、接待、信访处理等繁重的工作。办公室是学院信息中枢、运转的轴心，其职责范围比较广，难以清晰界定具体职责。可以说，凡是学院的工作都与办公室有关，办公室人员日常与学生接触的机会比较多，在管理育人工作中发挥着重要作用。

（二）教学科研队伍

教学科研队伍，即高校教师队伍。按照岗位分工，有专职教学、专职科研人员或者承担教学、科研双重任务的人员。高校多数教师承担教学、科研双重任务，也承担教学科研管理活动，他们奋战在教学、科研一线，不仅承担教书育人的职责，也发挥着管理育人功能。

1. 思想政治理论课教师

思想政治理论课教师是指专门从事马克思主义公共理论课、思想政治教育专业课教学及相关学科研究工作的专职教师，是党的理论、路线、方针、政策的宣讲者，是大学生健康成长的指导者和引路人。思想政治理论课教师担负着用中国特色社会主义理论体系武装大学生，用社会主义核心价值体系引领各种社会思潮的艰巨任务。他们不是一般意义上的向学生传授普通的科学文化知识，而是通过教授课内的内容、组织和指导课外实践活动，承担教学管理、行政管理等组织管理工作，引领学生的进取方向，促进学生的道德行为养成。思想政治理论课教师是学生扣好第一颗扣子的导师。习近平总书记在2019年3月18日召开的学校思想政治理论课教师座谈会上强调，思想政治理论课教师需做到“政治要强、情怀要深、思维要新、视野要广、自律要严、人格要正”等“六要”，高校要打造一支“可信、可敬、可靠、乐为、敢为、有为”的思想政治理论课教师队伍。①

2. 专业课教师

高校所有教师都负有育人职责，专业课教师发挥管理育人作用越来越受到重视。习近平总书记强调“办好中国特色社会主义大学，要坚持立德树人，把培育和践行社会主义核心价值观融入教书育人全过程”，即注重在知识技能的传播过程中，强调价值的引领。专业课教师在课堂管理、科研实验、论文指导、实践指导、社团活动等各项活动过程中承担着管理职责，要有效发挥管理育人功能。在2016年全国高校思想政治工作会议上，习近平总书记强调“要用好课堂教学这个主渠道，思想政治理论课要坚持在改进中加强，提升思想政治教育亲和力和针对性，满足学生成长发展需求和期待，其他各门课都要守好一段渠、种好责任田，使各类课程与思想政治理论课同向同行，形成协同效应”②。在高校思想政治教育工作中突出了专

① 习近平：用新时代中国特色社会主义思想铸魂育人　贯彻党的教育方针落实立德树人根本任务［N］. 人民日报，2019-03-19（1）.

② 习近平在全国高校思想政治工作会议上强调：把思想政治工作贯穿教育教学全过程　开创我国高等教育事业发展新局面［N］. 人民日报，2016-12-09（1）.

业教师的地位。在专业教学中，专业教师通过各种教育管理活动言传与身教、感染与教化，以自身的模范带头作用，将价值教育贯穿在专业教育全过程，与思政教师实现合力育人的立体化育人格局。按照岗位任务，专业教师可以分为研究生导师、本科生导师、班主任等。班主任主要指对学生班级进行指导和管理的教师，多数高校选派德才兼备的专业教师兼职担任，这些教师不仅从专业上让学生信服，同时深入班级，言传身教，给予学生很大的影响。一些高校试行新入职的年轻教师担任班主任，年轻教师与学生没有代沟，容易打成一片，能够发挥引领、示范作用。研究生导师不仅承担研究生学业指导工作，也对学生道德品行、专业发展、职业规划、终身素养等方面进行指导，促进学业进步与学生人格成长同步。一些学校已经推行本科生导师制，即若干名本科生由一名导师指导，导师对学生的思想品德、学业发展、科研实践、身心成长予以具体指导，促进学生知识、能力和综合素质的全面协调发展。

（三）管理服务队伍

管理服务队伍是指在学校教辅、后勤、保障等管理服务战线上工作的广大职工。他们肩负着学校教学科研物资保障和后勤保障等工作，其中多数职工直接面向学生，为学生的学习生活服务。对于高校来说，教师教书可以育人，高校管理可以育人，后勤职工服务同样可以育人，每一位教职工都是教育的重要载体和平台，都承担着高校管理育人的功能和职责，每一位教职员工的一言一行、举手投足都极具教育意义，极有可能会影响到高校学生的成才和进步。如教学楼、学生宿舍、学生食堂、图书馆、实验室的工作人员，他们每天要直接和学生打交道，其言行举止同样具有管理育人的功能。如果每个教辅、后勤等岗位上的工作人员，都能以优质的管理服务完成本职工作，必将使学生亲身感受到社会主义大学良好的风气，感受到美好和谐的校园氛围，有助于培养高校学生热爱生活、热爱学习的健康向上的思想情操。由此可见，教师是人类灵魂的工程师，高校其他管理、教辅、保障工作者同样是高校学生成长进步的指导者和引路人。高校学生的成长成才与高校每一位工作人员都有着直接或间接的关系，也与高校的每一个工作环节、每一个工作过程有着千丝万缕的联系。在高校管理的各个环节、各个活动中，高校教职员工的工作态度、工作能力以及工作成效同样影响着所有学生的思想实际，渗透着管理育人功能，对学生的世界观、人生观和价值观的确立起着潜移默化的作用，这就是所谓“春风化雨”“润物无声”。因此，发挥每名高校教辅、后勤、保障等管理服务战线上的教职工的育人作用，实现高校管理工作各环节育人功能的全面化，是高校育人工作取得实实在在成效的重要前提之一。

第二节　高校管理育人队伍的素质结构及培养

素质是一个含义非常广泛的概念，素养有先天的部分，也含有后天的养成。这里指的高校教师干部的素质养成，主要是指后者，包括高校管理育人工作人员（以下简称“高校教师干部”）必须具备的政治、品德、知识、能力、心理等内在条件的总和。高校教师干部的素质具有特殊性，除了具备现代人一般的素质外，还应具备从事高校管理育人所必须具备的特殊素质，即具有深厚的理论积淀、广博的知识储备、出众的育人能力、高尚的人格魅力。高校管理育人队伍在高校发展当中处于主导地位，他们不仅是教学科研的主体，还是高校管理的主体力量，他们的素质是开创管理育人工作新局面的关键。

一、新时代高校管理育人队伍素质构成

讲政治、懂教育、善管理、敢担当、作风正是高校教师干部的基本素质，是发挥管理育人功能的重要支撑。高校管理育人队伍素质的高低与管理育人工作的效能成正向关系，有一支政治素质过硬、政治信仰坚定、专

业能力突出、道德情操高尚的管理育人队伍，是新时代高校事业健康发展的可靠保证。

（一）政治素质

过硬的政治素质是高校管理育人队伍的首要要求。习近平总书记在2018年全国教育大会上指出，“我国是中国共产党领导的社会主义国家，这就决定了我们的教育必须把培养社会主义建设者和接班人作为根本任务，培养一代又一代拥护中国共产党领导和我国社会主义制度、立志为中国特色社会主义奋斗终身的有用人才。”① 培养什么样的人，是我国教育的首要问题。政治素质是高校管理育人队伍的职业素质前提。作为社会主义国家大学的管理者，应具备明确的政治属性，要有坚定的政治立场、较强的政治原则性以及较高的政治觉悟。政治上的坚定来自理论上的清醒和成熟。因此，高校管理育人队伍首先要学会用马克思主义思想武装头脑，并用来认识、分析和解决工作实践问题，要在大是大非面前有清晰的判断，要引导学生认清国家发展形势和时代使命，引导学生将个人命运和国家发展有机结合起来，让学生在时代洪流中与国家共同成长，切实肩负起培养德智体美劳全面发展的社会主义建设者和接班人的神圣使命。

（二）思想素质

思想素质就是人对客观事物的理性反映发展到一定高度时敏捷的思维结晶，是人的质量和品位的决定性因素。② 思想有广义与狭义之分，狭义上，思想是指人们对事物的看法和观点，即理解为“思考”；广义上，思想是指人们对事物的感性和理性的认识，包括人们的知情意等心理状态，也称之为“观念”“想法”“见解”等。人的思想分为感性心理层面、观念层面以及方法层面的思想，心理层面包括思想动机、思想情感；观念层面包

---

① 熊晓梅. 坚持立德树人　实现“三全育人”［N］. 光明日报，2019－02－14（6）.

② 时延春. 公民政治素质研究［M］. 郑州：郑州大学出版社，2005：9.

括以感性心理层面为基础，在长期的实践中形成对社会的基本看法和观念，这是人的思想核心层面，是支配人的行为和态度的主要因素；方法层面包括了世界观、人生观、价值观，这是思想系统中起指导作用的层面，也是思想政治教育着力解决的问题。打铁还要自身硬，高校教师干部在管理工作中承担塑造学生的思想品德的工作，没有过硬的思想素质，是无法承担起该工作职责的。可以说，思想素质是教职员工最基本的素质。

（三）道德素质

高校教师干部理应是塑造和净化灵魂的工程师，是社会道德规范的示范者。崇教厚德、行为世范，应成为高校教职工的核心追求。崇高的人格、良好的道德品质是高校教师干部的基本素质。在高校管理育人工作中，高校教师干部担负着传播马克思主义、社会主义核心价值体系，启发高校学生觉悟，提高高校学生素质，帮助高校学生树立积极向上的人生态度等重任。在新时代背景下，高校学生展现出很多新的特点，如主体观念越来越强、价值观更加多元化，这给高校管理育人工作提出了新的要求。高校管理育人队伍应具备严于律己、言行一致、以身作则、吃苦在前，享受在后、克己奉公、不计较个人得失、处事光明、顾全大局、民主正派等高尚的道德品质和道德观念，使自己成为高校学生的道德品质和行为规范的学习楷模，从而用自身高尚的道德情操来感召学生、影响学生。另外，高校教师干部要主动关注社会、关注时事。只有对社会有强烈责任感的管理育人工作者，才能唤起高校学生对社会的责任感，唤起高校学生对社会发展中各种热点、难点问题的关注与思考，给高校学生以正确而有力的价值引导。

（四）专业素质

高校管理育人工作是一项知识性、专业性和综合性工作，没有丰富的专业素质是无法驾驭的。高校教师干部应具备扎实的理论功能、宽广的知识技能、深厚的专业知识。尤其作为高校领导干部，应该具有深厚的理论基础和丰厚的实践经验，要学会运用马克思主义的基本知识，用发展的理论来解决新形势下的新问题。高校管理育人工作要宣传党的理论、路线、方针、政策，弘扬社会主义核心价值观，引导高校学生塑造正确价值观念，管理育人是一种潜在的、隐性的、间接的影响和感召过程，这就更加要求高校管理育人队伍要有较强的专业素质。高校教师干部是大学生综合素质提高的引导者与推动者，要教会学生做人、做事，教会学生求知、判断，教会学生创造、创新，要带领学生追求真善美、追求德智体美劳全面发展，使学生知情意行和谐统一，全面提升素质和能力。先进的办学理念、深厚的政策素养、高超的工作艺术都需要高校教师干部自身拥有较强的专业素质。要提升专业素养，就必须不断加强学习与锻炼，不断汲取新知识，进一步丰富自己的管理方法和管理艺术，不断完善自身的知识结构和能力素养。

（五）心理素质

心理素质是指高校教师干部从事管理育人工作必须具备的心理状况的稳定性，主要由个性倾向性、气质、性格三大方面构成。心理素质对于从事思想政治工作的人员来说是一个不容忽视的必备条件。是否具备良好的心理素质，直接关系到管理育人是否卓有建树。高校教师干部从事管理育人工作，一是要具有较强的心理承受和适应能力。随着社会转型和网络时代的发展，当代大学生思想呈现复杂性、多元化的特点，高校管理育人工作面临着各种挑战和困难，不可能一帆风顺，这就需要高校教师干部要有坚韧不拔的意志和直面困难和挫折的勇气，千方百计地克服困难。二是学会控制自己的感情、善于表达情感。高校教师干部要在管理中发挥育人作用，用自己的积极情感去影响和感染学生。要善于沟通思想、疏导情绪，通过心理辅导，帮助学生调节心理，以达到较好的教育效果。三是具有和谐的人际关系。高校教师干部要善于给自己营造一个和谐的人际环境，保持与高校学生良好融洽的关系，善于与同事互相合作与协调，使自己能够舒心工作。高校教师干部应注重自身健康心理和健全人格涵养，端正心态，树立正确的权力观、利益观，保持乐观向上、胸怀坦荡、积极进取的心态，克服职业倦怠情绪，努力营造出积极向上、健康活泼的管理育人心态，这样才能有效保证管理育人工作的顺利进行。

（六）创新素质

高校管理工作和思想政治教育工作都是极富有创造性的工作，高校教师干部是管理创新的策划者和直接参与者，也是培养和造就具备创新素质的优秀人才的灵魂工程师。创造性地开展管理育人工作，是高校教师干部必不可少的素质。在当今世界经济全球化和信息技术迅猛发展的时代条件下，高校要主动迎接全球化、技术革命和国际竞争带来的挑战，加快知识创新和技术创新，为社会培养面向未来的优秀人才。高校教师干部必须具有令人钦佩的学识、眼界、胆略和胸怀，勇于创新开拓和实干的能力；既能立足于现实，又能着眼于时代变化，以开放的心态吸收国内外先进管理经验和方法；要适应时代变化，尤其互联网应用、知识共享所带来的教育模式的变化，以敏锐的洞察力和预见力，改变传统管理育人陈旧观念、思维定式以及传统管理方式和手段；要深刻认识作为网络原住民的新生代学生与以往的学生迥然有别的特征，深入了解他们的内心世界和真实想法，加强与学生的沟通和了解，增强说服学生、感召学生的能力，进一步解放思想，与时俱进，不断更新自身知识构成体系，用创新精神开拓性地探索符合新时代发展要求的高校管理育人工作新思路、新方法。

（七）身体素质

身体素质是人的诸多素质中最基本的素质。身体素质不仅包括强壮的体魄，还包括敏捷的思维、迅速的决断力、充沛的精力，以及承受繁重工作负荷的能力。身体素质是革命的本钱，无论做什么工作都离不开健康的身体，高校管理育人工作也是如此。高校管理育人工作纷繁琐碎，且工作时间长、工作压力大，这些都将极大地消耗高校教师干部的精力和体力。没有一个强健的体魄，即使高校教师干部有再丰富的管理知识和育人经验，也难以充分发挥作用。因而，加强体育锻炼，保证身体健康、精力充沛，这是高校管理育人队伍的必修课。

二、高校管理育人者的素质培养

新时代高校管理育人队伍的职责是在实施高校学生管理过程中对其进行思想政治教育。高校管理育人队伍是贯彻党和国家的教育方针、完成高校各项任务的组织者、实施者和保障者。加强高校管理育人队伍建设，造就一支政治坚定、头脑清醒、思想敏锐的管理育人队伍，唯有如此，才能牢牢掌握高校意识形态工作领导权、管理权、主动权，筑牢意识形态安全“护城河”“防火墙”，才能实现高校更好更多地培养优秀人才，为民族伟大复兴大业奠定基石。高校管理育人者的素质培养，一是靠自身努力，二是靠组织培养。要想全面打造一支品德高尚、学识卓越、育人高超的一流管理育人队伍，必须建立健全高校管理育人成长机制。

（一）加强党对高校管理育人队伍人才的领导

2016 年 12 月，在全国高校思想政治教育工作会议上，习近平总书记明确指出“办好我国高等教育，必须坚持党的领导，牢牢掌握党对高校工作的领导权，使高校成为坚持党的领导的坚强阵地。”① 只有高校全体教职工在从事教学管理、科研管理、行政管理、生活管理等实际工作中严格落实党的各项决策部署，党对高校的全面领导才能得以实现，党领导一切的核心地位才能更为巩固。要贯彻党的教育方针，完成党赋予高校的人才培养根本任务，必须打造一支有理想信念、有道德情操、有扎实学识、有仁爱之心的“四有”好教师队伍，要有一支干净干事、德才兼备的高水平高校管理队伍。要坚持和巩固党对高校管理育人工作领导核心地位，把党的政治建设、思想建设、组织建设、作风建设、纪律建设、制度建设融入这支

① 习近平在全国高校思想政治工作会议上强调：把思想政治工作贯穿教育教学全过程　开创我国高校教育事业发展新局面［N］. 人民日报，2016－12－09（1）.

队伍的培养过程。充分发挥党委的把关定向、谋大局、促发展的作用，以把好方向之舵，领好前进之航；充分发挥基层党组织的战斗堡垒作用，各级基层党组织要努力培养优秀的教师干部党员，让理论水平过硬、综合素质突出的教师干部充分发挥先锋模范带头作用。在高校管理第一线，确保思想政治工作与管理工作同步，切实释放各级党组织活力，激发广大党员教师干部投身管理育人工作的积极性、主动性和创造性。

（二）加强高校教师干部的教育培训工作

高校管理育人队伍建设是一个系统工程，要做好长远规划、分类指导、组织领导。传道者先明道、信道，教育者先受教育。教师干部肩负着“为谁培养人，培养什么样的人，怎样培养人”这一重大历史使命和政治担当，高校要注重加强教师干部的培养培训，尤其要突出思想政治教育工作能力培养。高校要结合实际，做好高校管理育人队伍的规划、教育和培训工作，有计划、有步骤、有组织，针对高校教师干部的思想政治素养、专业素养、工作能力水平等方面开展成体系的交流学习、培训教育，开展各层面岗前培训、在岗培训，督促教师干部参加理论学习，有条件的高校，鼓励和支持教师干部出国交流访学，不断提高高校党务干部的思想政治素质、智能素质和心理素质，促进教师的思想境界、文化底蕴、学术水平、科研能力、创新能力的不断提升。尤其要注重培养优秀年青的教师干部，指导他们做好职业规划和人生规划，促使优秀青年教师干部尽快成长。

（三）坚持严管和厚爱结合、激励和约束并重

高校应该构建符合本校实际的、科学有效的师德师风考评机制。坚持将师德师风纳入考核奖惩体系、人才遴选办法、管理评价指标；坚持将师德师风教育贯穿教师职业生涯全过程和日常教育教学工作全过程；坚持在教师职务（职称）评审、岗位聘用和评优奖励等环节实行师德师风考核一票否决，坚持对教师失范言行零容忍。完善干部考核评价机制，建立激励机制和容错纠错机制，旗帜鲜明地为那些敢于担当、踏实做事、不谋私利的干部撑腰鼓劲。[1] 新时代高校管理育人队伍建设要走精干高效之路，重点放在提高高校党政管理队伍的综合素养上。通过完善选拔机制、培训机制、竞争机制、考核评价机制、交流机制、激励机制、容错纠错机制、监督机制和保障机制等多种措施，提高高校党政管理干部的能力和干事创业的激情。按照新时代教师队伍建设改革意见，坚持把师德师风作为评价教师的第一标准，坚决杜绝违反师德师风事件的发生。

（四）充分发挥实践锻炼在教师干部成长成才中的重要作用

实践锻炼是促进高校教师干部快速成长的重要途径。教师干部是离学生最近的人，是宣传阐释党的理论、解决高校学生思想意识方面的各种困惑和问题最直接的人，教师干部要把价值观融入高校管理全过程，自觉在岗位上刻苦钻研、严谨笃学，不断充实、提高自己。除了加强岗位锻炼外，还要创造条件，让教师干部接触社会、了解国情，如定期或不定期开展社会调研、社会考察等活动，使教师干部得以在广阔的社会天地中锻炼和成长，在实践中增长见识，做到知行合一、内外兼修。创造条件让教师干部挂职锻炼、岗位轮换，有目的地让青年教师承担一定的行政事务，或者让青年干部参加扶贫活动、到校外任职，促使青年教师干部在实践锻炼中提高管理育人的能力。

第三节　案例分析：华南师范大学的管理育人队伍校本培训路径

人才资源为第一资源的办学理念。管理育人队伍建设是实施“人才兴校”战略的重要组成部分。以华南师范大学为例，该校以高层次人才和中青年教师为重点，实施外引内培策略，为教师搭建施展才华的舞台，为学

---

① 习近平：决胜全面建成小康社会　夺取新时代中国特色社会主义伟大胜利——在中国共产党第十九次全国代表大会上的报告［N］．人民日报，2017－10－28（1）．

校办学提供有力的师资保证。2015 年起，学校依托教师发展中心，积极开展校本研修实践，开展新教师岗前培训，实现了培训课程 100% 覆盖新教师和助教，年培训课时数 411 学时，年培训教师人数超过 1 500 人，所有培训活动评价满意度为 93.7 分。

一、形成多层次、多种类校本培训格局

按照学校战略目标要求，教师发展中心根据广东省《高校教师岗前培训指导意见》，制定教师校本培训规划，精心安排校本培训的课程、师资、内容、形式，对新入职教师干部实行岗前培训，对入职 3 ~ 5 年的新教师实行"一学期"脱产研修计划，对有意开设通识课程的教师实行专题培训，针对骨干教师开展教师教学发展研修班、教师教学能力提升国（境）内外研修项目，针对教学名师开展教学名师讲坛、名师工作坊活动。培训形式包括专题讲座、工作坊、教学实践、教学观摩等，帮助教师提升课堂教学能力。培训内容不仅针对教师的专业发展需求，设置"专业素养与理念""教学理论与技能"和"信息技术与运用"三个模块，还针对教师和行政教辅人员开设管理理论、行政能力、团队精神等课程，开设了信息化管理、公文写作等课程，形成了多层次、多种类的校本培训模式。此外，学校还加强了培训考核，教研实习实行"六个一"，即一门拟授课程实施大纲、教学 PPT、一段 20 分钟课堂试讲录像、一份教研（科研）申报书、一组听课表，考核合格方可上岗。

二、校本培训内容融入立德树人内涵

校本课程安排在为师为学方面树立优秀楷模的名师与新教师谈师德、话成长。如国家教学名师、心理学科带头人莫雷教授，国家教学名师、国家"特支计划"教学名师王庭槐教授，教育部"长江学者"陈金龙教授等，发挥名师示范效应和带动作用，效果明显。为引导新入职教师干部增强职

业认同、潜心立德树人，校本培训内容融入习近平新时代中国特色社会主义思想以及党的十九大精神学习内容，让教师干部把握政治方向，坚定立德树人理想，解决好“为谁培养人”“培养什么人”“怎样培养人”的根本问题，引导教师干部学会用马克思主义世界观和方法论去指导自己、引导学生，让教师强化育人意识，更新教育观念，培养创新意识，用深厚的理论、真理的力量感召学生，自觉做好师者表率。

三、“互联网 + ”促进教师干部培训效率

建设教师专业成长与教学能力提升平台，每年不定期开展“互联网 + ”在线开放课程建设培训、“互联网 + ”混合式课堂教学模式培训、教育信息技术专项培训、信息化教学工作坊和“每周一课”在线学习。积极配合学校教学和人才培养方案改革，开展“在线开放课程”、混合式教学模式、通识教育课程等专项培训。同时帮助教师选取运用信息化平台和信息化教学工具建立自己的智慧课堂，形成自己的教学风格，并进行教学学术方面的研究。

四、华南师范大学教师发展研修特色项目

培训板块包括新教师干部岗前系列培训课程、“木铎教师沙龙”、课堂创新工作坊、教学法教师研修、青年教师教学大赛、微课大赛等。

（一）教师教学发展骨干研修班（木铎班）

为培育一批师德高尚、业务精湛的“金课”种子教师，发展和建立“重视教学、热爱教学”的教学文化，以青年骨干教师为对象，每年上半年举行教师教学发展骨干研修班（木铎班）。研修内容为“6 + 1”：专业素养、教情学情、教学理念、教学技能、信息技术、教学研究和一个学期的教研提升。研修班积极引导教师创新教学思维，创生教学成果，同时辐射、带动更多教师钻研教学，打造“金课”精品。

（二）木铎沙龙

木铎沙龙是教师发展中心开展的全校性、通识性教师沙龙。沙龙以“促进教师全面发展”为目标，为全体教师提供一个开放性、交互性的研修交流平台。木铎沙龙有固定的举办时间，即每月最后一个非节假日的周四中午（含午餐会），每学期举办四期。每期沙龙报名上限30人。

（三）青年教师教学大赛

对接两年一次的广东省高校青年教师教学大赛，针对在该校工作1年以上、40岁以下在职在岗专任教师，以“上好一门课”为理念，举办学校青年教师教学大赛。大赛设文科组、理科组、工科组、思想政治课组四个组别，参赛环节由教学设计、课堂教学和教学反思三部分组成，旨在激发青年教师创新教育理念、掌握现代教学方法的热情，促进教学基本功和能力训练。

（四）教师教学能力国（境）内外研修

为学习借鉴国际先进的教育教学方法，中心开展教师教学能力国（境）内外研修项目。一是国（境）外访学，即依托校级访学项目，每年资助10位教师赴国（境）外高水平大学进行为期3个月或1年以上教育教学研修；二是短期研修，派遣教师赴国（境）内外大学进行4～6周短期研修，或邀国（境）内外名师来校进行专题培训。

（五）名师工作坊

为发挥名师的引领示范作用，培育未来名师，名师工作室引入校内外教学名师，通过长期与短期的合作形式，组织同一或者相近学科专业的青年教师，开展教学咨询、教学研究、学术交流等活动。根据名师学科特点与教学专长，通过讲座面授、小型研讨会、个别指导等形式，定期开展教学咨询，帮助青年教师解决教育教学中遇到的实际问题。

第九章
广东高校管理育人的特色经验与发展

第一节　广东高校管理育人的特色经验

广东地处改革开放前沿，自古海上贸易、对外经商络绎不绝，外向性、开放性、多元性、包容性的文化风格和地域特征明显，造就了宽松、和谐的社会环境。高等教育受到这一独特文化背景的深刻影响，高校育人工作也充分体现了开放、多元、包容的文化特点和“立德树人”的本土特征。改革开放以来，广东高校管理育人工作探索起步较早，并在改进中加强，在创新中提高。随着我国改革开放的深入推进和经济社会的发展，尤其党的十八大以来，在党和国家加强思想政治教育的战略部署下，高校管理育人作为思想政治教育“三全教育”的重要抓手和“十大育人”体系的重要途径，受到广东省教育主管部门、各高校、学界、社会的广泛重视，相关理论研究和实践探索持续深化。经过长期的发展与积淀，广东高校管理育人工作逐步形成独具特色的实践体系，有力支撑广东高等教育发展和大学生全面发展成才。

一、改革开放以来广东高校管理育人的发展与成绩

目前，广东省各类高校共计168所，其中本科普通高校为67所（含独立学院）①。改革开放以来，在党和国家教育方针和立德树人的总体目标指引下，广东高校管理育人自主探索，深化改革，始终与区域高等教育改革探索相伴而行、协调同步、相得益彰，为广东高校管理育人发展开创了生动活泼、和谐发展的新局面。

（一）自发探索：1978—2002年恢复中确立，广东高校率先探索管理育人途径、方法、手段

党的十一届三中全会以后，经过拨乱反正，全国政治、经济、文化等领域得以复苏。当改革开放时代到来时，广东以“敢闯敢试、敢为人先”的劲头冲在改革开放的前沿，顺应当时的政治、经济体制改革需求，广东高校大力开展办学探索，积极为广东省各项事业和社会主义现代化建设多出人才，快出成果贡献力量。广东高校思想政治教育坚持解放思想、实事求是，在改革中求发展，在发展中适应时代要求。这个时期，广东高校管理自觉为育人工作服务，重新确立党的领导，端正思想理论路线，明确改革方向等重大办学方向。

与此同时，高校拉开延续到今天的教育体制、办学体制及招生、就业、人才培养模式等领域的改革与发展序幕。广东高校面对社会独立办学，积极探索多层次、多类型、多渠道的办学路径，以普通高等教育为主体，成人高等教育、自学考试以及网络教育等多种形式为补充的教育体系逐步建立，民办高校也作为有益的补充出现。这个时期广东高校管理工作呈现生机勃勃的形势，各校通过加强领导班子建设，改进领导作风，密切联系师

---

① 中华人民共和国教育部. 2019年全国高等学校名单[EB/OL].(2019-06-17)[2019-10-01]. http://www.moe.gov.cn/jyb_xxgk/s5743/s5744/201906/t20190617_386200.html.

生，定期深入基层解决师生实际困难，积极探索和掌握新时期高校的工作规律，富有成效地开展各项管理育人工作。

高校管理育人在办学探索中逐步清晰而确立，各高校在实践中，建立了一系列的制度，如华南师范大学制定了班主任工作条例（1987），明确将班主任列入学校学生思想政治教育工作体制；制定政治辅导员工作暂行条例（1989），加强政治辅导员的配备、管理、考核和待遇；制定研究生思想政治工作的意见，明确对研究生不仅要重视业务教育，还要加强思想政治教育的管理；制定了教工思想政治工作暂行条例（1991），明确要建设一支又红又专的教职工队伍，要求广大教职工在各自岗位上，自觉教书育人、管理育人、服务育人，并建立了管理育人网络。①

在党的思想路线和基本路线以及广东省委的指引下，广东高等教育事业得以恢复，但是高校尚不适应社会主义现代化建设需要的局面短期内还没有根本扭转，面对开放搞活、世界范围新技术革命的兴起，政府对高校管得太多、统得过死，以致各级各类高等院校缺乏应有的活力。这个阶段，广东高校主动适应时代要求，解放思想、勇于实践、开拓前进，积极探索面向社会办学，突破原有的体制机制障碍，不断激发高校内部发展的活力。例如，华南师范大学实行人员定编与工资承包改革，此举措走在全国前列，学校面向社会委托培养、联合办学，开展多层次、多形式办学和培养人才，大大提高了整体办学实力和管理育人水平。

适应广东高等教育多层次办学需求，在逐步形成的开放、灵活的管理体制机制中，作为育人主要途径之一的高校管理育人也随着高校事业发展而得到重视。面对社会主义市场经济发展和对外开放带来的各种思想文化相互激荡，大学生思想的多元性日益增强的状况，各高校开展多形式、多层面的形势政策教育、精神文明建设、学生党支部建在班上等党建工程，

---

① 梁国熙．华南师范大学校史（1933.8—1995.12）［M］．广州：广东高等教育出版社，1996：490－495.

帮助学生加强理想信念、社会责任、团结协作意识、心理素质文化教育等思想品德和价值教育，各高校管理育人逐步清晰并提到学校工作日程上来。

（二）自觉发展：2002—2012 年在确立中调整，管理育人作为广东高校思想政治教育基本途径得到高度重视和加强

进入 21 世纪以来，广东高等教育经历了持续不断的变革和规模的急剧扩张。顺应高等教育大众化的要求，广东多地启动建设大学城项目，各高校加快与地方政府合作，外拓规模和空间。广东先后建设了包括深圳大学城、广州大学城、珠海大学城、佛山大学城等大学城。这个时期，国家逐步把高等教育管理权下放给地方政府，形成了政府、市场和社会共同参与高等教育办学、投资的局面。高校面向市场和社会开放自主办学，这是一种整体性的转型，涉及教育观念的转变。高校办学实行教育成本分担，实行学生收费上学，学生就业政策进一步从社会主义商品经济体制下的本行业自主择业，过渡到社会主义市场经济体制下的大多数毕业生自主择业。

随着高等教育市场的深入发展，学生招生就业政策和收费上学政策实行，高校学生既是受教育者，又是消费者，学生身份内涵变化的同时，也催生了许多教育问题，如高校毕业生就业难等问题，高校管理育人内涵也悄然发生变化。针对学生的新特点和新诉求，广东高校坚持以人为本，强化对学生服务的意识，将管理育人与解决学生的实际问题相结合，管理育人工作内容不断细分化，增加了就业指导、心理咨询、职业规划以及奖助贷服务等职能。高校拓展勤工助学岗位，为家庭困难学生解困助学，各高校建立心理健康安全监护体系，开展了师生心理互助计划、朋辈心理互助计划，开展了细致的心理健康教育和管理育人工作；坚持“面向市场、双向选择、完善服务、加强指导”的就业方针，高校加强就业指导工作，教育引导毕业生树立正确的择业观念，鼓励毕业生到基层去、到粤北山区和农村去、到西部去、到祖国最需要的地方去建功立业。

2004 年，国家出台《关于进一步加强和改进大学生思想政治教育的意

见》提出要“坚持教育与管理相结合，把思想政治教育融于学校管理之中”[①] 之后，时隔不到一年，中共广东省委、广东省人民政府发出《关于进一步加强和改进大学生思想政治教育的实施意见》（以下简称“实施方案”）强调，高校要努力做到全员育人、全方位育人、全过程育人。广东高校纷纷制定贯彻落实实施方案，明确职责任务和考核办法，要求将管理育人的目标落实到每一位干部、教师和职工岗位上。思想理论课是主渠道，各高校执行“实施方案”的要求，对经费支持、课时分配、课酬安排、组织协调、安全保证等加大管理力度，强化对思想理论课的质量管理。各高校将管理育人引入学生公寓中，加强宿管服务队伍和学生管理队伍建设，设立了学生党员示范岗，开展文明宿舍创建，在日常宿舍管理中引导学生学会认知、学会合作、学会生活、学会做人。

高校形成党委统一领导、校长负责，校级思想政治教育工作委员会牵头，二级学院分头落实的思想政治教育架构。二级学院成立了学生工作办公室、研究生工作办公室，科学配备思想政治教育工作人员，实施辅导员队伍职业资格制度，先培训后上岗，促进辅导员队伍朝着职业化、专业化、专家化方向发展。

（三）自主提升：2012 年至今在拓展中深化，广东高校综合改革带动管理育人工作系统化、内涵不断丰富

党的十八大以来，我国政治、经济、文化发生了巨大变化，国家持续推进高等教育深层次改革。处于经济转型升级关键期的广东，立足国家“双一流”战略，2015 年率先推进了高水平大学建设计划，中山大学等 7 所高校入选建设行列。2018 年，广东推进高水平大学建设计划 2.0 版，即“冲一流、补短板、强特色”（以下简称“冲补强”），41 所本科高校和 141 个重点学科入选行列，推进广东高校分层分类发展，带来广东高校新一轮快

---

① 教育部思想政治工作司. 加强和改进大学生思想政治教育重要文献选编：1978—2014［G］. 北京：知识产权出版社，2015：311.

速发展。

在办中国特色社会主义大学的宏观背景下，广东高校依据自身的资源条件和教育理念来制定自主发展战略，选择深化综合改革路径，对传统大学进行现代性的改造。随着广东新一轮高校改革的深入，在深化治理体系和能力现代化和“放管服”的推动下，现代大学治理理论与方法的引进和运用，广东高校内部管理模式也发生根本性的变化，带来大学管理的科学化水平提升，同时在新的高等教育发展理念的指导下，立德树人的成效作为教育主管部门检验学校一切工作的根本标准，教育改革行为产生了显著的育人效果和办学效益，管理育人工作得到突破性进展。

在管理育人机制创新直接推动下，广东高校思想政治教育质量不断提升。2015 年，广东在全国率先建立高校党委书记、校长每学期上第一堂思想政治理论课制度，发挥了思想引领、榜样示范的作用。2018 年以来，广东省高校率先建起“千个示范课堂”，扎实推进习近平新时代中国特色社会主义思想“进教材、进课堂、进社团、进社会实践、进课余生活”的“五进”工作，推广思想理论课“一校一品牌、一院一特色、一课一精品”，受到广东高校青年学子的热捧，思想政治课影响力进一步提升。

随着创新成为时代的主流精神，广东高校主动回应时代人才素质要求，以培养学生的创新创业精神和能力作为管理育人的基本出发点，积极探索管理育人新方法、新途径和新载体。以创新创业领航学生学业发展、职业发展，推动毕业生就业向创新创业模式转变。立足改革开放前沿，广东高校充分发挥互联网和大数据等技术优势，利用微信、微博、QQ 及新闻网等载体开展管理育人工作，一些学校开办了网络服务大厅，管理育人信息化载体发挥着越来越重要的作用。

广东高校通过科学配备，多种途径培养等途径，积极推进管理队伍建设。系统开展辅导员岗前培训、职业技能训练、评优竞赛等活动，引领进一步带动辅导员的职业化、专业化发展。深入实施思政课教师素质提升工程、名师工作室，发挥示范引领作用。加强高校管理干部培训选拔，广东高校管理干部形成立足岗位、敬业奉献、服务学生、追求卓越的良好风气。

二、广东高校管理育人的实践特征与经验

改革开放以来，在党和国家教育方针指引下下，广东高校立足立德树人总体要求和结合广东省情、学生的特点，积极探索管理育人新思路、新机制，不断深化管理育人内涵和创新管理育人机制，管理育人实践呈现鲜明的本土特征，值得深入研究和理论探讨。

（一）广东高校管理育人的实践特征

广东高校管理工作深度融入育人工作，紧紧围绕学生、关照学生、服务学生，创新管理育人体制机制、队伍建设、工作内容等，遵循广东高校学生群体的思想特点开展工作，求真务实、因势利导，有力促进管理育人工作实效性。

1. 广东高校管理育人工作广受重视

改革开放以来，从地理位置和人文环境来看，广东地处改革开放前沿、比邻港澳，与港澳地区商业贸易往来、文化交流密切，在广东高校中，暨南大学、中山大学、五邑大学、汕头大学的侨生、港澳生不少，华南师范大学也是内地最早在澳门地区办学的高校，西方社会思想文化、港澳社会思想文化最早传入广东高校，在当时的社会思潮中，既有现代社会和商品经济发展的文化精华，如效率意识、竞争意识、开放意识，又有西方思潮和生活方式的糟粕，各种观点、流派，过时的、新潮的，通俗的、娱乐的意识观念都涌进来，个人主义、拜金主义、功利主义、奴化意识混杂而来。这些思想文化在当时对部分广东学生有很大的影响。广东高校坚持四项基本原则和改革开放，成立广东高等学校思想政治教育研究会，在高校领导和教师中强调“德育首位”的理念，联系学生实际开展思想理论教育、社会实践活动，推进大学生思想政治教育

工作的民主化和科学管理，在做好思想政治教育和维护高校团结稳定方面发挥了积极作用。

在党和国家的大学生思想政治教育的方针政策指引下，2005 年，广东省出台进一步加强和改进大学生思想政治教育相关文件，将立德树人工作提到“确保科教兴粤和人才强省战略的全面实施，确保我省在激烈的国内外竞争中始终立于不败之地，确保在全面建设小康社会、加快推进社会主义现代化进程中更好地发挥排头兵作用”的战略高度来全面部署实施，为广东高校管理育人工作提供了全方位的、系统的、有效的指引。进入 21 世纪以来，广东在大学生中广泛开展“立志、修身、博学、报国”主题，有力推动大学生思想政治工作和管理育人工作的探索。

党的十八大以来，在党中央的坚强领导下，广东要求各高校深刻认识改革开放前沿的使命责任，以习近平新时代中国特色社会主义思想为引领，牢牢掌握学校管理育人的主动权。例如，暨南大学邀请专家学者围绕“中国梦”“一带一路”的时事热点，向“一带一路”沿线国家及港澳台地区学生开展社会主义先进文化教育讲座，充分展示社会主义先进文化的时代性和感召力。华南师范大学制定《青年思想政治引领行动——灯塔工程之华师行动》，深入推进“青马工程”“新时代讲习所”“紫荆青年说”“青春读书会”等品牌项目，打造“有亮度的”华师灯塔。多种形式的管理育人活动，掀起了广东高校深入贯彻学习习近平新时代中国特色社会主义思想的热潮，也反映了广东高校对运用好管理育人手段的必要性、自觉性和创造性不断提高。

2. 高校管理育人内容的特殊性

大学生正处于“拔节孕穗期”价值观形成的关键时期，思想多变，价值判断和选择能力还较为薄弱。一直以来，广东高校管理育人面临的社会环境比较复杂、意识形态争锋激烈。广东高校重视坚持用马克思主义中国化最新成果武装学生，牢牢把握正确的育人方向，引导学生坚持文化自信、

保持文化定力，促进社会主义核心价值观的内化。管理育人内容的特殊性有以下体现：

（1）加强近代史教育，厚植爱国主义情怀。

在近代中国，广东的地位十分重要，它是反清革命的主战场，是反抗西方列强侵略的第一线，是外国新事物新思想传入中国的窗口门户，更是近代维新、民主革命的策源地和先行地。广东省十分重视近代发生在广东地区革命历史的教育意义，如虎门销烟、三元里抗英、黄花岗起义，广东高校推行学生参观打卡制度，把革命传统文化遗产融入大学生管理和教育的全过程、各环节，深入、生动地开展爱国主义宣传教育。

（2）加强岭南优秀传统文化教育，树牢社会主义核心价值观。

岭南文化善于吸收外来文化，具有开放风气、重商务实、创新求变等文化特征，是广东学生思想意识、人格塑造和和行为规范养成的丰厚土壤。广东高校注重挖掘岭南文化的精神，吸收岭南优秀文化中的丰富、鲜活的养分，并与当代现代精神、社会公约、校规校纪相结合，形成富有地域品格和气质的管理育人内涵，这些文化内涵渗透在广东高校学生的观念逻辑和思维方式当中，成为培养大学生社会主义核心价值观宝贵的文化资源。

（3）加强省情教育，吸纳改革开放、开拓创新的时代精神。

改革开放是广东经济腾飞的根和魂、广东时代精神的核心、广东人最可贵的品质。改革开放以来，广东省经济社会一直处于发展领先地位，这与广东人敢为人先、求真务实、开拓进取精神分不开。在高校管理育人的过程中，广东高校在坚持党和国家教育方针政策的基础上，注重融合广东改革开放的精神，培养学生们时代担当精神，促使新一代大学生茁壮成长成才。

3．广东高校管理育人方法不断创新

由于地处改革开放前沿，接受外来思想影响较多，尤其是受经济全球化和多元文化的影响下，广东大学生呈现出思想活跃、自主、竞争意识强、理性务实等特点。适应培养时代新人要求，广东高校积极探索现代大学制度和依法办学，持续创新管理育人方法、途径和载体，确保管理育人目标的达成。

（1）以培养高素质学生为目标。

搞好高校管理育人，必须头脑清醒，始终围绕立德树人目标。广东高校注重将育人目标作为管理育人工作的必要前提，根据各自教育理念和分类定位，制订各自特色管理育人的目标，这些目标成为管理育人活动的出发点和归宿。广东省提出打造“南方教育高地”，并强调“培养学生的社会责任感、创新精神和实践能力，促进学生生动活泼、全面而个性地健康成长”。各高校根据办学定位和学生思想文化素质基础和成才的需要，制定了操作性更强的育人目标，引领学校管理育人科学化发展。例如，中山大学强调要培养具有“德才兼备、领袖气质、家国情怀”[①] 的人才。华南师范大学以培养大国良师为己任推进新师范建设，积极打造南方教师教育高地。各有特色的育人目标，提高了广东高校管理育人实效性。

（2）以刚性管理为育人的重要手段。

广东高校注重推行制度化管理，加强制度约束、奖惩监督等规范化管理，对学生学籍管理、校园秩序和课外活动、奖惩处分、学生申诉等都作出了明确规定并严格执行，促使学生道德行为的养成。例如，2015 年，华南农业大学实施了《“两严一创”，抓实支部建设》项目，在学生党团教育管理中严格落实党建责任、严格规范组织生活、创新党员服务载体，引导学生遵守党的组织生活要求、遵守党纪党规，激发学生深入认识党的方针路线，激发学生爱党爱国和奉献精神[②]。广东培正学院根据 2016 年新修订

① 中山大学校长致毕业生：德才兼备领袖气质家国情怀[EB/OL].（2015－07－05）[2019－10－03].http://edu.people.com.cn/n/2015/0705/c1006－27255964.html.

② 资料来源于 2018 年 5 月 29 日广东省大中小学德育工作成果展。

的《普通高等学校学生管理规定》，积极探索学籍管理制度改革，逐步建立自由选课制、弹性学分制、奖励学分制、学业导师制、学业预警制等，并强化执行程序的规范性、信息化、法治化。执行决定前告知、学生申辩、听证、处分决定确认并告知①。广东高校的刚性管理结合校情，既依法严格管理，又注重保障学生的合法权益，在刚性管理中突显“立德树人”的价值取向。

（3）以人为本为学生提供合适的管理。

1999 年扩招之后，广东高校学生规模扩大，学生之间素质差距较大，价值取向各异。尤其在就业形势日益严峻和网络化时代条件之下，学生在学业、生活中也承担着很大的压力，身心面临着诸多问题，普遍个人意识较强，不希望受束缚和限制，又希望得到老师和同学的尊重和认同。广东高校高度重视“以生为本”，从“管理”到“服务”的观念转变也越来越鲜明，在理念上突出对学生的人文关怀，满足学生的个性化发展需求。例如，广东交通职业技术学院坚持以学生为中心，实施辅导员育人、朋辈育人及企业导师、校友、家校联系人育人的“三位一体”全员育人体系②，体现“以生为本、育人至上”的工作理念。广东高校十分注重学生实际和满足学生个性发展需要，在学习上激励学生、在生活上关心学术，在成长上引导学生。

（4）以民主管理发挥学生主体价值。

广东高校注重民主管理育人，加强与学生之间的互动交流，倾听他们的心声、反映他们的要求。受经济高速发展的社会环境影响，广东高校学生对新生事物、新思想、新观念接受较快，对社会变化的适应和心理承受能力较强，看待政治问题比较理性，注重个人价值和利益的维护。针对广

① 蒋彩云. 高校学生学籍管理制度改革探析 · 以广东培正学院为例［J］. 佳木斯职业学院学报，2019（10）：271－273.

② 资料来源于 2018 年 5 月 29 日广东省大中小学德育工作成果展。

东高校学生个性比较强、参与意识、维权意识比较强的特点，广东高校在加强依法治校的建设的同时，注重实施民主管理，重视学生的主体性发挥，为学生成才创造各种机会。学生参与助教、助管工作，参与饭堂、宿舍、图书馆管理，在参与管理中提高思想认识、道德修养和个性品质。广东高校注重畅通学生申诉的渠道，如华南师范大学举行校长午餐会以及校长信箱、校长日等制度倾听师生建议和意见；广州大学出台学生申诉处理暂行办法①，一旦受处分的学生若对处分决定有异议，可以根据该办法向学校学生申诉处理委员会提出申诉，体现了依法治校、民主管理的价值取向。

（5）以信息化管理作为育人的载体。

广东高校注重运用网络、新媒体手段进行管理育人，提高管理育人的针对性和实效性。广东高校形成了以官方微信、官方微博、校报、校园广播为标配的的校园全媒体矩阵，发挥信息化管理育人正向效能。根据2018—2019年度的中国高校官方微信公众号年度排行榜100强显示，广东有8所高校官方微信公众号上榜，分别是华南师范大学、中山大学、华南农业大学、吉林大学珠海学院、华南理工大学、深圳大学、广东财经大学、广东外语外贸大学。如华南师范大学的“青网计划”工作坊，开展大数据即时分析，动态掌握青年思想政治状况，用一系列潮流阳光的“微产品”“微话语”代替枯燥乏味的“说教”，校正学生的思想航向和行为偏差，受到学生的广泛认同。随着时代条件的变化，管理育人活动载体电子化已经成为广东高校管理育人的重要特征。如中山大学的“大学服务中心”② 等，初步实现了“信息多跑路，部门多跑路，师生少跑路”的理念，既能够为学生提供办事便利，大幅提升了行政效能和管理育人水平。

（二）广东高校管理育人的经验启示

在改革开放的历史进程中，广东高校能够从最初的理论和实践的基础

① 详见广州大学官网中的“广州大学学生申诉处理办法”。

② 具体网址为：http://usc.sysu.edu.cn/taskcenter/.

上发展成内涵丰富的管理育人体系，从根本上得益于广东高校解放思想、与时俱进，毫不动摇地坚持正确的办学方向，同时也与广东高校内部管理改革、内涵发展不断深化息息相关，这一系列的观念更新和实践创新为管理育人取得成效奠定了良好的基础。

1. 高校管理育人始终坚持加强党的领导，把好正确的办学方向

在长期的办学治校过程中，广东高校始终坚持党委在高校的领导核心地位，落实党委领导下的校长负责制，确保广东高校管理育人的方向和地位不偏不移和人才培养质量水平不断提高。广东高校高度重视学习贯彻党的历次代表大会以及全国、全省教育工作会议精神，将立德树人工作作为学校事业发展的根本要求，注重提高管理育人的地位。例如，中山大学“面向学术前沿、面向国家重大战略需求、面向国家和区域经济社会发展”①、华南师范大学强调“致力于培养卓越教师、推动区域教育发展、引领中国南方教师教育，为国家和区域经济社会发展提供人才支撑、智力支持和文化服务”②，广东职业技术师范大学强调“突出职教特色，服务广东经济社会”③ 这些指导思想是引领学校快速发展的根本指针，推动学校事业快速发展，同时为管理育人发展指明了方向。广东高校近年来快速发展与始终担负着党和国家赋予的使命和责任，担负着科教兴粤、建设教育现代化的历史使命分不开，这些使命落实到办学理念、制度规则、管理方式上，为管理育人提供思想武器和方向指引。

2. 广东高校管理育人必须以良性制度为基础

只有一流的制度机制、一流的科学管理，才能科学地育人。在《国家中长期教育改革和发展规划纲要（2010—2020）》颁布以来，广东高校积极推进现代大学治理能力和体系建设，深化“放管服”改革、内控制度建设，

① 资料来源于中山大学官网中的“学校概况”。

② 资料来源于华南师范大学官网中的“学校概况”。

③ 资料来源于广东职业技术师范大学官网中的“学校概况”。

推动管理育人的发展。广东高校始终坚持“育人为本、德育为先”的核心任务，推进现代大学制度的建设，解决了管理深层次问题，突出了党的建设、民主管理、教职工管理教育、利益分配机制和相关制度建设，广东高校以大学章程为核心，注重完善各类规章制度和运行机制，强化管理系统要素整合、信息控制反馈、人的能动性调动，实现良好的制度规范对学生德行品格的涵育。在推进制度建设的基础上，广东高校强化了依法办事、尊重章程的理念，强化尊重每个学生、平等对待每个学生的原则，促进学生的自我管理、自我服务、自我教育，营造治理有方、管理到位、风清气正的校园育人环境。例如，《中山大学章程》规定学生有“知悉学校改革、建设和发展及其他涉及个人切身利益的事项”①；汕头大学章程规定学校监事会，有 2 名学生监事会成员②。广东技术师范大学的学生自律委员会，是一个拥有规范校风权利的校级学生组织，行使规范校风、服务同学和维护在校学生的权益 3 项职能③。华南师范大学实施“兼职班主任”制度，在锻炼高年级学生干部的工作能力和综合素质、提升新生管理教育水平方面都取得了显著的成效。

3. 高校管理育人要贴近学生的思想、心灵和生活实际

广东高校学生具有思想观念活跃、个性意识张扬、信息来源广泛、民主诉求增长④的特点，但是广东商业气息较浓的环境，也使他们更加务实、求利、世俗，对于外来意识形态借助网络的渗透、多元价值观念冲突，也容易使他们陷入困惑和迷茫。广东高校始终以学生为中心，以满足大学生

---

① 中华人民共和国教育部. 中华人民共和国教育部高等学校章程核准书第 30 号（中山大学）［EB/OL］.（2014 - 09 - 11）［2019 - 10 - 01］. http://old.moe.gov.cn/publicfiles/business/htmlfiles/moe/s8144/201412/xxgk_182095.html.

② 根据《广东省教育厅高等学校章程核准书》（第 8 号）文件通知，《汕头大学章程》于 2015 年 5 月 4 日获广东省教育厅核准。

③ 资料来源于 2018 年 5 月 29 日广东省大中小学德育工作成果展。

④ 广东省教育厅. 广东教育年鉴·2012［M］. 广州：中山大学出版社，2013：29.

成长成才的需要，作为管理育人的出发点和落脚点，从办学治校理念、制度规定设计、工作网络、工作方式方法等方面不断探索服务和教育学生的运行机制，通过贴近学生实际，关心学生的学习困难、职业规划困难、经济困难、心理困难、沟通困难，实行细致的管理育人工作，取得良好的育人效果。一是联系学生学业成长实际。调动学生的学习积极性，使他们成为逐步成长成才。例如，华南理工大学率先提出“三创型（创新、创造、创业）”拔尖创新人才培养贯穿学校管理全过程①。二是联系学生的就业创业创新实际。大力扶持学生创新创业，以创新创业带动高质量的就业。例如，广东工业大学打造“N+1+N”一体化创新创业管理育人平台，实现校内与校外联合协同培养的新型创新创业生态体系②，用浓厚的创新创业氛围培养人才。三是联系家庭困难学生的实际。完善家庭经济困难学生的资助体系、国家助学贷款、国家奖助学金的奖助贷政策体系。例如，广东技术师范大学探索精准资助和管理育人，“圆梦班”依托校友资源，实现“生涯引领”“励志教育”“创新创业”教育和实践能力锻炼，成长成才③。四是联系学生的身心健康发展的实际。广东高校不断探索心理健康教育和心理咨询辅导，涵养学生的精神世界，促进学生个体生命的精神成长。例如，广州中医药大学开展“助人自助、共同成长”为目标，开展心理健康教育水平④。五是联系网络时代学生的思想实际。广东高校善于运用学生喜爱的网络沟通方式、表达方式等人际交往方式来开展管理育人工作，以“粤易班”为平台，实现网络育人全程融入、全面渗透。

---

① 华南理工改革人才培养模式 培养拔尖创新人才[EB/OL].(2010-03-31)[2019-10-01].http://www.jyb.cn/high/zjzz/201003/t20100331_350353.html.

②③④ 资料来源于2018年5月29日广东省大中小学德育工作成果展。

第二节　广东高校立德树人与管理育人创新

立德树人是新时代中国特色社会主义教育发展的根本任务，代表当代中国高校发展的方向和目标理念。2019 年 4 月，广东省委书记李希在全省教育大会上强调要“旗帜鲜明地用习近平新时代中国社会主义思想铸魂育人，大力培养社会主义建设者和接班人”“深刻把握新时代广东教育现代化的目标任务”“奋力开创新时代广东教育强省建设新局面”。[①] 贯彻落实中央要求和广东省建设教育现代化、教育强省的战略定位，高校要始终把立德树人作为谋划发展的基本理念，把立德树人的实际成效作为检验管理各个环节的根本尺度，保证学校所有的管理都围绕着完成立德树人根本任务来进行，在此基础上，积极探索管理育人的新思路、新方法，构建管理育人工作新格局，促进学生全面和谐健康发展。

一、广东高校管理育人创新与时代意义

当前，高等教育综合改革已经进入了攻坚期和深水区，立足新时代立德树人的根本要求，广东高校管理育人创新，体现了育人工作内涵发展和质量发展的本质性、长远性、战略性要求，揭示了提高思想政治教育水平、保证人才培养质量、落实培养时代新人的根本性对策，需深入研究和全面把握其深刻内涵。

（一）广东高校“管理育人创新”的丰富内涵

高校“管理育人创新”的基本内涵是高校管理系统的自我革新的过程，它决定或影响管理育人能力、管理育人水平、管理育人质量、管理育人效

① 徐林，吴哲. 广东省教育大会在广州召开：奋力开创新时代广东教育强省建设新局面[EB/OL].(2019－04－15)[2019－10－01]. http://news.southcn.com/gd/content/2019－04/15/content_186684980.htm.

果。管理育人创新包含管理育人理念、内容、途径、载体、机制、方法、手段和管理育人队伍素质等要素的创新。广东高校要从学校发展的整体出发，着眼于完善管理育人体系，促进管理育人科学化水平，进而提高高校人才培养的水平和能力，适应新时代立德树人的需要，积极应对全球性竞争和社会主义建设事业后继有人的战略需要。广东高校“管理育人创新”的内涵丰富，需要从不同方面、不同层次、不同维度来科学认识，作出时代性的理解。

1. 高校管理育人创新首先要确立正确的思想指导

贯彻习近平新时代中国特色社会主义思想，坚持社会主义办学方向，坚持办学治校为人民服务、为中国共产党治国理政服务、为巩固和发展中国特色社会主义制度服务、为改革开放和社会主义现代化建设服务是新时代高校的核心追求。习近平新时代中国特色社会主义思想反映了我党对于高等教育和思想政治教育发展规律性的认识，对高校的办学管理活动以及广大师生都具有目标引导和行动指南的功能，是高校办学治校和管理育人的指导思想。广东高校全面贯彻党和国家的教育方针，要聚焦立德树人目标任务，把握高校管理育人正确方向，要坚持管理与育人相结合，加强统筹谋划、科学规划，加大高校管理队伍建设力度，全员、全方位、全过程管理育人功能。

2. 高校管理育人创新是要深化管理内涵建设，改进管理育人模式

深化高校管理体制机制改革，推进高质量管理是高校管理育人创新的重点和关键。当前，广东高校正由教育大省向教育强省迈进，高等教育发展的路径从以规模扩张为特征的外延式发展向以质量提升为核心的内涵式发展转变。广东高校要围绕有利于培养社会主义建设者、接班人，坚持党委领导下的校长负责制，积极探索现代大学制度建设，以大学章程为统领，推进治理能力和治理体系建设，深化“放管服”，推进内部控制建设，明晰管理职责权限，构建系统完备、运行有效的制度体系，把管理育人成为高

校一切管理活动的价值追求，为提高管理育人和改进管理育人模式创造良好的环境和条件。

3. 管理育人创新是要创新内容和方法，提高管理育人科学化水平

高校管理育人创新是要改进管理育人内容、方法和手段，大力提高管理育人科学化水平。在国家和省的教育方针政策指引下，近年来，广东高校目标明确，管理育人内涵不断丰富，管理育人成果层出不穷，但总体上学生的主体地位有待强化，高校的管理育人有效性还有待提高。广东高校要以构建具有广东特色、辐射全国的高校管理育人体系为目标，坚持科学理念引领，立足省情和新生代学生的特征，遵循管理育人科学规律，不断加强和改进管理育人工作，深化高校管理育人内涵，形成有效的联动机制，进一步改进方式方法，不断壮大管理育人队伍，形成管理育人科学运行和整体合力。

（二）广东高校管理育人创新是时代的要求

高校管理育人是贯彻落实立德树人目标任务、加强思想政治教育的重要途径之一，具有统领全局、渗透各环节的功能。当今世界处于大发展大变革大调整的时期，新一轮科技革命蓬勃兴起，在一系列新的机遇和挑战面前，广东高校面临着培养时代新人的重任，深入研究管理育人创新课题具有时代意义。

1. 高校管理育人创新是思想政治教育理论的重大创新

推进管理育人创新，不仅适应国家战略和社会发展对人才培养质量的要求，而且也改变了过去忽视高校管理全过程育人、把育人仅仅当作教师的职责的片面的育人观，推进管理育人创新是从整体上着眼立德树人本原性要素的改善，揭示了综合性、根本性的系统育人观。管理育人创新涉及高校管理一系列改革以及管理过程中育人工作的全面改进，对促进高校思想政治教育全面提高、内涵发展和整体发展，对我国的思想政治教育的科学发展也具有重要的理论和现实意义。

2. 高校管理育人创新是广东建设教育现代化的必然选择

党的十八以来，习近平总书记多次对广东作出系列指示，要求广东“四个走在全国前列”，实施创新驱动发展战略，促进经济转向高质量发展是必由之路，建设教育现代化是广东高等教育的重任。在国家“双一流”的建设布局下，广东省全面推进“冲补强”工作，有效带动广东高等教育整体提升。面向新时代新要求，广东高校要立足服务广东建设教育现代化、教育强省，对接粤港澳大湾区发展国家战略，打造国际教育示范区，力争在培养拔尖优秀人才和产出重大成果上创出佳绩。总体上，广东高校依然存在管理育人水平有待提高，管理育人系统性不强、管理融入育人工作不足、全员管理育人意识有待加强，管理育人协同机制尚未健全等问题。广东高校要着眼内部管理体系的宏观整体设计，把立德树人根本目标要求真正落实到管理各环节、全过程，努力提高管理育人成效，真正培养大批适应未来发展需要和能引领国家和区域发展的时代新人。

（三）高校管理育人创新是广东面向未来国际竞争的必然选择

“全球化”是当今世界经济和社会发展不可逆转的趋势，当下世界经济新旧动能转换、国际格局和国家之间力量对比加速演变、全球治理体系深刻重塑，国内外形势发生广泛而深刻的变化，知识更新不断加快，社会分工日益细化，新技术新模式新业态层出不穷。以互联网的全球化普及为重要标志，被誉为“第四次工业革命”的信息革命悄然席卷。在这样的宏观背景下，面对新形势，必然要求广东高等教育提高人才培养质量，与经济发展“新常态”相适应。高校是培养人才和增强民族创新能力的竞争的基础。而高校是培养高素质创新型人才的策源地，这就要求高校全方位落实立德树人根本要求，在办学理念、制度机制、方式方法以及人才培养模式的各个环节都要进行创新，强化管理育人意识，更新管理育人观念，提高管理育人质量。因此，推进管理育人创新是广东面向未来国际竞争中获胜的必然选择。

二、路径与展望：构建广东高校管理育人新体系

2018年5月，习近平总书记在北京大学师生座谈会上强调，“人才培养体系涉及学科体系、教学体系、教材体系、管理体系等，而贯通其中的是思想政治工作体系”①。高校管理育人是一个复杂的育人活动系统，其构成要素很多，包括主客体要素、运行要素等。站在新的历史起点上，打通高校管理育人“最后一公里”，提升管理育人整体水平是贯彻落实新时代党的和国家的教育方针政策总要求，实现人才培养根本目标的基本要求。

（一）主客体要素分析

高校管理育人的中心是育人，必须从主客体入手，符合主客体的管理育人规律，更新教育观念、提高科学管理水平，尊重以人为中心的管理，充分调动各部门、各单位和师生的积极性和创造性。

1. 坚持以生为本

高校管理育人创新要以促进学生全面和谐健康成才为重要任务和最终目的。一切为了学生的发展是以人为本的育人理念的根本。高校管理育人以育人为本，管理育人创新必须反映这一本质要求。学生既是高校管理育人的对象，既是管理育人的客体，在一定条件下，又可以转换为自我管理、自我教育的主体。高校管理育人要充分尊重学生的主体地位，不仅要融入高校的宏观规划和制度的顶层设计，还要渗透在管理各个层面。完善学生参与大学治理的机制，畅通师生良好沟通互动的渠道。如推行学生自律委员会、学生权利保障委员会，提供学生权利救济途径等。坚持强化管理与人性化管理相结合，促进学生的自律与他律、激励与约束有机结合，在良好的纪律、细致入微的管理中增强管理育人功能。强化学生正确的权利义务观，涵养健康心智、完善的人格，引导大学生树立正确的价值观、人生

---

① 习近平：在北京大学师生座谈会上的讲话[EB/OL].(2018-05-03)[2019-06-01].http://www.xinhuanet.com//2018-05/03/c_1122774230.htm.

观、世界观。

2. 打造高素质队伍为关键

教师和干部为主体的全体教职工是高校管理育人的关键力量、主体力量。广东高校要树立全心全意依靠教师干部办学的思想，大力营造有利于高校教师干部发展的体制机制和制度环境，形成尊重人才、关心人才、爱护人才的高校管理文化。要全面建设管理育人队伍政治标准体系，严格把住政治关、品德关和业务关，确保管理育人队伍政治素质过硬、道德情操高尚、业务能力精湛、育人水平高超。要素实施素质提升工程，推动管理育人队伍能力大提升，努力提高管理育人队伍的理论素养、工作水平和管理能力。要完善管理育人激励机制，引导广大教职工重视管理育人，自觉地把育人的目标宗旨贯彻到办学管理的各个环节，保证管理育人工作落到实处。

（二）运行要素分析

高校管理育人创新是在高校内部各个领域、各个环节、各个方面，有理念、有目标、有规划，按照系统的内容，运用一套行之有效的模式方法，实施管理育人活动，并使得这些领域、环节、方面的管理育人工作相互衔接、相互作用、相互促进，全方位加强和改进管理育人工作，不断增强高校管理育人的有效性。

1. 新时代的管理育人——高起点、高定位的目标体系

广东高校管理育人应有明确的目标体系，这是管理育人创新应遵循的方向和主要内容，必然内化为广东高校管理目标的自觉追求。落实“培养德智体美劳全面发展的社会主义建设者和接班人”的根本任务是广东高校管理育人目标的第一层次，也应成为广东高校办学的根本遵循。以“完善人格、培育人才”为要求的素质教育目标这是广东高校管理育人目标的第二层次，这是立德树人的细化要求。以落实“管理体系要围绕立德树人的要求来整体设计”的改革和发展目标这是广东高校管理育人目标的第三层

次。三个层次的目标始终围绕学生的全面发展为目标，核心就是促进学生的思想政治素质、科学文化素质、身体心理素质的全面提高和进步，这三个层次的目标形成和谐统一，应该成为广东高校管理育人创新的自觉追求。

2. 新时代的管理育人——树立科学管理育人理念

管理育人创新体系首先要提高科学化水平。广东高校要更新观念、与时俱进，顺应国家、社会发展的要求，借鉴与批判相结合，以一种实事求是的创新思维，坚持与时俱进和实践检验相结合，在实践中凝练科学管理育人的理念，不断认识和解决时代提出的新问题，走内涵发展、科学发展、创新发展的道路，探寻管理育人发展的新思路、新机制，促进学生全面和谐健康发展的新路径。要让科学管理育人理念成为广东高校管理根深蒂固的理念，不仅体现在制度规范中，还要渗透到管理过程的各领域、各要素、各方面、各环节之中，使之成为紧密一体、成体系的管理育人过程，切实提高管理育人的针对性和实效性。

3. 新时代的管理育人——构建协同管理育人机制

学校的一切管理工作能够围绕立德树人目标来进行，使学校的教职工都将思想和行动统一到立德树人中来，形成党委统一领导，党政齐抓共管，专兼队伍相结合，全校紧密配合，学生自我管理的领导体制和工作机制。构建统筹有力、分工合理、职责明确的管理育人组织体系，实施管理育人目标责任制，把管理育人的任务逐级分解、层层落实，制定具体的措施和实施方案，使各级各类管理人员履职尽职有依据、协作配合有自觉，发挥好管理与育人的双重职能，让管理育人贯彻落实到学校管理的各个角落。

4. 新时代的管理育人——创造良好的管理育人硬环境

广东高校要主动适应时代的发展趋势，通过构建平等、民主和谐的管理制度。把管理育人工作当作学校重要的日常工作来加以落实，建立一套有效的激励机制和教育资源配置制度，建立必要的奖惩制度，激发广大教职工管理育人的主动性和创造性，推动制度机制创新，彻底克服过去的那种管理育人工作“说起来重要、做起来次要、忙起来不要”、管理工作与育人工作两张皮的现象，把管理育人工作有机地融入教学科研和管理服务中去，真正使管理育人融入学校管理工作的日常轨道，有章可循，从而获取不竭的发展动力。

5. 新时代的管理育人——建立发展性的管理育人评价指标体系

评价的目的就是看高校管理育人的主体是否符合要求，并作出科学的判断。过去评价机制多是对过去工作的关注。鉴于此，广东高校要改进评价机制，构建发展性的管理育人评价体系。发展性管理育人指标体系是高校整体和教职工个体管理育人工作目标的制度化和具体化。建立符合推进管理育人创新的评价体系的核心问题，是构建符合促进人的全面发展的管理育人评价的指标体系。有了科学的指标体系，并根据指标体系对高校整体或教职工个体工作的评价就有了科学的标尺，就会激励广大教职工自觉推进管理育人创新，将个人自身发展与学校的发展统一起来，从而实现学校发展目标和管理育人目标。

参考文献

一、普通图书

[1] 中共中央马克思恩格斯列宁斯大林著作编译局. 马克思恩格斯选集: 第1卷 [M]. 北京: 人民出版社, 2012.

[2] 中共中央马克思恩格斯列宁斯大林著作编译局. 马克思恩格斯全集: 第3卷 [M]. 北京: 人民出版社, 1995.

[3] 毛泽东选集: 第1卷 [M]. 2版. 北京: 人民出版社, 1991.

[4] 习近平. 习近平谈治国理政: 第1卷 [M]. 北京: 外文出版社, 2018.

[5] 中央教育科学研究所. 徐特立教育文集 [M]. 北京: 人民教育出版社, 1979.

[6] 中央教育科学研究所. 中华人民共和国教育大事记 (1949—1982) [M]. 北京: 教育科学出版社, 1984.

[7] 教育部社会科学研究与思想政治工作司.《关于进一步加强和改进大学生思想政治教育的意见》辅导读本 [M]. 北京: 中国人民大学出版社, 2004.

[8] 冯刚, 沈壮海. 中华人民共和国学校德育编年史 [M]. 北京: 中国人民大学出版社, 2010.

[9] 中华人民共和国高等教育法 [M]. 北京: 法律出版社, 1998.

[10] 刘英杰. 中国教育大事典 (1949—1990): 下 [M]. 杭州: 浙江教育出版社, 1993.

[11] 广东省教育厅. 广东教育年鉴·2012 [M]. 广州: 中山大学出版社, 2013.

[12] 上海交通大学校志编纂委员会. 上海交通大学志（1896—1996）[M]. 上海：上海交通大学出版社，1996.

[13] 复旦大学校志编写组. 复旦大学志：第2卷（1949—1988）[M]. 上海：复旦大学出版社，1995.

[14] 梁国熙. 华南师范大学校史（1933.8—1995.12）[M]. 广州：广东高等教育出版社，1996.

[15] 中华人民共和国教育法 [M]. 北京：法律出版社，1995.

[16] 王道俊，王汉澜. 教育学 [M]. 新编本. 北京：人民教育出版社，1989.

[17] 扈中平. 现代教育理论 [M]. 北京：高等教育出版社，2000.

[18] 叶澜，郑金洲，卜玉华. 教育理论与学校实践 [M]. 北京：高等教育出版社，2000.

[19] 萧宗六. 学校管理学 [M]. 增订本. 北京：人民教育出版社，1994.

[20] 郭冬生. 大学教学管理制度论 [M]. 北京：高等教育出版社，2005.

[21] 侯光明，李存金. 现代管理激励与约束机制 [M]. 北京：高等教育出版社，2002.

[22] 教育部思想政治工作司. 思想政治教育原理与方法 [M]. 北京：高等教育出版社，2010.

[23] 教育部思想政治工作司. 大学生管理研究 [M]. 北京：高等教育出版社，2012.

[24] 张耀灿，陈万柏. 思想政治教育学原理 [M]. 北京：高等教育出版社，2001.

[25] 张耀灿，郑永廷，吴潜涛，等. 现代思想政治教育学 [M]. 北京：人民出版社，2006.

[26] 张耀灿，陈万柏. 社会主义市场经济条件下思想政治工作领导研究 [M]. 武汉：华中师范大学出版社，1999.

[27] 北京语言大学党建思想政治工作研究会编. 北京语言大学党建思想政治工作的理论与实践 [M]. 北京：北京语言文化大学出版社，2003.

[28] 陆庆壬. 思想政治教育学原理 [M]. 上海：复旦大学出版社，1986.

[29] 孙其昂. 思想政治教育现代转型研究 [M]. 北京：学习出版社，2015.

[30] 吴鸿章. 高校思想政治教育新论 [M]. 济南：山东教育出版社，1990.

[31] 邱伟光. 思想政治教育学概论 [M]. 天津：天津人民出版社，1988.

[32] 王礼湛. 思想政治教育学 [M]. 杭州：浙江大学出版社，1989.

[33] 张慧欣，杜晶波. 思想政治教育学原理新编 [M]. 沈阳：东北大学出版社，2016.

[34] 孙雁. 高校思想政治教育内容新论 [M]. 长春：吉林大学出版社，2009.

[35] 谢晓娟，王东红. 多学科视角下的思想政治教育研究 [M]. 北京：中国书籍出版社，2015.

[36] 靳诺，郑永廷，张澍军. 新时期高校思想政治工作理论与实践 [M]. 北京：高等教育出版社，2003.

[37] 韩玉芳，林泉. 思想政治工作方法教程 [M]. 北京：中共中央党校出版社，1998.

[38] 张澍军，等. 高校学生思想政治教育载体研究 [M]. 北京：北京出版社，1999.

[39] 张澍军. 学科重要理论探索：我的 18 个思想政治教育见识见解 [M]. 北京：中国人民大学出版社，2018.

[40] 李锦坤，曹秀荣，高希庚. 大学生思想政治工作系统工程 [M]. 天津：天津人民出版社，1988.

[41] 潘先银. 高校学生思想政治工作理论与实践 [M]. 昆明：云南民族出版社，2006.

[42] 周长春. 新形势下大学生思想政治教育探索 [M]. 北京：北京工业大学出版社，2005.

[43] 徐家林. 传承与创新　大学生思想政治教育研究 [M]. 北京：中央文献出版社，2007.

[44] 陈飞. 回归生活世界：思想政治教育研究的一个视角 [M]. 北京：人民出版社，2014：59.

[45] 高文兵. 学习型党组织建设与高校软实力提升 [M]. 长沙：中南大学出版社，2011.

[46] 唐俊兵，刘凌，王爱桂. 新时期高校思想政治教育现代化与科学化研究 [M]. 长春：吉林大学出版社，2010.

[47] 韩刚. 管理学视野下的思想政治教育 [M]. 西安：西北大学出版社，2012.

[48] 王立仁. 学生思想政治教育论纲 [M]. 北京：中国社会科学出版社，2015.

[49] 朱再昌，饶越. 国有企业思想政治教育新机制论 [M]. 贵阳：贵州人民出版社，1999.

[50] 万霞，刘树良，梁岚. 新时期高校思想政治教育热点问题研究 [M]. 北京：九州出版社，2015.

[51] 陈万柏. 思想政治教育载体论 [M]. 武汉：湖北人民出版社，2003.

[52] 刘力，闵杰. 高校思想政治教育载体研究 [M]. 沈阳：辽宁大学出版社，2008.

[53] 陈孝彬，高洪源. 教育管理学 [M]. 3 版. 北京：北京师范大学出版社，2008.

[54] 冯刚. 改革开放以来高校思想政治教育发展史 [M]. 北京：人民出版社，2018.

[55] 傅忠贤，等. 科学发展观视域下高校思想政治教育创新研究 [M].

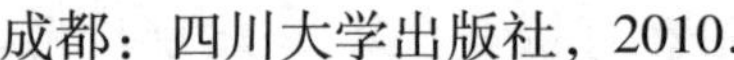
成都：四川大学出版社，2010.

[56] 杨尚勤. 实施“阳光工程”探索德育新路［M］. 西安：西北工业大学出版社，2002.

[57] 鲁凤. 高校“三育人”工作实践与探索［M］. 杭州：浙江大学出版社，2007.

[58] 吴云志，张广鑫，丛茂国. 高等学校校园文化建设研究［M］. 长春：吉林大学出版社，2007.

[59] 张晓春. 高校管理工作者“管理育人”基本任务简论［M］//袁国秋. 思考 实践 创新 面向21世纪，南京：东南大学出版社，1999.

[60] 于晓阳，徐淑红，周芳. 校园文化建设新趋向［M］. 哈尔滨：东北林业大学出版社，2005.

[61] 张剑. 立德树人［M］. 北京：教育科学出版社，2014.

[62] 杨颉，陈学飞. 研究生教育质量：内涵与探索［M］. 上海：上海交通大学出版社，2007.

[63] 芮明杰. 管理学：现代的观点［M］. 上海：上海人民出版社，2005.

[64] 章凯. 组织行为战略 管理变革的方向与动力［M］. 北京：经济管理出版社，2003.

[65] 敬坤. 走进象牙塔里的日常生活世界：大学生日常生活管理育人研究［M］. 北京：清华大学出版社，2017.

[66] 张琼，马尽举. 道德接受论［M］. 北京：中国社会科学出版社，1995.

[67] 眭依凡. 大学使命与责任［M］. 北京：教育科学出版社，2007.

[68] 时延春. 公民政治素质研究［M］. 郑州：郑州大学出版社，2005.

[69] 夏之放. 异化的扬弃：“1844年经济学哲学手稿”的当代诠释［M］. 广州：花城出版社，2000.

[70] 德鲁克. 组织的管理［M］. 王伯言，沈国华，译. 上海：上海财经大学出版社，2006.

［71］赫尔巴特. 普通教育学［M］//张焕庭. 西方资产阶级教育论著选, 北京：人民教育出版社，1964.

［72］黑贝尔斯，威沃尔. 有效沟通［M］. 李业昆，译. 北京：华夏出版社，2005.

［73］迈尔－舍恩伯格，库克耶. 大数据时代［M］. 盛杨燕，周涛，译. 杭州：浙江人民出版社，2013.

［74］麦克卢. 汉理解媒介：论人的延伸［M］. 何道宽，译. 南京：译林出版社，2011.

［75］泰勒. 原始文化［M］. 蔡江浓，编译. 杭州：浙江人民出版社，1988.

［76］张庆亮，顾思伟，夏光兰. 以学生为中心的高校学生事务：以安徽财经大学为例［M］. 北京：经济科学出版社，2017.

［77］贺斌. 零距离施教：名师和谐师生关系的构建艺术［M］. 重庆：西南师范大学出版社，2008：2.

二、汇编

［1］教育部法制办公室. 学前教育政策法规规章汇编［G］. 北京：首都师范大学出版社，2014.

［2］中共中央文献研究室. 十二大以来重要文献选编：下［G］. 北京：人民出版社，2011.

［3］中共中央文献研究室. 改革开放三十年重要文献选编：上［G］. 北京：中央文献出版社，2008.

［4］中共中央文献研究室. 十六大以来重要文献选编：中［G］. 北京：中央文献出版社，2011.

［5］中共中央党史和文献研究院. 十八大以来重要文献选编：下［G］. 北京：中央文献出版社，2018.

［6］教育部社会科学司. 普通高校思想政治理论课文献选编（1949—2008）

[G]. 北京：中国人民大学出版社，2008.

[7] 教育部思想政治工作司. 加强和改进大学生思想政治教育重要文献选编：1978—2014 [G]. 北京：知识产权出版社，2015.

[8] 西北政法学院科研处，西北政法学院学报编辑部. 西北政法学院科研论文集 [G]. 陕西人民教育出版社，1992.

三、报纸

[1] 全国教育工作会议在京隆重开幕 [N]. 人民日报，1978-04-23 (1).

[2] 习近平在全国高校思想政治工作会议上强调：把思想政治工作贯穿教育教学全过程　开创我国高等教育事业发展新局面 [N]. 人民日报，2016-12-09 (1).

[3] 习近平：决胜全面建成小康社会　夺取新时代中国特色社会主义伟大胜利——在中国共产党第十九次全国代表大会上的报告 [N]. 人民日报，2017-10-28 (1).

[4] 习近平在全国教育大会上强调：坚持中国特色社会主义教育发展道路　培养德智体美劳全面发展的社会主义建设者和接班人 [N]. 光明日报，2018-09-11 (1).

[5] 中共教育部党组. 坚定不移走中国特色社会主义教育发展道路 [N]. 人民日报，2018-09-18 (9).

[6] 习近平：用新时代中国特色社会主义思想铸魂育人　贯彻党的教育方针落实立德树人根本任务 [N]. 人民日报，2019-03-19 (1).

[7] 熊晓梅. 坚持立德树人　实现“三全育人” [N]. 光明日报，2019-02-14 (6).

四、电子资源

[1] 习近平. 在北京大学师生座谈会上的讲话[EB/OL]. (2018-05-03) [2019-06-01]. http://www.xinhuanet.com//2018-05/03/c_1122774230.htm.

[2] 习近平. 青年要自觉践行社会主义核心价值观[EB/OL].(2014 - 05 - 05)[2019 - 01 - 02]. http://cpc. people. com. cn/n/2014/0505/c64094 - 24973220. html.

[3] 习近平. 在纪念五四运动 100 周年大会上的讲话[EB/OL].(2019 - 04 - 30)[2019 - 05 - 01]. http://politics. people. com. cn/n1/2019/0430/c1024 - 31060725. html.

[4] 习近平. 青年要自觉践行社会主义核心价值观[EB/OL].(2014 - 05 - 05)[2019 - 01 - 02]. http://cpc. people. com. cn/n/2014/0505/c64094 - 24973220. html.

[5] 中共中央 国务院印发《关于加强和改进新形势下高校思想政治工作的意见》[N/OL](2017 - 02 - 28)[2019 - 10 - 01]. http://news. gmw. cn/2017 - 02/28/content_23841933. htm.

[6] 中华人民共和国教育部. 国家中长期教育改革和发展规划纲要(2010—2020 年)[EB/OL].(2010 - 07 - 29)[2010 - 10 - 01]. http://www. moe. gov. cn/srcsite/A01/s7048/201007/t20100729_171904. html.

[7] 中华人民共和国教育部. 中共中央 国务院关于全面深化新时代教师队伍建设改革的意见[EB/OL].(2018 - 01 - 13)[2019 - 10 - 01]. http://www. moe. gov. cn/jyb _ xwfb/moe _ 1946/fj _ 2018/201801/t20180131 _ 326148. html.

[8] 关于进一步加强科研诚信建设的若干意见[EB/OL].(2018 - 05 - 31)[2010 - 07 - 29]. http://www. moe. gov. cn/jyb_ xxgk/moe_1777/moe_1778/201805/t20180531_337857. html.

[9] 中华人民共和国教育部. 教育部关于印发《教育信息化 2.0 行动计划》的通知[EB/OL].(2018 - 04 - 13)[2019 - 10 - 01]. http://www. moe. gov. cn/srcsite/A16/s3342/201804/t20180425_334188. html.

[10] 中共中央、国务院印发《中国教育现代化 2035》[EB/OL].(2019 -

02 -23)[2019 -03 -02]. http://www.gov.cn/zhengce/2019 -02/23/content_5367987.htm.

[11] 学习贯彻党的十九大精神 推动教育管理信息化跃上新台阶[EB/OL].(2017 -12 -27)[2019 -10 -01]. http://www.ict.edu.cn/news/n2/n20171227_46514.shtml.

[12] 2018 年第 41 次中国互联网络发展状况统计报告[EB/OL].(2018 -02 -03)[2018 -11 -02]. http://www.sohu.com/a/220673381_491971.

五、期刊

[1] 潘懋元. 教育基本规律及其在高等教育研究与实践中的运用 [J]. 上海高教研究，1997 (2).

[2] 钟秉林. 关于大学“去行政化”几个重要问题的探析 [J]. 中国高等教育，2010 (9).

[3] 宋毅. 浅议教书育人管理育人服务育人在培养合格师资中的作用 [J]. 黄石教师进修学院学报，1986 (2).

[4] 陈炳三. 教书育人与管理育人是“一体两翼” [J]. 学位与研究生教育，1988 (1).

[5] 杭永铨. 高校要强化“管理育人”的工作 [J]. 江苏高教，1988.

[6] 戚志方. 浅议管理育人 [J]. 现代教育科学，1990 (1).

[7] 曲万良. “管理育人”初探 [J]. 新疆师范大学学报 (哲学社会科学版)，1990 (4).

[8] 翟建设. 新形势下推进高校管理育人工作的有效途径 [J]. 中国教育学刊，2015 (S1).

[9] 阮显政，钟晓砺. 对高校管理高人工作的认识 [J]. 重庆与世界 (学术版)，2012 (6).

[10] 朱政. 高校管理育人的现状及路径探析 [J]. 中国成人教育，2015 (9).

[11] 周声宇. 高校行政从基层管理向协同育人创新机制转化的实践与探索 [J]. 产业与科技论坛, 2017 (7).

[12] 冯永刚. 学校制度文化育人的价值意蕴及其实现 [J]. 教育科学研究, 2018 (5).

[13] 戴锐. "管理育人" 的内涵辨正与路径探寻 [J]. 当代教育论坛, 2003 (5).

[14] 倪育才. 高校学生宿舍管理育人的探索与实践 [J]. 四川教育学院学报, 2011 (6).

[15] 孟庆繁, 林相友, 孟威, 权宇彤, 闫国栋, 滕利荣. 实验室管理育人体系的构建 [J]. 中国大学教学, 2011 (8).

[16] 钟晖. 发挥高校校报管理育人功能 培养学生记者科学发展的职业素质 [J]. 榆林学院学报, 2015 (4).

[17] 李洪亮, 张永平, 张秀玲. 科技文化竞赛 "六维" 管理育人模式研究与实践 [J]. 教育观察 (上半月), 2015 (11).

[18] 谢玉婧, 张涛. 关于高校教师参与管理育人工作的探讨 [J]. 教育教学论坛, 2017 (9).

[19] 刘劲松. 高校班主任管理育人工作的挑战与探索 [J]. 湖北社会科学, 2011 (7).

[20] 尹琦琦. 浅谈高校辅导员管理育人工作 [J]. 教育教学论坛, 2011 (9).

[21] 陈时高. 高校二级学院教学秘书的管理育人工作 [J]. 中外企业家, 2011 (16).

[22] 刘洁. 高校管理育人的途径探析 [J]. 思想理论教育导刊, 2012 (8).

[23] 潘鋐. 邓小平教育理论的形成及江泽民、胡锦涛对它的发展 [J]. 江苏教育学院学报 (社会科学), 2010 (7).

[24] 梁禹祥. 论思想政治教育体制改革 [J]. 天津行政学院学报，1999 (1).

[25] 骆郁廷. 改革开放以来高校思想政治教育的基本经验 [J]. 思想理论教育导刊，2008 (10).

[26] 谷佳媚. 论思想政治教育沟通关系的本真 [J]. 河南社会科学，2011 (5).

[27] 米俊魁，别敦荣. 大学章程价值研究 [J]. 高等教育研究，2006 (10).

[28] 张凤昌，许积年. 高校后勤“育人”途径探析 [J]. 国家教育行政学院学报，2005 (11).

[29] 王丽萍. 论基于校训的高校学生荣誉体系之构建 [J]. 黑龙江高教研究，2008 (8).

[30] 张伟坤，林天伦，熊建文. “一体三维多元”师范生实践能力养成机制：构建与实践 [J]. 青海师范大学学报（哲学社会科学版），2017 (2).

[31] 谢晓青. 高校思想政治教育工作载体创新问题研究 [J]. 教育发展研究，2006 (12).

[32] 杨广慧. 探索新路子　寻找新载体 [J]. 思想政治工作研究，1992 (10).

[33] 陈士衡. 大学管理文化刍议 [J]. 吉林教育科学·高教研究，1996 (5).

[34] 张少杰. 建设先进管理文化　促进高校科学发展 [J]. 黑龙江高教研究，2007 (12).

[35] 孙德成. 高校管理文化建设原则与策略 [J]. 连云港师范高等专科学校学报，2014 (3).

[36] 肖科学. 高校管理文化与校园文化建设的融合发展研究 [J]. 淮海工学院学报（人文社会科学版），2018 (12).

[37] 祁占勇，罗澜，陈鹏. 高等教育评估权的行政法透视 [J]. 高等教育研究，2017 (3).

[38] 蒋彩云. 高校学术学籍管理制度改革探析 [J] 社会科学研究，2019 (10).

[39] 黄崴，张伟坤. 服务型学校管理：涵义与构建 [J]. 教育理论与实践，2006 (15).

[40] 广东思想政治工作研究会. 新媒体时代广东高校创新思想政治工作调研报告 [J]. 思想政治工作研究，2018 (9).

[41] 刘星. 人本主义视域下高校管理育人实现路径研究 [J]. 北京教育(德育)，2015 (11).

[42] 肖余春. 自我管理团队及其在企业中的应用 [J]. 中国管理科学，2001 (6).

六、学位论文

[1] 冯跃飞. 高校管理育人研究 [D]. 宜昌：三峡大学，2006.

[2] 李振丽. 从“管控”到“化育”：高校学生管理文化研究——以安徽师范大学为例 [D]. 芜湖：安徽师范大学，2014.

后　记

提高高校管理育人科学化水平是落实立德树人的根本要求，是加强和改进思想政治教育工作的重要内容，这需要广大理论研究者和实际工作来进一步探索规律、把握规律、运用规律，本书针对教育部关于高校思想政治工作质量提升工程“十大育人”体系之“管理育人”进行研究，强化问题导向，组织联合攻关团队，紧紧围绕高校管理育人工作中的现实问题、重点任务和工作难点开展研究，从目的、理念、原则、内容、途径、载体、机制、队伍等方面对管理育人问题进行了整体性的分析和概括，为推进高校管理育人理论发展做了尝试性探索，也为高校管理育人实践取得成效做了阶段性总结。

本书作为广东省教育科学规划课题（党的十九大精神研究专项）系列课题“新时代广东高校立德树人工作研究”之下的子课题“广东高校管理育人工作研究”（课题编号：2018JKSJD05）的研究成果，由华南师范大学党委书记朱孔军研究员组织研究、统稿。华南师范大学郭小川负责撰写全书的提纲、组织编写工作，并负责统稿修改部分章节内容。各章具体写作分工如下：第一章由王颖负责，第二章由朱孔军负责，第三章由朱德威负责，第四章由胡敏负责，第五章由张伟坤负责，第六章由罗曼负责，第七章由郭小川负责，第八章由郭健洋负责，第九章由李茵负责。

本书编写人员收集广东高校案例的过程中，得到了相关兄弟高校的支持；在编写的过程中，得到华南师范大学陈金龙教授的大力支持。在此一并表示感谢！我代表全书编写人员对参考借鉴的论著作者表示诚挚的谢忱！本书的编写和出版过得到了广东高等教育出版社的大力支持，在此表示衷心的感谢！由于任务紧迫，时间仓促，兼之能力有限，研究如有不妥，敬请方家批评！

2019年10月18日